Os Livros Negros de C.G. Jung

E A DESCOBERTA DA ALMA

Dados Internacionais de Catalogação na Publicação (CIP)
(Câmara Brasileira do Livro, SP, Brasil)

Os Livros Negros de C.G. Jung e a descoberta da alma / Heloisa Longo, Sabina Vanderlei, Walter Boechat (orgs.). – Petrópolis, RJ : Vozes, 2025.

Vários autores.
Bibliografia.
ISBN 978-85-326-7116-5

1. Jung, C.G (Carl Gustav), 1875-1961
2. Psicologia junguiana I. Longo, Heloisa.
II. Vanderlei, Sabina. III. Boechat, Walter.

25-265910 CDD-150.1954

Índices para catálogo sistemático:
1. Psicologia junguiana 150.1954

Cibele Maria Dias – Bibliotecária – CRB-8/9427

Os Livros Negros de C.G. Jung

e a descoberta da alma

Heloisa Longo
Sabina Vanderlei
Walter Boechat
(orgs.)

Editora Vozes
Petrópolis

Rua Frei Luís, 100
25689-900 Petrópolis, RJ, Brasil
www.vozes.com.br

Editoração: Rafaela Milara Kersting
Diagramação: Victor Mauricio Bello
Revisão gráfica: Nilton Braz da Rocha
Capa: Pedro Oliveira

ISBN 978-85-326-7116-5

Este livro foi composto e impresso pela Editora Vozes Ltda.

Sumário

Dois agradecimentos e uma celebração ... 9
Prefácio dos organizadores ... 11
Introdução: Os Livros Negros, Cadernos de transformação ... 19
Walter Boechat

PARTE I
Chegando em *Os Livros Negros*

1. Carl Gustav Jung, um suíço? ... 29
Markus Hediger

2. *Os Livros Negros*: questões éticas no confronto com o inconsciente ... 40
Zara de Oliveira

3. A obra por trás da obra ... 55
Anita Mussi
Maytê Romero

PARTE II
Conceitos e ideias essenciais

Seção 1 – Imaginação ativa

4. Imaginação ativa: uma experiência no mundo imagina ... 79
Heloisa Longo

Seção 2 – Processo de individuação

5. Jung – Libertação e individuação: "abandona o que possuis e receberás" ... 113
Helena Saldanha de Azevedo Santos

6. Morre o herói: a experiência com a função sentimento no encontro com a alma ... 133
Claudia Katerina Vieira Brasil
Maria de Fátima Cardoso Coelho

7. Jung e Salomé: o amor que transforma ... 151
Crisstiane Bergmann
Sabina Vanderlei

8. *Os Livros Negros*: o diário sacrificial de Jung ... 171
Maria Lídia Dantas
Pricilla Buzzachera

9. Uma vida cheia de insanidade: reconhecer a loucura e saudá-la amigavelmente ... 190
Sabina Vanderlei

Seção 3 – Aspectos simbólicos e mitológicos

10. A *infirmitas* do arquétipo: o adoecimento dos personagens de *Os Livros Negros* ... 213
Walter Boechat

11. Jung mítico ... 233
Rhodys Sigrist

PARTE III
Os Livros Negros e as transformações culturais

12. A crise de paradigma e o futuro da psicologia complexa ... 251
Walter Boechat

13. A dialética de um homem com sua alma e seu tempo: *Os Livros Negros* como um guia para a crise civilizacional ... 273
Duarte Antônio Guerra
Walter Boechat

14. Além da psique: diálogo entre Corbin e Jung sobre espiritualidade e imaginação ... 295
Eugenia Cordeiro Curvelo

15. Psicologia complexa, *Os Livros Negros* e a loucura: contribuições para a luta contra a medicalização da vida e da sociedade 313
Cláudia Elizabete da Costa Moraes Mondini

16. Sonhares possíveis: Jung, uma dramaturgia simbólica 333
Adriana Dantas de Mariz
Rita de Almeida Castro

PARTE IV
O grupo de pesquisa sobre *Os Livros Negros*: uma experiência brasileira

17. Do surgimento dos grupos de pesquisa sobre *Os Livros Negros* e sua dinâmica 349
Walter Boechat

18. *Os Livros Negros* e as sincronicidades: um caminho para o ressignificado da vida 354
Helena Saldanha de Azevedo Santos
Maria Cecília Murdoch Nóbrega
Maytê Romero

Autores 379

Dois agradecimentos e uma celebração

Nossos profundos agradecimentos a Aline Santos, do departamento editorial da Editora Vozes, pela disponibilidade, atenção e orientação segura na edição deste livro, e a cada um dos participantes dos grupos de pesquisa pela dedicação pessoal ao trabalho com o inconsciente coletivo.

No ano de 2025 ocorre o lançamento deste volume e é celebrado o sesquicentenário do nascimento de Carl Gustav Jung. Celebramos a vida desse pensador que, com seu esforço de traduzir inúmeras experiências indizíveis pela estreita passagem da ciência, tantas trilhas de individuação inspira e viabiliza.

Prefácio dos organizadores

Este livro é um convite à leitura de *Os Livros Negros*, de C.G. Jung. Ele nasce da dedicação de dezenas de pesquisadores, que se reúnem quinzenalmente há quatro anos, sob a coordenação do Professor Walter Boechat. A leitura compartilhada, os exercícios de imaginação ativa e a prática da matriz do sonhar social que ocorrem nos encontros dão origem às inúmeras reflexões, muitas delas apresentadas aqui. Essas reflexões, por sua vez, são fruto da entrega vivencial à esfera do imaginal, que todo registro de *Os Livros Negros* provoca e inspira. No puro estilo da individuação, coube a cada um dos 20 colaboradores manifestar interesse em elaborar um capítulo sozinho ou acompanhado a respeito do tema que mais lhe tocou.

De posse do material produzido, os organizadores encimaram o volume com a apresentação de Boechat e o dividiram em quatro partes. A primeira – "Chegando em *Os Livros Negros*" – expõe os escritos que representam um portal de entrada à obra. Ela tem como objetivo apresentar o tema, bem como situar o leitor no complexo contexto que permeia a escrita da obra. A segunda – "Conceitos e ideias essenciais" –, subdividida em três seções, apresenta ideias centrais que permeiam *Os Livros Negros*: imaginação ativa, individuação e aspectos simbólicos e mitológicos. A terceira – "*Os Livros Negros* e as transformações culturais" – traz textos referentes a amplificações culturais suscitadas pelo contato vivencial com a obra de Jung. Por fim, a quarta – "O grupo de pesquisa sobre *Os Livros Negros*: uma experiência brasileira" –, inclui relatos a respeito da organização dos grupos de estudo e de experiências de sincronicidade que os atravessaram.

Do portal de entrada "Chegando em *Os Livros Negros*" (parte I), constam os escritos de:

- Markus Hediger, tradutor da obra para o português, que, no texto "Carl Gustav Jung, um suíço?", insere *Os Livros Negros* no contexto cultural da Suíça, destacando o caráter extraordinário do trabalho de Carl Gustav Jung e tentando explicar como Jung, como suíço, foi capaz de se aventurar num experimento que, aparentemente, contraria os valores que o povo suíço mais preza;
- Zara de Oliveira, que, no capítulo "*Os Livros Negros*: questões éticas no confronto com o inconsciente", ao investigar sobre alguns princípios éticos motivadores de Jung no processo de autoexperimentação, verifica pontos de contato que entrelaçam experiência interior e relação com o mundo;
- Anita Mussi e Maytê Romero, que seguem, no capítulo "A obra por trás da obra", a máxima alquímica "procura tornar-te tal como queres que seja a obra por ti buscada", abordando o grande paradoxo do caminho da individuação, da realização da Grande Obra da Criação por meio do trabalho em si mesmo.

Sobre a **imaginação ativa** (seção 1, parte II), Heloisa Longo, com o texto "Imaginação ativa: uma experiência no mundo imaginal", pareando a proposta junguiana à filosofia islâmica, convida o leitor a conceber a imaginação ativa como uma de tantas possibilidades metodológicas para se adentrar nos trilhos do processo da individuação.

A respeito da **individuação** (seção 2, parte II), encontram-se as propostas de:

- Helena Saldanha, que, no capítulo "Jung – Libertação e individuação: 'abandona o que possuis e receberás'", amplifica dois registros iniciais do diário de Jung, em que a alma o abandona no turbulento período de ruptura com o movimento psicanalítico para, em seguida, retornar e dar um novo direcionamento na trajetória de individuação de Jung;

- Claudia Katerina Vieira Brasil e Maria de Fátima Cardoso Coelho, que, no texto "Morre o herói: a experiência com a função sentimento no encontro com a alma", nos conduzem ao mar de imagens que invadiram Jung e constituíram o fio condutor para uma experiência real do inconsciente que o levou, por sua vez, à compreensão de uma psique viva e a uma aproximação de seu mito pessoal;
- Crisstiane Bergmann e Sabina Vanderlei, que, no capítulo "Jung e Salomé: o amor que transforma", refletem sobre o amor que emana do encontro de Jung com Salomé, traçando importantes paralelos com a alquimia, com o mito de Eros e Psiquê e com o conceito nietzscheano de *amor fati*;
- Maria Lídia Dantas e Pricilla Buzzachera, que, no capítulo "*Os Livros Negros*: o diário sacrificial de Jung", abordam como o contato com os aspectos do numinoso exigiu de Jung o constante sacrifício de seu ego a fim de torná-lo merecedor da obra a ser realizada;
- Sabina Vanderlei, que, no texto "Uma vida cheia de insanidade: reconhecer a loucura e saudá-la amigavelmente", amplifica o registro em que Jung relata uma experiência imaginal de ter sido levado para o manicômio, onde conhece um homem que se identifica como Nietzsche.

No que diz respeito aos **aspectos simbólicos e mitológicos** (seção 3, parte II), estão agregados os registros de:

- Walter Boechat, que, no capítulo "A *infirmitas* do arquétipo: o adoecimento dos personagens de *Os Livros Negros*", lembra que os personagens que povoam *Os Livros Negros* são frequentemente feridos. Salomé é cega,

"O degradado" perdeu um olho numa briga, o mago negro Ha também é ferido no olho e até o sábio Filêmon tem um dos pés aleijado. O capítulo discute o profundo significado dessas feridas e limitações para o processo de transformação psicológica de Jung;

- Rhodys R. Sigrist, que, no capítulo "Jung mítico", elabora como o mundo das imagens transformou Jung em Jung através do "Mitar", do estar dentro da atividade mítica (do descer, do sonhar, do deixar os olhos e a boca fechados para que o Si-mesmo fale sem erros e revele o que somos e não sabemos), onde devemos estar não como uma tarefa, e sim como uma forma de atender a um despertar profundo e tornar o Ego mais poroso, sensível, saindo da perspectiva de ver a viagem como destino e vendo o próprio destino como uma viagem.

No que tange às **transformações culturais** (parte III), estão reunidos os escritos de:

- Walter Boechat, que, no texto "A crise de paradigma e o futuro da psicologia complexa", lembra que *Os Livros Negros* foram escritos em momento de grande crise paradigmática em ciências. Da interpretação à amplificação, da *causa efficiens* à *causa finalis*, da casualidade à sincronicidade: "o experimento mais difícil" de Jung o torna um dos grandes pioneiros do novo paradigma da complexidade;
- Duarte Antonio e Walter Boechat, que, no capítulo "A dialética de um homem com sua alma e seu tempo: *Os Livros Negros* como um guia para a crise civilizacional", trazem a profícua experiência de Jung ao confrontar-se com sua alma em um período em que a sociedade mundial vivia uma convulsão que marcava os estertores finais da Modernidade, mostrando mais um aspecto de seu pioneirismo e servindo como uma espécie de guia para o momento que vivemos, de uma verdadeira crise civilizacional;

- Eugênia Cordeiro Curvelo, que, no capítulo "Além da psique: diálogo entre Corbin e Jung sobre espiritualidade e imaginação", escreve sobre as convergências e as divergências entre os pensamentos de Henry Corbin e Jung sobre espiritualidade e imaginação;
- Cláudia Elizabete da Costa Moraes Mondini, que, no capítulo "Psicologia complexa, *Os Livros Negros* e a loucura: contribuições para a luta contra a medicalização da vida e da sociedade", levanta o debate sobre como *Os Livros Negros* poderiam auxiliar na luta contra os processos de medicalização da vida, que levam, inevitavelmente, à estigmatização e à rotulação das existências, desconsiderando suas especificidades. Para tanto, utiliza também passagens da obra *Memórias, sonhos, reflexões* e recorre às ideias da psiquiatra brasileira Nise da Silveira;
- Adriana Dantas de Mariz e Rita de Almeida Castro, que, no texto "Sonhares possíveis: Jung, uma dramaturgia simbólica", refletem sobre como o processo de autoexperimentação de Jung poderia se aproximar do universo teatral.

Com relação à **experiência brasileira** (parte IV), encontram-se as considerações de:

- Walter Boechat, que, no capítulo "Do surgimento dos grupos de pesquisa sobre *Os Livros Negros* e sua dinâmica", relata a experiência da criação de três grupos de pesquisa em 2021 e a dinâmica do seu funcionamento, que inclui estudos, debates e práticas da imaginação ativa e também da matriz do sonhar social;
- Helena Saldanha, Maria Cecília Nóbrega e Maytê Romero, que, no texto "*Os Livros Negros* e a sincronicidade: um caminho para o ressignificado da vida", apresentam a força da sincronicidade como fonte impulsionadora do caminho individual e coletivo de se deixar tocar pelo "mundo intermediário" e ser guiado e transformado por ele. Como

fez o próprio Jung em sua jornada em *Os Livros Negros*, tendo, como efeito, um novo sentido para a existência.

Os capítulos que compõem o presente livro são fruto das experiências almadas que os autores tiveram no contato com *Os Livros Negros*. Desejamos que o leitor seja contaminado pela experiência extraordinária que tem nos assolado e transformado, e possa fazer esse processo de descoberta ao escrever seu próprio caderno de transformação.

Rio de Janeiro, 20 de janeiro de 2025

Os organizadores

Livro dos meus experimentos mais difíceis,
eu te abro com resistência interna.

(Jung, C.G., *Os Livros Negros*, vol. 2, p. 172)

Introdução:

Os Livros Negros, *Cadernos de transformação*

Walter Boechat

A referência a *Cadernos de transformação* com relação à obra *Os Livros Negros* (Jung, 2020) traz já a essência desses livros que marcam a vida do psiquiatra suíço Carl Gustav Jung e toda a sua obra. Transformações psicológicas profundas, ocorrendo em paralelo às grandes mudanças sociais pelas quais a Europa passava por ocasião da Primeira Grande Guerra e da epidemia de gripe espanhola. Essas reviravoltas e transformações de personalidade são o fundamento para a criação de novos conceitos da psicologia complexa de Jung. Como ele referiu em seu livro de memórias, essas experiências de confronto com o inconsciente formaram o pano de fundo de toda a sua obra que viria posteriormente.

Os inícios de *Os Livros Negros* são permeados de visões e sonhos premonitórios da Primeira Guerra Mundial, a qual viria a eclodir meses depois. Jung foi, aos poucos, descobrindo a fascinante rede de ligações entre os acontecimentos do mundo subjetivo e o ambiente, percebendo como o subjetivo e o social estavam enredados em uma trama complexa de símbolos e imagens.

Em outubro de 1913, durante uma viagem de trem de Zurique a Schaffhausen – uma pequena cidade a quarenta minutos de

Zurique –, Jung foi tomado por uma visão impressionante de uma grande onda do mar que invadia a Europa, com cadáveres decepados e sangue. A visão repetiu-se. Psiquiatra experiente, com larga prática clínica no Hospital Cantonal Burghölzli, de Zurique, pensou estar ameaçado por uma grave crise psíquica. Somente em agosto do ano seguinte, quando a Primeira Guerra já havia começado, percebeu o que chamou à época de caráter antecipatório de sua visão. Não se pode afastar, ainda, que a visão também teve um caráter subjetivo. Jung estava realmente atravessando uma crise psicológica, com o afastamento da psicanálise de Freud e da chamada Escola de Viena. Foi abandonado por diversos seguidores, sendo tomado de isolamento e certa depressão.

O historiador suíço H. Ellenberger denominou esse momento de Jung – instantes de isolamento, mas também de forte mergulho em seu mundo interior – de *doença criativa* (cf. Ellenberger, 1974, p. 373-374). Ellenberger considera essas experiências como típicas dos grandes pioneiros em ciência e nas humanidades; não só Jung tivera sua doença criativa, mas também Freud, com seus repetidos desmaios no túmulo de seu pai, à época da formulação da teoria do parricídio, e também Fechner, com seus problemas de visão quando da formulação do princípio do prazer, entre outros. Alguns criticam Ellenberger, considerando que ele estaria *patologizando* em excesso a criatividade. Entretanto, é necessário ver em todos esses pioneiros o impulso vital de mergulho em suas próprias sombras para lá encontrar o ouro, que surge na bateia só após duro peneirar a *prima materia* do inconsciente. Somente após essa penosa caminhada em tortuoso caminho entre o chumbo e o ouro, novos caminhos poderão ser encontrados. Assim, esses *Cadernos de transformação* surgem em momento de crise, de uma *doença criativa*, de uma profunda busca de sentido.

No fim de dezembro de 1913 Jung já havia terminado seu primeiro caderno de transformação. Nesse curto período de pouco mais de dois meses, um grosso livro permeado de imagens e vivências já havia sido completado. Percebemos, aqui, a densidade dos símbolos do inconsciente, um alargamento do tempo do inconsciente, que se mostra muito maior, distendido, em relação ao tempo vivido pelo eu consciente. A anotação dessas imagens internas continuou até 1932, constituindo um total de sete cadernos.

Entretanto, a presença dessa *crise de metade de vida*, como Jung a chamou mais tarde, não deve ser tomada como uma explicação única e suficiente para a riqueza simbólica de *Os Livros Negros*. Para a compreensão da profundidade das transformações psicológicas, individuais e coletivas contidas nessa obra, deve-se olhar para a vida de Jung como um todo. Nesse contexto, os *Cadernos de transformação* representam o desabrochar de uma árvore que já estava presente em semente desde a infância do criador da psicologia complexa, representam o vir à tona de símbolos fundamentais. Nesse momento, devemos lembrar a bela oração inicial do livro *Memórias, sonhos, reflexões*: "Minha vida é a história de um inconsciente que se realizou" (Jung, 2006, p. 2).

Há livros-chave para se compreender melhor esses *Cadernos de transformação*, como o livro de memórias de Jung citado anteriormente e os *Seminários sobre psicologia analítica (1925)* (Jung, 2010), em que o autor revisita suas vivências desse período e reflete sobre elas a distância, trazendo uma nova camada de interpretação. O livro de memórias não é um livro autobiográfico típico, pois pouco trata de eventos circunstanciais externos. O próprio título *Memórias, sonhos, reflexões* fala de sua natureza eminentemente subjetiva. As fantasias, os devaneios e os sonhos que ali aparecem desde muito cedo já falam de processos embrionários que irão desabrochar com intensidade em *Os Livros Negros* e ali ganhar novas formas passíveis de elaboração.

No livro de memórias há um sonho de tenra infância e um devaneio que são muito citados e discutidos por biógrafos e estudiosos de Jung. Com a publicação de *Os Livros Negros*, a emergência desses símbolos fica bastante evidente. O sonho fala de uma caminhada de Jung pelo campo quando descobre uma depressão no solo. Ao descer por ela, chega ao fundo e vê uma sala com um misterioso falo subterrâneo entronado. É surpreendente a constelação de um sonho como esse em uma criança de apenas 3 anos. Há várias interpretações para a emergência dessa imagem. Entre elas, a de que por essa idade a criança está começando a se relacionar com seu corpo e realizar a descoberta da sexualidade. Essas abordagens mais pessoais não invalidam interpretações simbólicas mais amplas, já que as imagens do inconsciente coletivo sempre conversam com imagens do inconsciente pessoal. O falo subterrâneo tem uma simbologia muitíssimo ampla, em geral ligada às religiões pagãs e à fecundidade da terra. Deuses ictifálicos[1] abundam nas mais diversas tradições, crenças e mitologias: Dioniso, Príamo, as hermas[2] do deus Hermes, anões e mineradores da terra como os Cabiros são apenas alguns poucos exemplos. Podemos ver nesse sonho a presença em forma latente, subterrânea, de grande potencial criativo. O falicismo do sonho infantil reaparecerá em personagem esculpido em estojo de madeira, que o pequeno Carl guardava no sótão de sua casa e com quem conversava em seus devaneios infantis.

Em *Os Livros Negros*, essas representações precoces encontrarão espaço privilegiado em duas representações principais. A primeira representação é denominada *Abraxas*, o senhor do mundo, nome derivado da literatura gnóstica, assunto que Jung pesquisava à época da escrita dos livros[3]. E a segunda representação recebe o nome de *Atmavictu*, o sopro da vida, persona-

1. Ictifálico: de falo ereto.

2. Primitivos altares de pedra verticais em honra ao deus.

3. Cf. a conexão falo subterrâneo-Abraxas em Shamdasani (2020).

gem fálico que Jung mandou esculpir[4], depois, nos jardins de sua casa em Küsnacht. Ambas personificações são abordadas em diversas passagens dos *Cadernos de transformação* devido à sua importância.

Outro momento marcante da infância de Jung, que também pode ter desempenhado uma participação importante em *Os Livros Negros*, é a passagem amplamente comentada do que costumo chamar de *o pensamento proibido de Jung* (cf. Jung, 2006, p. 66ss.). Quando tinha 12 anos, ao voltar para casa passando pela praça da cidade, nas proximidades da catedral, Jung deteve-se para observar a imponência do templo, tendo ao fundo o céu azul. Tomado por um devaneio, viu Deus como um velho sentado em seu trono nas nuvens. Nesse momento foi acometido por uma espécie de asfixia, um profundo mal-estar e uma grande ansiedade. Sua mãe percebeu a perturbação do jovem, a dificuldade para dormir e a inquietação, e supôs que algo desagradável tivesse ocorrido no colégio. No entanto, quando o menino permitiu que o pensamento viesse à tona, com todo o conteúdo proibido, sentiu um alívio imediato e a grande ansiedade cessou. O devaneio continuou: Deus sentado no trono, o céu azul e, abaixo, o templo na praça de Basileia. Então, de forma súbita, Deus começa a defecar sobre o templo, que rui pesadamente, reduzido a escombros.

Esse episódio fala de uma crise religiosa que emerge. Novamente, assim como no caso do sonho do falo subterrâneo, a interpretação mais personalística da fantasia seria de que a imagem diz respeito à forte crise do jovem Carl com seu pai sobre a ortodoxia religiosa, crise que emergiria com toda a força poucos anos depois. Mas a imagem do templo em ruínas tem também

---

4. Os diversos métodos expressivos não verbais, como desenho e escultura, foram largamente empregados por Jung em seu método de confrontação com o inconsciente. A objetivação de um conteúdo psicológico como objeto exterior facilita a confrontação e a gradual assimilação da energia psíquica, evitando a identificação.

um sentido mais geral. A crise com a religião instituída estaria presente em toda a vida de Jung. Suas obras deixam clara uma diferenciação entre espiritualidade – compreendida como uma experiência psicológica individual do *numinoso*[5] – e os dogmas tradicionais da religião. Em diversos momentos de *Os Livros Negros* a questão da experiência religiosa genuína emerge como uma experiência psicológica autêntica. No encontro com o gigante Izdubar[6], por exemplo, a questão nietzscheana da *morte de Deus* é colocada de forma metafórica. Teria o Deus da modernidade realmente morrido? O "eu" de Jung, nesse encontro imaginal, representa o pensamento racional e tecnológico proveniente do Ocidente, e fala das descobertas científicas do mundo ocidental. Izdubar, representante da antiga tradição mitológica das culturas pré-cristãs, tem como valores os deuses da natureza, os mitos e a sabedoria tradicional dos xamãs. Em contato com as referências racionais da modernidade, expressos pelo discurso do "eu" de Jung, o herói começa a adoecer, ficando ameaçado de morte. Após momentos de ansiosa espera, ocorre a Jung que *a fantasia* seria a única saída possível. Sugere ao gigante, então, imaginar-se leve como uma pluma e também diminuto. Assim, Izdubar pode ser contido em um Ovo mágico, sendo transportado por Jung ao Ocidente. Lá, após um período de incubação, o deus renascerá transformado do Ovo. Essa é uma passagem que entendemos como uma metáfora de como a *deusa razão* unilateral da modernidade ameaça a tradição espiritual genuína contida na memória coletiva. Mas o renascimento a partir de um Ovo cósmico, mitologema presente em diversas religiões, demonstra a possibilidade de uma nova espiritualidade, a partir da experiência psicológica interna.

---

5. Termo tomado emprestado por Jung a Rudolph Otto (2007), para designar a experiência do sagrado.

6. Sobre o encontro com Izdubar, cf. Jung (2020, vol. 3, p. 119ss.), registros de 8, 9 e 10 de janeiro de 1914.

Portanto, processos que estariam presentes desde a infância de Jung vão brotar em *Os Livros Negros* com muita intensidade, buscando uma realização simbólica na consciência. Essa lava primitiva que brotou das profundidades durante os anos de confronto com o inconsciente foi gradualmente integrada na consciência pela construção de todo o *corpus* teórico da psicologia complexa. Esses conteúdos representam o surgimento de fatores inconscientes ligados ao processo de desdobramento psicológico de Jung como um todo, sendo apenas parcialmente produto de uma crise psicológica transitória.

A publicação de *Os Livros Negros* da Editora Vozes seguiu os mesmos preceitos da edição original, lançada pela editora anglo-americana Norton. A edição brasileira é também rigorosamente fiel à aparência original de *Os Livros Negros*, em suas dimensões e encadernação. Até mesmo o tamanho dos livros segue com rigor o tamanho dos originais; o sétimo volume é maior do que os outros seis, porque entre os originais dos cadernos de Jung essa diferença de tamanho também existe. Os volumes são divididos em duas partes: na primeira há um fac-símile dos escritos originais de Jung, com suas anotações manuscritas no original alemão – mesmo correções, riscos e sublinhados são mantidos –, dessa forma o leitor tem a sensação de ter em mãos os originais de *Os Livros Negros* como foram escritos por Jung; na segunda parte encontra-se a cuidadosa tradução do original alemão para o português brasileiro feita por Markus Hediger.

Quando começou a anotar suas experiências, em outubro de 1913, Jung recorreu a um antigo caderno em que, na juventude, havia anotado sonhos e vivências – experiências que não tinham a ver com a intensidade do que ele vivenciava naquele momento. O editor da publicação, Sonu Shamdasani, usou o equivalente primeiro caderno da série para escrever uma ampla introdução aos sete volumes de Os *Livros Negros* e correlacionar as vivências ali coletadas com os eventos do mundo circundante de então. É fundamental esse comentário inicial, pois *Os Livros Negros* são eminentemente cronológicos, e a cada registro há sempre eventos, circunstâncias e interações sociais com uma sociedade europeia em crise, desde acontecimentos próximos, no círculo familiar de Jung e em sua vida profissional, até os grandes acontecimentos coletivos da época, como a Primeira Guerra Mundial e as mudanças culturais do período.

Assim, este livro pretende servir como uma introdução, um guia prático para um trilhar seguro pelos caminhos – às vezes, labirínticos – de *Os Livros Negros*. Compreender esses livros é perceber a psicologia complexa de Jung de uma nova maneira, assimilando os termos e os conceitos em suas origens. Eles trazem uma nova luz para a compreensão da teoria e do método junguiano. É o que pretendemos mostrar aqui.

Referências

Ellenberger, H. (1974). *À la découverte de l'inconscient – Histoire de la psychiatrie dynamique*. Simep.

Jung, C.G. (2006). *Memórias, sonhos, reflexões* (organização e edição de A. Jaffé, apresentação de S. Britto). Nova Fronteira.

Jung, C.G. (2010). *Seminários sobre psicologia analítica (1925)*. Vozes.

Jung, C.G. (2020). *Os Livros Negros: 1913-1932 – Cadernos de transformação* (7 vol., edição de S. Shamdasani, tradução de M. Hediger). Vozes.

Otto, R. (2007). *O sagrado*. Vozes.

Shamdasani, S. (2020). Em busca de uma ciência visionária: os cadernos de transformação de Jung. In C.G. Jung, *Os Livros Negros: 1913-1932 – Cadernos de transformação* (Vol. 1, p. 11-112, edição de S. Shamdasani, tradução de M. Hedinger). Vozes.

PARTE I

Chegando em **Os Livros Negros**

Encontrei-me na escuridão e, tateando, segui minha trilha. Essa trilha levava para dentro e para baixo.

(Jung, C.G., *Os Livros Negros*, vol. 2, p. 149)

1

Carl Gustav Jung, um suíço?

Markus Hediger

Quando a Editora Vozes me contratou para traduzir *Os Livros Negros* de Carl Gustav Jung, ela me escolheu por dois motivos: o primeiro foi porque eu não era junguiano, não conhecia a obra de Jung nem sequer tinha conhecimentos em psicologia analítica. Afinal de contas, *Os Livros Negros* antecediam o desenvolvimento da teoria, e a editora queria um tradutor para quem os registros contidos em *Os Livros Negros* fossem tão novos e surpreendentes quanto o foram para o próprio autor.

O segundo motivo foi porque sou suíço, conterrâneo de Jung. Eu nasci na cidade de Schaffhausen, em frente à pequena cidade de Laufen, onde Carl Gustav Jung passou parte de sua infância. Separam as duas cidades as quedas do Rio Reno, que também marca a fronteira entre os cantões de Schaffhausen e Zurique.

Embora a língua dos suíços moradores dessa região seja o alemão, a língua falada na Suíça apresenta algumas peculiaridades que podem passar despercebidas por um habitante da Alemanha, cuja fronteira fica a apenas 12 quilômetros de Laufen.

E é sobre esse segundo motivo que quero falar nesta introdução: não sobre as características linguísticas da escrita de Jung, mas sobre como o fato de Jung ter sido um suíço torna *Os Livros Negros* ainda mais notáveis. Lembro-me nitidamente de como, durante minha primeira leitura da obra, eu me perguntei várias vezes: Como o autor desses registros pode ser um suíço?

O leitor de *Os Livros Negros* se depara com uma coragem, com uma ousadia e com uma disposição de se expor ao perigo que, normalmente, não são associadas a um suíço. O suíço mediano é alguém que preza a segurança e a estabilidade (principalmente financeira), que jamais faria qualquer coisa que pusesse em risco a constância de sua vida e que defende sua paz optando por não ir à guerra. Quando desbrava territórios desconhecidos – sejam eles geográficos ou intelectuais –, o suíço mediano se cerca de medidas protetoras para minimizar ao máximo eventuais perigos e riscos.

Nos anos que passei na Suíça, eu – que havia sido criado no Brasil – sofri com essa mentalidade que parecia submeter tudo ao dinheiro e à segurança. Wilhelm Schlatter, meu amigo e colega na faculdade de Teologia, tão atormentado quanto eu por essa forma de pensar do povo suíço, a resumiu na seguinte fórmula: "O Espírito Santo abandonou este país".

Porém o Jung que se apresenta ao leitor em *Os Livros Negros* é um homem disposto a arriscar tudo – inclusive sua sanidade – em seu mergulho nas profundezas do espírito.

Em sua introdução à obra *O Livro Vermelho*, Sonu Shamdasani escreve:

> Durante sua autoexploração ele experimentou estados de tumulto. Ele lembra que experimentou grande medo, e que algumas vezes agarrava-se à mesa para manter-se são. Durante este período, ele notou que "sentia-me muitas vezes de tal forma agitado que recorri a exercícios de yoga para desligar-me das emoções. Mas como meu intuito era fazer a experiência do que se passava em mim, só me entregava a tais exercícios para recobrar a calma, a fim de retomar o trabalho com o inconsciente" (Jung, 2015, p. 34).

O Jung de *Os Livros Negros* é um místico em busca da experiência do numinoso, que só se oferece àquele que se dispõe a sacrificar tudo.

Muito foi escrito sobre o conflito de Jung com a fé de seu pai, e talvez o fato de – assim como eu e meu amigo – ter sido filho de um pastor protestante tenha plantado a semente do anseio pelo numinoso e o motivado a arriscar tudo na busca por um sentido mais autêntico da vida.

Um dos preceitos da Reforma, o *sola scriptura*, reconhece as Escrituras Sagradas como única autoridade na fé, negando ou rejeitando a autoridade da experiência direta de Deus, conferindo, assim, ao *logos* – em geral, compreendido como intimamente vinculado à razão – importância máxima. Em consequência disso, todas as imagens são expulsas das igrejas reformadas.

Ao mesmo tempo em que o protestantismo fala de Deus e da experiência do divino, ele nega ou questiona a experiência da realidade da qual fala. Jung reconheceu esse paradoxo já cedo.

Em *As palestras da Zofingia*, que reúne os primeiros escritos de Jung como jovem estudante na Universidade de Basileia, ele critica duramente a teologia predominante na época:

> Há mais de dois anos tenho feito indagações aos teólogos e em vão tentei descobrir o mistério de sua personalidade. Em vão tentei descobrir onde se encontra a motivação da personalidade. Aparentemente, trata-se de apresentar à nossa alma uma imagem nítida através da descrição da personalidade de Cristo. Por meio de alguma referência secreta, inacessível à razão, deve resultar a determinação da ação moral a partir da apresentação da imagem, ou – o que seria muito mais natural – por meio da incitação da pulsão à imitação. Os antigos a praticaram muito tempo atrás, Teseu ou Sólon eram pregados como exemplo aos moços atenienses. Buda é incutido ao garoto hindu, ou algum faquir sagrado lhe é apresentado. O garoto que lê Robinson [Crusoé] se anima tanto com Robinson que suas ações passam a ser determinadas por seu herói, [...]. Se cedêssemos a cada pulsão à imi-

> tação, poderíamos, só de brincadeira, caminhar por aí cabisbaixos, permitir que a personalidade de Hegel se apoderasse de nós [...]. Se compreendermos Cristo como ser humano, não existe razão nenhuma para ver a ação de Cristo como exemplo compulsório (Jung, 1997, § 251 – tradução minha).

A abordagem puramente racional à fé cristã, que reduz a figura de Cristo ao Jesus histórico, que tenta explicar seus mistérios sem admitir a existência do numinoso, transforma a teologia cristã em um sistema esvaziado de poder e autoridade.

São muitas as críticas que o jovem Jung faz à teologia do fim do século XIX em suas palestras da Zofingia. O veredito é claro: já aos 12 anos de idade, Jung, ao atravessar a Münsterplatz em Basileia, em um devaneio, vê "Deus despejar um poderoso monte de excremento sobre a catedral, arrasando seu novo telhado e estraçalhando a catedral" (Jung, 2015, p. 4).

Deirdre Bair resume bem a posição de Jung durante seus estudos. Segundo Bair (2006, p. 71), para ele,

> [...] Cristo "não era um homem 'normal'", mas uma pessoa que tinha que ser vista como Ele próprio se via: "ou seja, um profeta, um homem enviado por Deus". Jung discutia o restabelecimento do "mistério de um mundo metafísico, de uma ordem metafísica" no centro da religião cristã. Apresentou a ideia pouco popular de que Cristo veio à terra com a espada e não com a paz, "porque ele libera o conflito da vontade dualística, dividida".

O ceticismo em relação à experiência mística tem uma longa história na Suíça. O contato com o numinoso é assustador e põe em xeque as certezas e as seguranças conquistadas a duras penas, pois esse contato é incontrolável, já que, por definição, ninguém pode saber de antemão o que um Deus insondável e inconcebível revelará a um indivíduo se este se abrir para tal experiência, razão pela qual a Igreja obrigava "Deus a seguir canais oficiais" (Bair, 2006, p. 71).

Essa exclusão da experiência mística revelou seu lado sombrio na caça às bruxas. As primeiras perseguições às bruxas em território suíço ocorreram por volta de 1430, na região francófona da Suíça. Nessa fase inicial, as mulheres representavam dois terços das vítimas; mais tarde, os homens passaram a compor a maioria dos perseguidos. Nos séculos XVI e XVII o número dos processos contra bruxas aumentou significativamente, e foi só a partir do início do século XVIII que o risco de uma condenação pela prática de bruxaria diminuiu de modo considerável. Acredita-se que Anna Göldlin, da Suíça central, tenha sido a última mulher a ser condenada e executada como bruxa. Ela foi morta em 1782.

Embora os processos tenham, inicialmente, sido instaurados pela Igreja, as autoridades seculares se envolveram neles desde o início e, com o passar do tempo, assumiram cada vez mais a sua autoria. Na maioria dos casos, as bruxas eram acusadas não por motivos religiosos, mas sob o pretexto de ameaçarem a ordem pública.

As bruxas eram acusadas de lançar feitiços para prejudicar os seres humanos (causando doenças, morte, impotência, infertilidade), os animais (causando a morte de vacas ou um comportamento anormal destas), os objetos (causando, especialmente, falhas no processamento de leite) e a comunidade (causando tempestades de granizo, avalanches etc.). Eram também acusadas de heresia e de pertencerem a uma seita diabólica. Os elementos estereotipados dessa crença, que apresentam variações regionais, eram o sabá das bruxas, as relações sexuais com o diabo, a retirada de sangue e a marca do diabo, bem como a posse de substâncias mágicas (pomadas e pós, por exemplo) (cf. Pfister, 2014).

Estima-se que, na Europa, 60 mil pessoas tenham sido condenadas e executadas como bruxas – 10 mil delas somente na Suíça, o que torna o país recordista num dos capítulos mais tristes da história europeia (cf. Caspers, 2024). Segundo o cientista da religião Georg Otto Schmid existem, atualmente, entre 30 mil e 50 mil curadores "esotéricos" na Suíça. No entanto, apenas 10% exercem sua arte de maneira ativa, aproximadamente o mesmo número de curadores registrados na Alemanha, cujo número de habitantes é dez vezes maior (cf. Bischofberger, 2020). Só uma demanda correspondente justifica um número tão alto de "bruxos" modernos.

Entretanto, é raro um suíço falar abertamente sobre seus contatos com esse mundo "oculto". Uma tia minha, cujo filho sofria de um grave distúrbio alimentar, recorreu à ajuda de um desses curadores, que submeteu o filho a um bem-sucedido tratamento que envolvia rezas e imposição de mãos. Minha tia me confidenciou esse fato apenas depois de pedir que eu não o compartilhasse com nossos parentes.

Em sua juventude, Carl Gustav Jung também teve contato com o que, na época, se chamava "espiritualismo". O Pastor Samuel Preiswerk, seu avô materno, se comunicava com espíritos, e Jung realizou sessões espíritas com sua prima Hélène Preiswerk. Essas experiências resultaram em sua tese de doutorado intitulada *Sobre a psicologia e patologia dos fenômenos chamados ocultos*.

Mas foi nas obras de Pitágoras, Empédocles e Parmênides que Jung encontrou a inspiração para o desenvolvimento da técnica da imaginação ativa, como Peter Kingsley explica em sua obra monumental *Catafalque: Carl Jung and the end of humanity* (2018)[7]. E a imaginação ativa lhe deu acesso a um mundo que, como qualquer leitor de *Os Livros Negros* pode comprovar, lhe proporcionou experiências profundamente místicas, que o inserem na longa lista dos místicos que a Europa produziu desde a Idade Média.

---

7. Sou profundamente grato a Roberto Gambini por ter me apresentado a este autor, que, juntamente com C.G. Jung, mudou minha vida.

Cito aqui, como exemplo ilustrativo da proximidade dos registros de Jung em *Os Livros Negros* com os textos dos místicos medievais, um trecho do livro *Revelações ou A luz fluente da divindade*, de Matilde de Magdeburg, uma beguina alemã do século XIII, seguido por uma passagem de *Os Livros Negros*, de Jung:

> **XXII. Sobre a mensagem de Santa Maria, e como uma virtude segue à outra, e como a alma foi criada no júbilo da Trindade, e como Santa Maria amamentou e ainda amamenta todos os santos**
>
> O doce orvalho da Trindade sem início respinga do poço da eterna deidade sobre a flor da Virgem eleita, e o fruto da flor é um Deus imortal e um homem mortal e a certeza viva da vida eterna.
> E nosso Redentor se tornou Noivo! A Noiva se embriaga com a visão do nobre rosto: na maior força ela perde a si mesma, na luz mais linda ela é cega para si mesma, e na maior cegueira ela enxerga com a maior clareza. Na maior clareza, ela está morta e viva ao mesmo tempo.
> Quanto mais tempo estiver morta, mais feliz viverá;
> quanto mais feliz a sua vida, mais experimentará;
> quanto mais enfraquecer, mais fluirá para ela;
> quanto mais enriquecer, mais pobre ficará;
> quanto mais profunda a sua vida, mais ampla será;
> quanto mais se aprofundarem suas feridas, mais tempestuosa será;
> quanto maior a amabilidade com que Deus se voltar para ela, mais alto ela flutuará;
> quanto mais linda brilhar no reflexo da deidade, mais ela se aproximará dele;
> quanto mais se esforçar, mais suave descansará;
> quanto mais se calar, mais alto gritará;
> quanto mais crescer o desejo dele, mais glorioso será o seu casamento;
> quanto mais estreito ficar o leito de amor, mais íntimo será o abraço;
> quanto mais doce for o sabor dos beijos, maior será o amor com que se contemplam;
> quanto maior a dor de sua separação, mais Ele dará a ela;

> quanto mais ela gastar, mais ela possuirá;
> quanto maior a humildade de sua despedida, mais rápido será seu retorno;
> quanto mais quente permanecer, mais cedo se incendiará;
> quanto mais arder, mais lindo será o seu brilho;
> quanto mais o louvor a Deus for propagado, maior permanecerá o seu desejo.
> Ó, onde nosso Redentor se transformou em Noivo? No cântico de júbilo da Santa Trindade, quando Deus não conseguiu mais se conter em si mesmo, Ele criou a Alma e se doou a ela em grande amor (Magdeburgo, 2021).

E Jung, em *Os Livros Negros*:

> Fanes é o deus que, luminoso, emerge das águas.
> Fanes é o sorriso da aurora.
> Fanes é o dia brilhante.
> Ele é o hoje eternamente imorredouro.
> Ele é o rugir das correntezas.
> Ele é o sussurro do vento.
> Ele é fome e saciedade.
> Ele é amor e prazer.
> Ele é luto e consolo.
> Ele é promessa e cumprimento.
> Ele é a luz que ilumina todas as escuridões.
> Ele é o dia eterno.
> Ele é a luz prateada da lua.
> Ele é o cintilar das estrelas.
> Ele é a estrela cadente, que resplandece, cai e se apaga.
> Ele é o rio de estrelas cadentes que retorna anualmente.
> Ele é sol e lua que retornam.
> Ele é o cometa, que traz guerras e vinho nobre.
> Ele é o bem e a plenitude do ano.
> Ele preenche as horas com deleite repleto de vida.
> Ele é o abraço e o sussurro do amor.
> Ele é o calor da amizade.
> Ele é a esperança, que anima o vazio.
> Ele é a glória de todos os sóis renovados.
> Ele é a alegria sobre todo nascimento.
> Ele é o brilho das flores.
> Ele é o veludo das asas da borboleta.
> Ele é a fragrância dos jardins florescentes, que preenche a noite.

> Ele é o canto da alegria.
> Ele é a árvore da luz.
> Ele é toda perfeição, toda melhoria.
> Ele é tudo que é harmonioso.
> Ele é a simetria.
> Ele é o número sagrado.
> Ele é a promessa da vida.
> Ele é o contrato e o voto sagrado.
> Ele é a diversidade dos sons e das cores.
> Ele é a santificação da manhã, do meio-dia e da noite.
> Ele é o bondoso e o manso.
> Ele é a redenção (Jung, 2020, vol. 7, registro de 11 de setembro de 1917).

Jung confirma a natureza religiosa da imaginação ativa quando escreve à sua paciente Christiana Morgan em 1926:

> Eu deveria aconselhá-la a registrar tudo isso da maneira mais bela que você puder – em algum livro belamente encadernado. Vai parecer como se você estivesse banalizando as visões – mas você precisa fazer isso –, então você fica livre do poder delas. Se você fizer isso com este olhar, por exemplo, elas deixarão de atrair você. Você nunca deve tentar fazer estas visões voltarem novamente. Pense nisto em sua imaginação e procure pintá-lo. Depois, quando estas coisas estiverem em algum livro precioso, você poderá ir ao livro e virar as páginas e para você será sua igreja – sua catedral –, os lugares silenciosos de seu espírito onde você encontrará renovação. Se alguém lhe disser que isso é mórbido ou neurótico e você lhe der ouvidos, você perderá sua alma – porque nesse livro está sua alma (Jung, 2015, p. 69).

Gosto de comparar a experiência da primeira leitura de *Os Livros Negros* com a sensação que, como imagino, deve ter se apoderado de um camponês medieval que, em sua primeira visita à cidade, entra numa catedral e é inundado, invadido, esmagado pela avalanche de imagens que o arrasta consigo quando ele passa pela porta da igreja: as tumbas, as estátuas, os afrescos, os quadros, os vitrais. Tudo é novo, desconhecido, incompreensível, confuso.

O mesmo acontece com o leitor de *Os Livros Negros*. Mas as imagens com as quais o leitor se depara em *Os Livros Negros* e na "catedral" de *O Livro Vermelho* não são imagens produzidas e codificadas por um sistema religioso, mas provêm diretamente do inconsciente do imaginador, do seu contato direto com o numinoso. São, portanto, primeiramente imagens *dele*, que significam algo para *ele*, não para mim, o leitor. São profundamente pessoais em suas formas de manifestação.

Como a leitura deste livro mostrará, *Os Livros Negros* tiveram uma importância inestimável para o desenvolvimento da psicologia analítica e servirão ainda por muitos anos como objeto de pesquisa para os estudos junguianos.

Mas para mim, filho de pastor, decepcionado com a fé ortodoxa, e suíço, como Jung, na tensão entre as exigências de uma cultura conservadora e o anseio profundo da alma pelas profundezas, o valor de *Os Livros Negros* está no caminho que Jung apontou para mim, que, finalmente, após longas décadas de busca espiritual, me permitiu encontrar uma espiritualidade que não fosse imposta por algum sistema religioso externo a mim, mas que nasce das minhas próprias profundezas e, assim, é profundamente pessoal.

Espero que essas breves reflexões ajudem também a explicar por que Jung despendeu tanta energia e insistiu tanto em manter e defender sua personalidade nº 1, a do cientista empírico, publicamente, enquanto vivia sua personalidade nº 2, a do místico em busca do numinoso, na reclusão de sua vida privada. Como escreve Peter Kingsley (2018, p. 72):

> O espírito das profundezas sempre estará em conflito com o espírito do nosso tempo, assim como a personalidade nº 2 sempre estará em conflito com os desejos e as necessidades superficiais da personalidade nº 1. Mas, no fim das contas, como ele [Jung] deixa claro em *O Livro Vermelho*, a per-

> sonalidade e o espírito das profundezas provam ser mais fortes. Eles são mais poderosos, mais válidos.
> Você poderia chamar isso de uma lei da gravidade, a lógica do submundo.

Talvez meu amigo Wilhelm Schlatter estivesse certo quando afirmou que o Espírito Santo abandonou a Suíça: em sua própria terra, o profeta Jung é conhecido e reconhecido por poucos. Mas talvez lhe sirva como consolo que o homem que nos devolveu o espírito das profundezas tenha sido um suíço.

Ayamonte, Espanha

22 de dezembro de 2024

Referências

Bair, D. (2006). *Jung: uma biografia* (Vol. 1). Biblioteca Azul.

Bischofberger, N. (2020, 11 de outubro). Warum in der Schweiz besonders viele Heiler praktizieren. *SRF*. https://www.srf.ch/kultur/gesellschaft-religion/alternative-heilmethoden-warum-in-der-schweiz-besonders-viele-heiler-praktizieren

Caspers, S. (2024, 28 de agosto). Ein Hexenprozess auf Schloss Lenzburg. *Museum Aargau*. https://www.museumaargau.ch/blog/artikel/ein-hexenprozess-auf-schloss-lenzburg#:~:text=Europaweiter%20Hexenwahn,aus%20heutiger%20Sicht%20Justizmorde%20sind

Jung, C.G. (1997). *Die Zofingia-Vorträge – 1896-1899*. Walter Verlag.

Jung, C.G. (2015). *O Livro Vermelho – Liber Novus* (edição sem ilustrações). Vozes.

Jung, C.G. (2020). *Os Livros Negros: 1913-1932 – Cadernos de transformação* (7 vol., edição de S. Shamdasani, tradução de M. Hediger). Vozes.

Kingsley, P. (2018). *Catafalque: Carl Jung and the end of humanity*. Catafalque Press.

Magdeburgo, M. de (2021). *Revelações ou A luz fluente da divindade*. Vozes.

Pfister, U. (2014, 16 de outubro). Hexenwesen. *Historisches Lexikon der Schweiz (HLS)*.https://hls-dhs-dss.ch/articles/011450/2014-10-16/#:~:text=Die%20ersten%20Hexenverfolgungen%20fanden%20um,1498%20und%201524%2D1528

2

Os Livros Negros: questões éticas no confronto com o inconsciente

Zara de Oliveira

> O mundo está suspenso em um tênue fio,
> e esse fio é a psique do homem.
> (Jung, C.G. *In*: McGuire, Hull, 1977, p. 272)

Este capítulo tem por objetivo investigar e refletir sobre alguns princípios éticos que motivaram Carl Gustav Jung no processo de autoexperimentação registrados em *Os Livros Negros* e presentes em sua vida e obra. Tal empreendimento, além de construir uma ponte entre os reinos psíquico e material, tornou-se o fundamento de sua teoria, exigindo árduo investimento anímico, disciplina e tolerância. Trouxe consigo um *quantum* de responsabilidade, pois em nenhum momento aquela introversão representou uma alienação do mundo. Ao contrário, em diversas passagens, vemos como acontecimentos retratados nas fantasias apresentavam, de forma simbólica, pressentimentos ligados ao que acontecia externamente e, mais do que isso, vemos em seus escritos que Jung se sentia um *ator* corresponsável pelo seu tempo. Entendemos, dessa forma, a elaboração desses manuscritos como um processo pelo qual ele buscou recuperar o contato com sua *alma* e superar a inquietação contemporânea da alienação espiritual, com sua consequente falta de sentido existencial. Nosso intuito é verificar alguns pontos de contato que entrelaçam experiência interior e relação com o mundo.

Jung percebeu que, nos períodos mais difíceis e de crises, os indivíduos, angustiados e sem saber o que fazer diante do futuro, abrem caminho a toda ordem de fantasias antecipatórias de um aterrorizante fim dos tempos. Ele escreveu, em 1957: "O que nos reserva o futuro? [...] Às vésperas do ano 2000, vivemos hoje um tempo dilacerado pelas imagens apocalípticas de uma destruição planetária" (OC 10, § 488). Pouco menos de cem anos depois, essas reflexões ainda vagueiam, atemorizando as mentes. Mas qual importância tem o processo individual de autoconhecimento diante da maciça avalanche da ideia do *salve-se quem puder*? Que reflexos podem provocar a interiorização de um indivíduo na coletividade? Acreditamos que esse diálogo entre psique e planeta foi uma das preocupações de nosso autor e, a partir dos assim chamados *Cadernos de transformação* ou *Os Livros Negros*, levantaremos algumas questões éticas no confronto com o inconsciente pertinentes a esses temas.

2.1 O Si-mesmo oculto

Há diversas conjecturas sobre o processo pessoal de Jung na construção de sua obra e o que o fez voltar-se para si mesmo, nesse mergulho noturno de imagens e afetos. Mas a mais difundida é a de que Jung, discípulo de Freud, ao romper com seu mestre, é acometido por uma profunda depressão, e as imaginações ativas relatadas em *Os Livros Negros* são resultantes de uma introversão depressiva. Concordamos com Shamdasani (2021) quando diz que essa proposição é uma concepção errônea da vida e do legado de Jung para a história intelectual do século XX. Desde a publicação do *Liber Novus* não é mais possível negar que, embora encontrar Freud tenha tido uma importância notável na vida de Jung – e boa parte de sua obra faz referências a ele –, "continuar a argumentar que a psicanálise é o contexto determinante-chave para o surgimento da psicologia de Jung só pode ser considerado um ato de obscurantismo deliberado"[8] (Shamdasani, 2021, p. 160 – tradução nossa).

Ao contrário, lendo seus biógrafos e mesmo o próprio livro considerado como suas *memórias* – escrito em colaboração com Aniela Jaffé –, vemos um sujeito dividido entre dois mundos: o interno profuso, intenso; e o externo inquietante, desafiador. Entretanto, o diferencial foi a sua forma de lidar com os conflitos e as fantasias; a abertura para o irracional, a qual proporcionou o vislumbre de uma saída para aquela dicotomia e cujo material criativo foi registrado em *Os Livros Negros* e no *Liber Novus*.

Jung estava preocupado com seu lugar no universo científico, mas, em um certo momento de sua vida, tudo convergiu para o interior. Não se pode saber o quanto do que estava acontecendo à sua volta impulsionou sua necessidade de olhar para o abissal mundo da alma, mas uma coisa se pode notar: Jung não estava alheio ao seu ambiente, e o que ele buscava encontrar no experimento – que durou cerca 16 anos – perpassou seu relacionamento conturbado com Freud. Sem dúvida, esse encontro somou à vida e às ideias de ambos, mas sua descida ao inconsciente ultrapassava a sua crise com a psicanálise; foi e o levou além daquele conflito. Como argumenta Shamdasani a respeito do conteúdo do *Liber Novus*: "Se alguém ler essas

---

8. No original: "*To continue to argue that psychoanalysis is the key determining context for the emergence of Jung's psychology can hence forth only be regarded as an act of willful obscurantism*".

fantasias cronologicamente, fica claro que o tema principal era uma intenção deliberada de recuperar um sentido de significado religioso em sua vida"[9] (Shamdasani, 2021, p. 160 – tradução nossa).

Esse já foi um ponto ético importante, fazer jus à originalidade de Jung, que desde a infância buscou dialogar com o turbulento conflito de opostos. Não foram só questões de divergência teórica, de complexo paterno e de disputa egoica que fizeram Jung romper com a psicanálise e demitir-se do Hospital Burghölzli. Em *Memórias, sonhos, reflexões* (1975), ele diz: "Quando me separei de Freud sabia que me aventurava no inexplorado, que caía no desconhecido [...]. Ousara o passo no escuro" (Jung, 1975, p. 176). Para *tornar-se* Jung – isto é, realizar o seu destino e constituir-se como uma referência importante para o campo da psicologia, ampliando os parâmetros da psicopatologia e das religiões –, precisava reconhecer aquelas fantasias, dar-lhes o valor de realidade psíquica e encontrar, a partir de si mesmo, o caminho de uma nova ciência, uma nova forma de olhar para a psique.

Por um lado, podemos entender o início de *Os Livros Negros* como uma descrição do próprio processo de individuação de Jung, que estava por volta dos 38 anos de idade e já era considerado "uma das estrelas ascendentes da psiquiatria" (Shamdasani *in* Jung, 2009, p. 9). No entanto, nem os títulos, nem a carreira bem-sucedida o protegeram da necessidade de encontrar seu mito pessoal em meio ao imaginário apocalíptico coletivo daquela época. Sua proeminente carreira acadêmica fora perturbada pela instabilidade interna, por uma série de visões e sonhos, como um *divisor de águas*, o qual ele não pôde ignorar.

---

9. No original: "*If one reads these fantasies through chronologically, it is clear that the main theme was a deliberate intent to regain a sense of religious meaning in his life*".

Assim como o próprio Jung propôs, também aconteceu com ele: "O inconsciente é o espírito da vida, a torrente de acontecimentos que prossegue sem parar. O inconsciente não conhece a morte ou a destruição total; conhece apenas a mudança, e, em geral, a mudança segundo a lei da enantiodromia"[10] (Jung, 2023, p. 829). Sua vida estava preenchida externamente: família, pacientes, alunos, colegas, pesquisas, palestras e aulas. Mas e sua *alma* onde estava? O quão distante ele estava de si mesmo e o quanto a ambiência à qual pertencia, a Europa, também estava cindida naquele momento, às vésperas da Primeira Guerra Mundial?

Foi então que vivenciou uma avalanche de sonhos e visões inquietantes[11] que o conclamavam a olhar para si mesmo. Ele estava

---

10. O termo foi criado pelo filósofo Heráclito para nominar processos nos quais uma grande força energética em uma determinada direção gera, no sentido oposto, uma força de mesma intensidade. Jung viu que, também na dinâmica do psíquico, quanto mais intensa é a carga energética para um dos polos da psique – consciência ou inconsciente –, tanto mais a tendência repressiva assume um caráter fanático e, por conseguinte, mais arrebatadora será a conversão em seu oposto. Sendo assim, "o ego só conserva sua independência se não se identificar com um dos opostos, mas conseguir manter o meio-termo entre eles. Isto só se torna possível se ele permanece consciente dos dois ao mesmo tempo" (OC 8, § 825, n. 144).

11. Indicamos a leitura de *Os Livros Negros* (cf. Jung, 2020, vol. 1) e o prefácio do *Liber Novus* (cf. Jung, 2015). Em ambos, Shamdasani escreve uma esclarecedora introdução e registra os principais sonhos e visões vivenciados por Jung naquela época. Mas vamos registrar aqui um resumo para facilitar ao leitor ter uma visão geral da intensidade do que Jung estava vivendo: "1-2. Outubro de 1913: visão repetida de enchente e morte de milhares e a voz que diz que isso se tornará realidade; 3. Visão do mar de sangue que cobre as terras do Norte; 4. 12 de dezembro de 1913: imagem de um herói morto; 5. 15 de dezembro de 1913: assassinato de Siegfried num sonho; 6. 25 de dezembro de 1913: imagem do pé de um gigante que pisa num Estado e imagens de matança e crueldade sangrenta; 7. 2 de janeiro de 1914: imagem de um mar de sangue e de morte tremenda; 8. 22 de janeiro de 1914: sua alma sobe das profundezas e pergunta se ele aceitará guerra e destruição. Ela lhe mostra imagens de destruição, armas militares, corpos humanos, navios afundados, estados destruídos etc.; 9. 21 de maio de 1914: ele ouve uma voz que diz que os sacrificados caem à esquerda e à direita; 10-12. Junho-julho de 1914: sonho (repetido três vezes) de estar num país estrangeiro e de ter que retornar rapidamente de navio e a vinda de um frio gélido" (Jung, 2020, vol. 1, p. 38).

demasiadamente investido no polo intelectual, precisava voltar-se para o mundo dos afetos, dos instintos. Conhecer e ter contato com suas raízes, pois *psique é natureza* (OC 8/2, OC 10/3). Para encontrar sua *alma*, seria preciso *passar* por suas raízes.

Aqui, encontramos um dos enganos que tantas vezes ocorrem, quando o *self*, esse *centro regulador* da vida, apresenta-se em forma de sintomas, pesadelos, acidentes, infortúnios; tantos correm para o padre, o psicólogo, o médico em busca de solução. Via de regra, queremos nos livrar do que nos acossa, mas, muitas vezes, é por essa via, a via da dor, que, quando concebida e trilhada, temos a chance de encontrar o *si-mesmo* oculto. Restaurar uma visão unilateral sobre algo, entrar na profundeza do eu, ampliar e alcançar o outro. Aprender, nesse diálogo, mais sobre "o nós" e "o todos" e sobre o *Buen Vivir*.

Não entraremos, aqui, nos motivos psicológicos que levaram Jung a tal sensibilidade, mas o fato é que havia nele uma abertura tanto para o mundo externo quanto para o interno. Se sua porosidade psíquica não fosse compensada por um ego estruturado, talvez seu destino tivesse sido outro, de médico passaria, em largos passos, a louco. Aqui já podemos marcar um diferencial importante: sua atitude de explorar em si o tema catastrófico de suas visões e o esforço em comunicar-se com os fragmentos apresentados pelo inconsciente. Diz ele a respeito das visões daquele período nos *Seminários sobre psicologia analítica (1925)*: "Havia nelas um alto grau de afeto. Como eu não podia ver nenhuma aplicação possível para elas, pensei comigo: 'Se isto significa alguma coisa, significa que estou irremediavelmente perdido'" (Jung, 2014, p. 85). Adiante, comenta: "Então, a fim de chegar ao máximo de honestidade comigo mesmo, pus tudo por escrito com todo o cuidado" (Jung, 2014, p. 87).

Em julho de 1914, no mesmo período em que teve tais sonhos, Jung daria uma palestra sobre esquizofrenia em um congresso em Aberdeen. Preocupado com o que estava vivenciando, questionou-se: "Estarei falando de mim mesmo! Muito provavelmente, enlouquecerei após apresentar este artigo" (Jung, 2020, vol. 1, p. 37). Contudo, em 1º de agosto, deflagrou-se a guerra, e ele pôde, então, entender que seus sonhos e suas visões eram um prenúncio vindo das profundezas do inconsciente coletivo. Mas nem com essa notícia se eximiu de sua responsabilidade. Disse ele: "Minha tarefa pareceu-me então claramente definida: devia tentar compreender o que se passava e em que medida minha própria experiência estava ligada à da coletividade. Nesse sentido, era preciso refletir em primeiro lugar sobre mim mesmo" (Jung, 1975, p. 157).

Esse foi um passo fundamental, buscar em si as razões para o *mal* que lhe acometia. Na segunda camada[12] do *Liber Novus* (2009, p. 144), Jung diz: "Pelo fato de eu trazer a guerra em mim eu a previ". De um modo geral, recebemos nos consultórios um número sem par de pessoas aflitas que desejam encontrar a solução para os seus problemas imputando ao mundo a causa de seus males. Tanto no indivíduo quanto no âmbito social, a projeção do negativo desempenha um fator decisivo, chegando às lutas internacionais. Apartamo-nos do que não nos agradada e despejamos fora aquilo que não admitimos fazer parte de nossa idealizada personalidade. Repousa nesse ideal o que justamente enfraquece a consciência que, uma vez polarizada, perde sua integridade. A projeção é, portanto, o princípio do conflito de opostos.

---

12. Primeiro, Jung trabalhou os registros em *Os Livros Negros*. Posteriormente, retomou-os, reescrevendo-os e acrescentando comentários sobre as fantasias. Essa parte é identificada por iniciar sempre com [2]. O *Liber Novus* foi elaborado textualmente em caligrafia medieval, com letras capitulares e iluminuras intercaladas, escritas em páginas de pergaminho. Além de filosófico, é não só a materialização de um trabalho interior, mas a apresentação de um trabalho artístico, de longa dedicação, marcando a importância que Jung dava àquele empreendimento hermenêutico.

Nesse sentido, a obra de Jung oferece um importante serviço à sociedade, como comenta Roberto Gambini (2007, p. 365 – tradução nossa) nesta síntese:

> Toda a sua psicologia baseia-se na ideia de que tudo o que o homem pode fazer a esse respeito é reconhecer que todos são portadores de ambos os princípios; portanto, toda projeção é uma tentativa vã de evitar o peso de ser humano. Ao descrever e analisar a sombra, Jung queria que o homem reconhecesse sua imperfeição, sua condição de anjo caído que tem a capacidade de assumir a responsabilidade por suas ações. A humanidade é uma espécie dotada da possibilidade de resgatar a mesma destruição que causa. Consciência é o ponto de virada[13].

Efetivamente, a questão da polaridade indivíduo-sociedade aparece diversas vezes na obra de Jung. Sua preocupação com o movimento da consciência coletiva contrabalanceou a intensidade com que ele enfatizava a necessidade da vivência interior. Para ele, ambas se refletiam mutuamente, como pares de opostos que sustentam o destino individual e coletivo. Em 1939, Jung disse que, para compreender o curso da história humana, é preciso ir além da camada externa dos grandes acontecimentos sociais e encontrar, na profundidade da vivência subjetiva, o que

> é vivido por todos mas observado por ninguém [...]. Guerras, dinastias, revoluções sociais, conquistas e religiões são os sintomas mais superficiais de uma atitude psíquica secreta do indivíduo que ele próprio desconhece e, portanto, não é transmitida a nenhum historiador (OC 10/3, § 315).

---

13. No original: "*His whole psychology is based on the idea that all that man can do in this respect is to recognize that one and all are carriers of both principles, therefore all projection is a vain attempt to avoid the weight of being human. In describing and analyzing the shadow, Jung wanted man to acknowledge his imperfection, his condition of fallen angel who has the capacity to take responsibility for his actions. Mankind is a species gifted with the possibility to redeem the same destruction it causes. Consciousness is the turning point*".

Jung deixou claro que o que acontece a uma nação ocorre primeiro na psique individual. Chegou a dizer que "os grandes acontecimentos da história mundial são, no fundo, os de menor importância. Essencial mesmo é apenas a vida subjetiva do indivíduo" (OC 10/3, § 315). Ou seja, embora nosso autor veja que os acontecimentos e as transformações sociais se apresentam como uma força coletiva na qual o indivíduo, muitas vezes, é arrastado sem ingerência, de fato, as reflexões de sua psicologia dão ênfase e vão no sentido da transformação da psique individual como ponto de partida para as transformações sociais de grande monta.

Ao relacionar esses acontecimentos ditos anteriormente com o excerto a seguir, podemos observar a coerência de Jung, o peso da palavra vivida e, ainda, uma orientação clara:

> Muitos ainda procuram fora de si mesmos; uns acreditam na ilusão da vitória e do poder; outros, em tratados e decretos; outros, ainda, na destruição da ordem vigente. Mas são poucos os que buscam dentro de si, poucos os que se perguntam se não seriam mais úteis à sociedade humana se cada qual começasse por si, se não seria melhor, em vez de exigir dos outros, pôr à prova primeiro em sua própria pessoa, em seu foro interior, a suspensão da ordem vigente, as leis e vitórias que apregoam em praça pública (OC 7/1, p. 11).

2.2 A imaginação como atitude

Jung precisava, como pesquisador, encontrar um meio de ir mais fundo e estruturar aquela descoberta, isto é, a relação daqueles sonhos e daquelas fantasias com a catástrofe da Primeira Guerra Mundial. Foi então que iniciou um trabalho solitário de entregar-se às fantasias, tentando capturar suas lembranças na expectativa de encontrar uma *causa* para aquela desordem. "Mas essa introspecção foi infrutífera e tive que confessar a mim mesmo minha ignorância. Pensei então: Ignoro tudo a tal ponto que simplesmente farei o que me ocorrer. Abandonei-me assim, conscientemente, ao impulso do inconsciente" (Jung, 1975, p. 154).

Foi então que se lembrou, com certa emoção, de que, quando tinha cerca de 12 anos, entregara-se à construção de cidades de pedra. Levou tão a sério aquele processo lúdico que, mesmo com seu lado racional relutante, passou, assim, para o primeiro plano, o qual ele chamou, posteriormente, de *rite d'entrée* (rito de entrada) (cf. Jung, 1975, p. 155). Sempre antes e após os atendimentos, Jung estava imerso no mundo imaginal. Segundo ele: "Com isso meus pensamentos se tornavam claros e conseguia apreender de modo mais preciso fantasias das quais até então tivera apenas um vago pressentimento" (Jung, 1975, p. 155).

Foi a partir desse "brincar" que Jung começou o que hoje entendemos como o seu método de *imaginação ativa*. Dito em uma linguagem simples, tal método consiste em aquietar corpo e mente, aguardando em estado de abertura o que revelam as imagens interiores; interagir com o que vier e, ao fim, registrar os diálogos. Em *O segredo da flor de ouro* (1983), Jung fez uma crítica à atitude ocidental de transformar tudo em métodos e intenções, não permitindo que a própria natureza direcione o curso e encontre a saída. Ele escreveu:

> O deixar-acontecer (*Sichlassen*), na expressão de Mestre Eckhart, a ação da não ação foi, para mim, uma chave que abriu a porta para entrar no caminho: devemos deixar as coisas acontecerem psiquicamente. Eis uma arte que muita gente desconhece. É que muitas pessoas sempre parecem estar querendo ajudar, corrigindo e negando, sem permitir que o processo psíquico se cumpra calmamente. Seria muito simples se a simplicidade não fosse verdadeiramente a mais difícil das coisas! Tratar-se-ia, em primeiro lugar, da observação de qualquer fragmento da fantasia, em seu desenvolvimento. Nada mais fácil, se não começassem aqui as dificuldades (Jung & Wilhelm, 1983, p. 33).

No entanto, o diferencial entre ser inundado ou dialogar com imagens está no engajamento ativo de Jung que, em primeiro lugar, não as negou como se fossem absurdas e sem sentido. Embora em muitas passagens de *Os Livros Negros* ele não compreendesse o que a *alma* lhe quisesse instruir, ele reconhecia a importância – "tu és um enigma incrível" (Jung, 2020, vol. 2, p. 179) – e seguia constante. Todas as noites retomava o diálogo e, por mais difícil que fosse, anotava cada palavra, cada sentimento e reflexão advindos dessa experiência. Em 21 de dezembro de 1913, ele disse:

> Por mais que eu resista, é necessário que eu retorne para a profundeza, para o lugar do tormento. Tudo me aponta para isso. Não devo me importar com o que trarei de lá. Sei por que tenho medo miserável – as noites insones, a dilaceração do próprio coração –, é isso que me assusta. É quase uma repugnância física que me detém. Mesmo assim, é necessário (Jung, 2020, vol. 2, p. 180).

Jung sabia que o entendimento que ele procurava por meio daquele exercício tão difícil não fazia parte da ciência vigente daquela época. Mesmo assim, ele continuou a escrevê-las, porque, de alguma forma, sabia que "devia realizar a primeira experiência e, por outro lado, devia tentar colocar no terreno da realidade aquilo que ia descobrindo; senão minhas experiências permaneceriam no estado de preconceitos subjetivos inviáveis" (Jung, 1975, p. 170). Relatou, ainda: "Senti a urgência de tirar conclusões concretas dos acontecimentos que o inconsciente me havia transmitido, e isso se transformou na tarefa e conteúdo da minha vida" (Jung, 1975, p. 202). Esses são alguns dos exemplos da importância que Jung deu às vivências internas e da sua atitude perante o inconsciente.

Desses acontecimentos e por essa resiliência de Jung em relação a eles, temos hoje a possibilidade de testemunhar e acompanhar as metamorfoses da libido: *Os Livros Negros* são o registro do movimento da *alma* e nos convocam ao desafio de embarcar em nossa viagem singular de descoberta de nós mesmos e do *Si-mesmo* oculto. Foram escritos há mais de cem anos, mas, não por acaso, publicados, como disse Furlotti (2021, p. 233), "na aurora do caos pós-moderno". "Ele nos deixou seu mapa do inconsciente para que nós o usássemos para navegar o mundo interior da psique, que é onde o mundo exterior é concebido" (Furlotti, 2021, p. 233).

Tivesse Jung negado sua responsabilidade com relação aos sonhos e às imagens que o invadiram, não teria descoberto a si mesmo, tampouco o inconsciente coletivo. Esse *campo* que, quando conectado, provoca justamente o oposto: a percepção da força que traz a inteireza do ser; do sentir-se ligado ao todo; pelo sentimento de pertencimento e "solidariedade com a espécie humana e com sua história na experiência interior, à medida que encontra presente em si próprio uma série de estruturas psíquicas, tais como impulsos, instintos, imagens originárias, símbolos, concepções arquetípicas e maneiras primitivas de se comportar" (Neumann, 1991, p. 75). Vemos que:

> Na medida em que o ego constata sua comum pertença e solidariedade com os homens mais feios, com os homens animais de rapina e com o homem-macaco que aterroriza as matas virgens, vem à tona algo de decisivo, cuja falta devia levar o homem moderno à catástrofe de sua divisão e do isolamento do seu ego, a saber, vem à tona a ausência de sua ligação com a natureza e com a terra [...]. Surpreendentemente se revela, também na análise individual, que o encontro com a sombra e a reconciliação com ela sempre volta a ser o pressuposto de uma atitude verdadeiramente tolerante para com o outro homem, outros grupos humanos, outras formas psíquicas de cultura e outras camadas de cultura. Somente a assimilação do lado primitivo da própria natureza conduz a uma forma estável de sentimento de comum pertença e solidariedade e de responsabilidade coletiva (Neumann, 1991, p. 75-76).

Tal atitude pode ser compreendida em uma perspectiva profunda de reconhecimento da totalidade da psique que, em suas manifestações, abrange tanto a consciência quanto o inconsciente e dos quais o *Si-mesmo* é o centro. Reconhecer a realidade do inconsciente é reconhecer a força da vida. Talvez essa seja uma das mais importantes contribuições de Jung. Contudo,

> mesmo aquele que adquire uma certa compreensão das imagens do inconsciente, acreditando, porém, que é suficiente ater-se a tal saber, torna-se vítima de um erro perigoso. Pois quem não sente a responsabilidade ética que seus conhecimentos comportam sucumbirá ao princípio de poder. Disso poderão resultar efeitos destruidores não só para os outros como também para a própria pessoa que sabe. As imagens do inconsciente impõem ao homem uma pesada obrigação. Sua incompreensão, assim como a falta de sentido da responsabilidade ética, priva a existência de sua totalidade e confere a muitas vidas individuais um cunho de penosa fragmentação (Jung, 1975, p. 171).

A partir de sua resiliência, de não procurar fora a solução para o que lhe atormentava, ele não só encontrou um sentido para a confusão interior, como também encontrou o mundo. Segundo Jung, em *Memórias, sonhos, reflexões*: "Havia nessas imagens elementos que não me diziam respeito, mas também a muitas outras pessoas. Fui tomado pelo sentimento de que não deviam pertencer somente a mim mesmo, mas à comunidade" (Jung, 1975, p. 170). E, hoje, sua obra auxilia diversos indivíduos a encontrarem equilíbrio e paz interior. Desde criança, a partir de dentro, viu que estava ligado à totalidade da vida e buscou até os seus últimos dias esse diálogo. São muitos os textos em que encontramos Jung a nos mostrar essa conexão entre o mundo exterior e o interior. E muitas são as passagens em suas obras em que ele nos indica o caminho da psique como via de redenção para os males que vivemos em nossa sociedade ainda hoje.

Há várias perspectivas pelas quais se pode ler *Os Livros Negros* e o *Liber Novus*, mas há, em especial – no nosso modo de ver –, aquela que diz que eles nos apontam o caminho da psique, como eixo de equilíbrio para a vida na Terra. Encontrar o outro, o terrível dentro de si, e acolhê-lo. Ao mesmo tempo, ao olhar para o outro fora – seja humano, seja planta, seja bicho ou seja qualquer elemento vivo –, conferir-lhe respeito e direito à vida, tão sagrado quanto a luz no fim da imensa escuridão interior. Aquela luz que só aparece para quem é convocado pela dor a abandonar o controle do ego em busca da verdade maior da *alma*.

Por isso, Jung foi primeiro, trouxe a obra, isto é, o entendimento do caminho, e trouxe também a ferramenta, a abordagem simbólica, que une consciência e inconsciente. Dessa maneira, Jung nos fez enxergar a psique por um prisma novo em cada um e a quem se aventurar pelos caminhos da *imaginação ativa*. Ela, no fim das contas, é uma *atitude* de abrir-se, de esvaziar-se e, ao mesmo tempo, de sentir-se pleno, pois tem-se a consciência de habitar em si a imensidão do universo. Do macrocosmo ao microcosmo e dele a centelha, o *si-mesmo* oculto, a revelar-se, sempre e no aqui e agora.

Referências

Furlotti, N.S. (2021). Encontros com a alma animal: uma voz de esperança para o nosso mundo precário. In M. Stein, & T. Arzt, *O Livro Vermelho de C.G. Jung para o nosso tempo* (Vol. 1, p. 218-235). Vozes.

Gambini, R. (2007). *Who owns Jung? Ann Casement*. Karnac Books Ltd.

Jung, C.G. (1975). *Memórias, sonhos, reflexões* (11a ed.). Nova Fronteira.

Jung, C.G. (1985). *A natureza da psique* (Obra Completa, Vol. 8/2). Vozes.

Jung, C.G. (1993). *Civilização em transição* (Obra Completa, Vol. 10/3). Vozes.

Jung, C.G. (2009). *O Livro Vermelho – Liber Novus* (edição sem ilustrações). Vozes.

Jung, C.G. (2011). *Psicologia do inconsciente* (19a ed., Obra Completa, Vol. 7/1). Vozes.

Jung, C.G. (2014). *Seminários sobre psicologia analítica (1925)*. Vozes.

Jung, C.G. (2020). *Os Livros Negros: 1913-1932 – Cadernos de transformação* (7 vol., edição de S. Shamdasani, tradução de M. Hediger). Vozes.

Jung, C.G. (2023). *O Zaratustra de Nietzsche* (Vol. 1). Vozes.

Jung, C.G., & Wilhelm, R. (1983). *O segredo da flor de ouro*. Vozes.

McGuire, W., & Hull, R.F. (1977). *C.G. Jung: entrevistas e encontros*. Cultrix.

Neumann, E. (1991). *Psicologia profunda e nova ética*. Edições Paulinas.

Shamdasani, S. (2021). Descensus ad infernos: Jung's "season in hell". *Journal for Jung History*, *4*, 152-176.

3

A obra por trás da obra

Anita Mussi
Maytê Romero

> Deixar amadurecer inteiramente, no âmago de si, nas trevas do indizível e do inconsciente, do inacessível a seu próprio intelecto, cada impressão e cada germe de sentimento e aguardar com profundidade e paciência a hora do parto de uma nova claridade, só isto é viver artisticamente na compreensão e na criação.
>
> (Rainer Maria Rilke)

Quando Carl Gustav Jung passou a se dedicar aos diálogos com a sua alma, percebeu que, sob o limiar da consciência, tudo estava vivo e que, apesar de ter trilhado um longo caminho intelectual, ele ainda estava inconsciente de seu mito pessoal. Compreendê-lo e torná-lo real foi a sua "tarefa das tarefas", como ele próprio mencionou. Jung considerou esse trabalho fundamental para a formação da sua equação pessoal:

> Como eu poderia, ao tratar meus pacientes, dar a devida margem ao fator pessoal, à minha equação pessoal, tão

> necessários para o conhecimento da outra pessoa, se eu estava inconsciente dele? [...] uma pessoa sem um mito é como uma pessoa desraigada, sem nenhum vínculo verdadeiro com o passado ou com a vida ancestral que continua nele, nem com a sociedade humana contemporânea (Jung, 2020, vol. 1, p. 15).

No período de 1913 a 1932, Jung se recolhia à noite em seu escritório para realizar essa grande tarefa. Em *Os Livros Negros* registrou as experiências vividas no mundo da alma, denominado por ele de "mundo intermediário". Henry Corbin (cf. Lopes, 2022) chamou esse lugar de *mundus imaginalis*, e os teósofos do islã o designavam como o *Nâ-Kojâ-Abâd*, uma expressão, da mais pura língua persa, forjada pelo próprio Sohrawardi, que significa, literalmente, "a cidade", "a terra" (*Abâd*) "de lugar nenhum" (*Nâ-Kojâ*).

O conhecimento adquirido pelo contato com esse outro mundo foi o grande legado deixado por Jung por meio de suas obras. De acordo com Campbell (1990), a experiência de quem nos antecedeu está à disposição para orientar o caminhar de quem se dispõe à viagem ao "mundo intermediário":

> [...] não precisamos percorrer sozinhos o risco da aventura, pois os heróis de todos os tempos a enfrentaram antes de nós. O labirinto é conhecido em toda sua extensão. Temos apenas de seguir a trilha do herói, e lá, onde temíamos encontrar algo abominável, encontraremos um deus. E lá, onde esperávamos matar alguém, mataremos a nós mesmos. Onde imaginávamos viajar para longe, iremos ter ao centro da nossa própria existência. E lá, onde esperávamos estar sós, estaremos na companhia do mundo inteiro (Campbell, 1990, p. 131).

Ao voltar-se para o seu mundo interno, Jung foi aprendendo, com seu talento especial, a compreender, em um nível simbólico, suas experiências, para depois colocar sua obra a serviço da psicologia. Sobre a validação de seu trabalho, Jacoby (2023, p. 183) escreveu:

> [...] ele reuniu uma porção de "material objetivo" da mitologia, dos contos de fadas, das crenças populares, da alquimia etc., a fim de testar a universalidade de seus resultados; mas se pode objetar que, ao reunir e interpretar esse material, ele não pôde evitar ser influenciado por sua "equação pessoal".

Jung utilizou essa expressão para demonstrar que na psicologia não podemos formular uma verdade universalmente válida, só podemos compreender a psique a partir da própria psique; ou seja, a percepção dos fenômenos psíquicos será sempre subjetiva. Assim sendo, se a psicologia analítica é baseada na equação pessoal de Jung, a compreensão dessa obra, de forma invariável, será fortemente atravessada pelas projeções da equação pessoal de cada um.

> Às vezes os seguidores de Jung sucumbem ao desejo tentador de tomar Jung como modelo. Ele é elevado à categoria de infalível professor de sabedoria, pelo que se dá uma inconsciente "fusão com o si-mesmo-objeto idealizado". Isso permite ao indivíduo em questão evitar um confronto consigo mesmo, enquanto continua convencido de que está a explorar suas próprias profundidades (Jacoby, 2023, p. 185).

Em *Símbolos da transformação* (OC 5) – livro que marcou o nascimento da psicologia complexa de C.G. Jung –, vemos a gestação da sua obra. Inspirado nas imagens, nos sonhos e nas fantasias de Srta. Miller, surgiu o método de diálogo com as imagens do inconsciente, o qual Jung utilizou em seu mergulho em direção às profundezas da alma, registrado em *Os Livros Negros*. Esse foi o trabalho de autoexperimentação que ele denominou de "confronto com o inconsciente". Mais tarde, em seus Seminários de 1925, Jung reconheceu que a sua análise do caso de Srta. Miller havia sido resultado da projeção pessoal da sua *anima* como imagem do arquétipo da vida indiferenciado (cf. Jung, 2014).

Partindo desse princípio do *esse in anima* (cf. OC 6, § 73), o estudo da obra de Jung – especialmente do material contido em *Os Livros Negros* – será realmente compreendido a partir do reconhecimento, por parte do leitor, das suas projeções pessoais. Ao percorrermos o caminho realizado por Jung, identificamos, pelo seu método, instruções valiosas para a realização de nossa própria obra.

3.1 Um fim em si mesmo

The Quest Begins – "A busca começa" – é o título do último registro de Jung, em dezembro de 1932, em *Os Livros Negros*. Que busca é essa? Onde começa? Onde termina?

Alcançar a autorrealização é a meta do *principium individuationis*, o desenvolvimento da essência do ser individual; tarefa central na obra de Jung, que define a busca da diferenciação do coletivo como um processo único e indizível.

A obra é circular, início e fim estão contidos em si mesmos. Trata-se da experiência urobórica da individuação, o movimento da vida acontecendo mediante a autoexpressão da alma como realidade incorporada. Nesse sentido, a "tarefa das tarefas" é aceitar o chamado do espírito das profundezas e mergulhar em si, para transformar conhecimento em sabedoria por meio do relacionamento consigo mesmo, com o outro e com a vida.

Nessa jornada, a busca é feita pelo Eu e começa com o desenvolvimento de uma atitude atenta diante de todas as experiências internas e externas vividas no dia a dia e pela disponibilidade de se relacionar com o "mundo intermediário".

Essa intenção consciente do Eu representa a primeira tarefa: a percepção dos sonhos, das sincronicidades, das sensações, das emoções, das imagens, das fantasias, dos pensamentos e dos sintomas, sendo de fundamental importância para que as informações advindas do inconsciente possam ser, gradativamente, ouvidas e integradas.

É indicado o registro cuidadoso dessas manifestações psíquicas, com o auxílio de escrita, desenho, pintura, escultura, respeitando as habilidades individuais. Faz-se necessário o trabalho com as técnicas projetivas para que ocorra a objetivação dos conteúdos manifestos e estes encontrem um lugar visível no aqui e no agora, de modo a permitir a assimilação deles pelo ego. Assim, Jung (2020, vol. 1, p. 93-94) instruiu uma de suas pacientes:

> Devo aconselhá-la a anotar tudo tão lindamente quanto consegue – em algum livro lindamente encadernado. [...] Quando essas coisas estiverem em um livro precioso, você pode ir ao livro e virar as páginas e para você será sua igreja – sua catedral – os lugares silenciosos do seu espírito, onde encontrará renovação. Se alguém lhe disser que isso é mórbido ou neurótico e você ouvir – então você perderá sua alma –, pois sua alma está naquele livro.

Esse método de relação com os conteúdos inconscientes está baseado no lema, proposto por Jung para a psicanálise que segue a antiga Liturgia Mitra: "Dando tudo o que tens, muito hás de receber"[14].

Além de observar e registrar as experiências é importante estabelecer um diálogo consciente e cuidadoso com as imagens que emergem do mundo intermediário por meio de uma prática meditativa sistemática ou de um método de exploração, denominado por Jung de "imaginação ativa".

Segundo Shamdasani (2020), nos Seminários de 1925, Jung explica sua técnica de imaginação ativa como um trabalho de perfuração ou escavação para que ocorra o acesso às fantasias como realidades inconscientes. Por meio desse exercício de aprofunda-

---

14. Registrado em carta a Freud, de 31 de agosto de 1910 (McGuire, 2023, p. 473). Cf. também capítulo 5, "Jung – Libertação e individuação: abandona o que possuis e receberás", de Helena Saldanha de Azevedo Santos.

mento, outros níveis de consciência são atingidos, permitindo que se revele aquilo que está em segundo plano. O procedimento é claramente intencional, mas o objetivo é permitir que os conteúdos psíquicos emerjam espontaneamente.

Nesse processo dialético é preciso se relacionar de forma literal com as fantasias quando elas estiverem ocorrendo, mas analisá-las simbolicamente em seu retorno, dando expressão e significado às imagens para que o ego não seja engolfado pela potência arquetípica da experiência. Para essa tarefa, a instrução é manter as obrigações da vida, o trabalho interior precisa alicerçar-se nas experiências do cotidiano – "se conserve em terra firme, isto é, 'cumpra seu dever em relação à vida, e em todos os sentidos, manifeste sua vitalidade como membro ativo da sociedade humana'" (Jung, 2020, vol. 1, p. 57).

Mas "apenas a solidão concede profundeza" (Jung, 2020, vol. 5, p. 321), porém, é preciso construir passagens entre os mundos e compartilhar esses processos profundos. Ter um acompanhante para auxiliar o trabalho de elaboração das experiências é uma forma de manutenção da sanidade do ego. Como a sóror mística junto ao alquimista, Toni Wolff foi a guia e apoio de Jung enquanto ele se abria ao dilúvio de energias arquetípicas (cf. Matto-Shepard, 2023).

Um bom vínculo terapêutico é um continente seguro para o acolhimento e a integração dos aspectos da alma que necessitam de pontes para a vida. Daí a importância da compreensão e da vivência do relacionamento transferencial e contratransferencial. Portanto, no trabalho terapêutico, para adentrar no reino das profundezas, é preciso deixar do lado de fora a lamparina que ilumina o intelecto e aprender a andar juntos pelas sombras até que uma nova luz possa surgir.

> Tudo está escuro à minha frente. Nenhum contorno, nada claro, nada escuro. É o portão das trevas. Quem por ele

> passar deverá tatear o mais próximo, deve sentir seu caminho de pedra em pedra. [...] Precisas despir-te de todo juízo de valor, também de qualquer outro juízo lógico, até mesmo teu gosto deve ser deixado no portão. Despe-te de todo conhecimento e sacrifica sobretudo a presunção, mesmo que ela pareça se apoiar em méritos (Jung, 2020, vol. 2, p. 185-186).

A travessia não é pelo conhecimento, mas pelo desconhecimento. A jornada é longa e exige paciência e confiança. "O passo é lento e o caminho é íngreme" (Jung, 2020, vol. 7, p. 213). A tarefa é sacrificar o intelecto e cumprir o serviço à alma. Deixar acontecer é assustador, exige a libertação das críticas do Eu, o herói da consciência precisa se render. De acordo com as instruções, "apenas uma vez abandona teus preconceitos cegos e atitudes críticas, caso contrário nunca entenderás nada" (Jung, 2020, vol. 4, p. 224).

Superar os medos e as dúvidas, bem como aprender a confiar no caminho, é um dos maiores desafios do processo. Nas palavras de T.S. Elliot (1983, p. 47):

> Eu disse à minha alma: fique quieta e aguarde sem esperança. Pois a esperança é esperança pela coisa errada; há ainda a fé, mas a fé e o amor e a esperança estão todos aguardando. Aguarde sem pensamentos, pois você não está pronto para pensar. Então a escuridão será a luz e a quietude a dança.

Paciência, resistência e perseverança são qualidades do buscador. "Apenas para aquele que, pobre e ignorante, persevera à porta, para ele talvez ela se abra" (Jung, 2020, vol. 2, p. 191).

Na obra de individuação, cabe a cada um a tarefa de identificar e transformar sua parte individual no universo. A realização da obra depende da equação pessoal do buscador, que vai sendo guiado pelos chamados da alma.

Para ser ouvida, a alma não pode ser negligenciada pelas ilusões do Eu maculado pela ambição de poder, da razão e do intelecto. O Eu precisa se prontificar a olhar, cuidadosamente, para a multiplicidade que o compõe, para os outros Eus em si mesmo, a fim de completar sua tarefa.

"Como podeis ser fiéis à vossa natureza se quereis transformar o múltiplo em único?" (Jung, 2020, vol. 6, p. 220). Distinguir as qualidades do pleroma[15] é o princípio da individuação que exige a sustentação do ser singular dentro da multiplicidade.

Assim como o mundo externo, o mundo interno é superpovoado de seres conhecidos e desconhecidos em nós, que se manifestam de múltiplas formas e por meio das emoções se personificam em imagens e sofrem transformações ao serem vivenciadas conscientemente. Porém, a consciência que une também separa. Sua natureza dual, diabólica/*diá-bolos*[16], se expressa pelo sofrimento, pelas feridas que simbolizam as partes cindidas que necessitam de cura.

Na experiência de Jung, a doença aparece pelas feridas de vários personagens internos, como Izdubar, Salomé, Ha – o mago negro pai de Filêmon – e o próprio velho sábio Filêmon, indicando que as doenças iniciatórias, ao serem compreendidas psicologicamente, tornam-se símbolos de transformações profundas.

A sabedoria ensina que Deus nos visita pelas nossas doenças. Dores e cicatrizes são marcos no caminho, que precisam ser decodificados, o que lembra o ensinamento alquímico *habentibus symbolum facilis est transitus* – para aqueles que têm o símbolo, a travessia é mais fácil (OC 5).

---

15. Para saber mais, cf. Jung (2010, p. 347), *O Livro Vermelho* com gravuras.

16. "Diabólica", ação do diabo, palavra de origem grega que, etimologicamente, vem de *diá-bolos*, que significa "que desune".

O trabalho de personificação das emoções inconscientes é uma chave do método junguiano, que permite a elaboração das dores e feridas da alma. O patologizar-*infirmitas* é essencial para a realização da obra, e somente uma abordagem simbólica do sofrimento pode restaurar a dissociação.

Como observamos na prática clínica, as feridas pessoais são portais para o reino da alma. O processo é visceral, carregado de aflição. Sentimentos de desamparo e raiva emergem, o desespero e a culpa sobre as maneiras habituais de ver, ouvir e sentir devem ser questionados. A verdade se impõe pela dor da experiência. Como disse Jung (2020, vol. 2, p. 176): "A verdade mais sublime é idêntica ao absurdo".

É preciso superar as resistências do Eu paralisado por medos e dúvidas e entregar-se à experiência do coração, permitindo-se sentir e não apenas pensar.

> [...] Aprendi que o coração deve ser dado às pessoas; o intelecto, porém, ao espírito da humanidade, a Deus. Assim, sua obra pode transcender a vaidade, pois não existe meretriz mais hipócrita do que o intelecto quando ele substitui o coração (Jung, 2020, vol. 2, p. 168).

O Eu precisa deixar a alma se manifestar. Estar presente e disponível e seguir sem intenções e sem vaidade é uma instrução fundamental para aqueles que pretendem empreender essa jornada, pois "a alma conhece melhor o seu próprio caminho e nenhuma intenção pode ditar-lhe um caminho melhor" (Jung, 2020, vol. 3, p. 99).

A instrução sobre observar e registrar os acontecimentos, as imagens dos sonhos e as sincronicidades por meio da escrita e da arte se faz fundamental durante todas as etapas do caminho. Assim, o livro da vida é produzido de acordo com o tempo e a singularidade de cada um. "Com resistências internas, aproximo-me deste livro. Eu nego incessantemente seu valor, mesmo assim algo me obriga a mergulhar nele, na verdade em mim mesmo. Para quê? Algo deseja percorrer este caminho" (Jung, 2020, vol. 2, p. 163).

À medida que os medos são superados, a ordem das coisas se inverte, o movimento é em direção às sombras, e não à luz. As ironias do destino se apresentam e desafiam o buscador a romper as resistências e mergulhar na experiência. O trivial não nutre eternamente o ego, esse precisa aguardar que o novo venha de dentro.

> [...] a ação da não ação foi, para mim, a chave que abriu a porta para entrar no caminho: devemos deixar as coisas acontecerem psiquicamente. Eis uma arte que muita gente desconhece. É que muitas pessoas sempre parecem estar querendo ajudar, corrigindo e negando, sem permitir que o processo psíquico se cumpra calmamente. Seria muito simples se a simplicidade não fosse verdadeiramente a mais difícil das coisas! (Jung, & Wilhelm, 1992, p. 35)

A prática demonstra que, quando o ego assume uma atitude de entrega diante das profundezas, as figuras da sombra começam a emergir e se manifestar por suas múltiplas faces em busca de diálogo e maior compreensão de suas intenções; essa interação consciente honra a obra da transformação. "Não deves pensar, deves gerar" (Jung, 2020, vol. 7, p. 198). Uma antiga paciente de Jung lhe escreveu para contar-lhe sobre o efeito dessa instrução:

> Do mal muito me veio de bem. Conservar a calma, nada reprimir, permanecendo atenta e aceitando a realidade – tornando as coisas como são, e não como eu queria que fossem –, tudo isso me trouxe um saber e poder singulares, como nunca havia imaginado, sempre pensara que, ao aceitar as coisas, elas me dominariam de um modo ou de outro; mas não foi assim, pois só aceitando as coisas podemos assumir uma atitude perante a elas (Jung, & Wilhelm, 1992, p. 61).

Intensos e longos diálogos devem ocorrer entre o Eu e a sombra em suas personificações por meio das quais a libido ganha forma; e do sacrifício da razão limitante surge a alegria incorporada como expressão do direito da alma de existir em sua totalidade. Para Jung (2008, p. 193): "O reconhecimento da realidade do mal necessariamente torna relativo o bem – e também o mal, convertendo cada um deles na metade de um todo paradoxal".

Para Nietzsche, "é preciso ter caos em si para dar à luz uma estrela dançante" (cf. Jung, 2020, vol. 5, p. 206, n. 6). O humor e o riso são antídotos naturais contra as defesas dissociativas do ego. A alegria é a dança, o movimento transcendente, que integra e permite o acesso a uma nova forma de existir. "A vida não exige seriedade; pelo contrário, é melhor atravessar a vida dançando" (Jung, 2020, vol. 2, p. 203).

Estar no reino da alma, no mundo das imagens criativas, exige essa outra forma de ver a vida que transcende a cegueira da razão. A perspectiva simbólica surge quando o coração é atingido. Eros entra em cena como poder catalisador, através desse órgão de percepção mais sensível e irracional que causa uma perturbação da ordem consciente. Sentimentos e sensações brotam desordenadamente para serem assimilados, reordenados e ressignificados. Intensifica-se a necessidade de diálogo com a alma pelos recursos não verbais: arte, poesia, música, dança, pois "a novidade não entra, ela é criada" (Jung, 2020, vol. 4, p. 211).

Assim, o bem e o mal se encontram e se complementam, veneno e antídoto no mesmo recipiente. Os opostos se apresentam e, após serem discriminados, podem se unir, fazendo surgir uma nova ordem consciente que oportuniza uma mudança de atitude frente ao mundo. As experiências que corporificam a alma trazem sentido à existência e maior confiança no processo.

> A plenitude infinita é tão boa quanto o nada infinito. Não exigindo, mas orando, nem mesmo implorando. Aproxima-te do limiar da visão. Agora sê grato e crente, jamais julgues aquilo que é colocado em tua mão. Pode parecer-te que são pedras. Mas pedras também podem se transformar

> em pão. Aguarda com paciência a palavra que fala a tua alma (Jung, 2020, vol. 2, p. 204).

O caminho de acesso ao mundo da alma não é linear, segue a lógica da circularidade e da linguagem simbólica ou oculta que possui muitos sentidos; por meio de cada leitura, a cada olhar, um novo significado pode se revelar. As palavras e as imagens são elementos vivos, cuja compreensão depende de como são lidas ou ouvidas. "Quando deixaste de lado o livro por uma semana e voltas a pegá-lo após teu espírito ter passado por diferentes transformações, terás mais de uma nova luz" (Jung, 2020, vol. 3, p. 102).

Mas a luz cega tanto quanto a escuridão. É preciso ficar atento ao risco da identificação com as imagens e o aprisionamento no mundo interior. Atenção ao tempo de descer e ao tempo de subir. O processo de individuação ocorre, simultaneamente, nas profundezas e na superfície. A capacidade de descer ao reino da alma, vivifica a nossa existência no mundo de cima: "Mundo intermediário multicolorido, teus espaços são amplos o bastante para que a vida encontre sua residência" (Jung, 2020, vol. 3, p. 113).

E é preciso ter cuidado, não se pode aceitar tudo o que emerge das profundezas de uma só vez, isso seria loucura, é preciso respeitar os limites do Eu. A alma orienta: "[...] sê modesto e cultiva o seu jardim com moderação. [...] Toma uma tesoura e poda tuas árvores" (Jung, 2020, vol. 4, p. 221-222).

O fiel da balança precisa ser respeitado, pois a criatividade e a loucura encontram-se lado a lado. Saúde ou doença serão determinados ao indivíduo dependendo da condição do ego de transitar entre os opostos. É como mergulhar no oceano, se souber nadar será uma obra criativa, se não souber será loucura.

> Tudo se agita e se precipita dentro de mim em completa desordem. A coisa está ficando séria. O caos está vindo. É este o fundo mais baixo? Ou será que o caos também é alicerce? Ah se não fossem estas ondas terríveis! Tudo se quebra e se mistura como ondas negras e espumantes. Sim,

> este é o oceano, a maré noturna onipotente (Jung, 2020, vol. 4, p. 212).

Grande é a tarefa de sustentação dos paradoxos! Como o ditado nietzscheano, uma árvore se estende aos céus quando suas raízes se estendem ao inferno, e, na visão de Jung: "Vejo uma palmeira, uma árvore enorme emerge do mar, sua copa alcança o céu e suas raízes se estendem até o interior da terra" (Jung, 2020, vol. 4, p. 214). Suportar a loucura dos contrários exige soltura e abertura. A instrução da alma é liberar e ampliar as passagens:

> A porta deve ser tirada dos gonzos para criar passagem livre entre aqui e lá – entre sim e não, entre alto e baixo, entre esquerda e direita. Corredores arejados devem ser construídos entre todas as coisas opostas, estradas suaves e planas devem levar de um polo a outro [...]. A vida continua a seguir seu decurso do nascimento à morte e da morte ao nascimento – do sentido à loucura e da loucura ao sentido – ininterruptamente como o trajeto do sol. Tudo siga este trajeto (Jung, 2020, vol. 4, p. 215-216).

Somente a relação dialética entre o racional e o irracional possibilita a cura da dissociação. O louco e o mago vivem na fronteira entre os opostos, e, apesar de terem relação direta com o pleroma, ficaram na sombra do pensamento iluminista. Por isso, faz-se de grande importância o resgate do tema da magia, que traz a capacidade de amplificar o diálogo com a alma por meio da linguagem simbólica, a qual foi substituída pela razão na Modernidade.

Uma das tarefas é resgatar o incognoscível e desenvolver o "dom da magia" que, psicologicamente, representa a habilidade de relacionamento com as forças inconscientes, irracionais e sombrias da alma, como praticada pela medicina ou pela psicoterapia primitiva, cujos métodos terapêuticos são relevantes para a psicologia profunda[17].

---

17. Certos ensinamentos médicos ou filosóficos do passado, assim como certos métodos curativos mais antigos, oferecem um grau de clareza surpreendentemente

Essa habilidade é conquistada pela relativização do Eu em seu amadurecimento psicológico. Essas práticas profundas são perigosas, por isso é necessário não perder o contato com a consciência, pois o fiel equilíbrio entre os opostos faz-se imprescindível, evitando, assim, o risco de sucumbir à loucura.

"A magia não é fácil e exige sacrifícios. [...] Deves sacrificar o consolo por amor à vara preta, o consolo que dás e o consolo que recebes" (Jung, 2020, vol. 4, p. 222-223). A condição para receber a "vara mágica" está pautada no árduo exercício de confiar e de se sustentar em si mesmo. Trata-se de uma atitude íntegra diante das próprias fragilidades e das fragilidades dos outros e, ao mesmo tempo, o reconhecimento de que cada um deve suportar sua própria cruz.

Para romper a tensão insuportável entre o racional e o irracional, provocada pelo aprofundamento na obra, tem-se a seguinte instrução: "Controla-te e sê paciente" (Jung, 2020, vol. 4, p. 22). A prática da magia, dos conhecimentos antigos, ativa a função transcendente da alma, num movimento serpentiforme que une os opostos em direção à consciência psicológica. Trata-se da magia da serpente, como símbolo gnóstico de grande poder transformador. O caminho não é celestial, é ctônico.

É preciso praticar a "arte da magia", o "manejo da vara", da "serpente", o trabalho com a energia psíquica que emerge das profundezas. O pensamento racional precisa ficar suspenso, o trabalho acontece na "cozinha" e no "jardim", e não na "biblioteca". Cozinha e jardim são locais simbólicos de interação constante entre o mundo exterior e o interior, nesses espaços tudo ocorre sob outra ordem e outro tempo. Os elementos têm vida própria, e existe um outro regente que não é o Eu.

---

grande para a compreensão daquelas que são consideradas as mais recentes descobertas no âmbito da mente humana. Cf. Ellenberger (2023, p. 17).

"Deixa chover, deixa o vento soprar. Deixa as águas correrem e o fogo flamejar. Deixa que cada um cresça, dá tempo ao devir" (Jung, 2020, vol. 4, p. 226-228).

O "manejo da vara" exige do ego o sacrifício da intelectualidade onipotente que estanca o fluxo das energias para a integração e a renovação dos opostos. A confusão e o medo da loucura definitivamente precisam ser superados. A loucura, como expressão do irracional, transforma-se pela criatividade, e não pelo intelecto[18].

> O problema da loucura é profundo – a loucura divina – uma forma elevada da irracionalidade da vida que flui dentro de nós. [...] Se quiseres encontrar caminhos não deves desdenhar a loucura, pois ela constitui uma parte tão grande e importante de tua natureza (Jung, 2020, vol. 4, p. 211).

Trata-se da realização da obra, daquilo que não exige explicação, daquilo que "magicamente" acontece. De acordo com os ensinamentos do velho sábio em Jung: "A magia é o negativo daquilo que podes conhecer [...], isto é, que não tens nada a compreender [...]; a magia é tudo aquilo que não se compreende [...], a magia não deve ser ensinada nem apreendida" (Jung, 2020, vol. 4, p. 233).

Mais importante do que compreender o caminho é vivenciá-lo, cumprindo as tarefas de cada etapa. Quanto mais profundo é o contato com a alma, maior parece ser a confusão e a insegurança no processo, porém "o caminho inseguro é o caminho bom, nele estão todas as possibilidades. Sê firme e produze" (Jung, 2020, vol. 5, p. 226).

> [...] não é preciso procurar um caminho. O caminho, ou seja lá o que for sobre o qual se anda, é o nosso caminho, o caminho certo. Não existem caminhos já trilhados para o futuro. Dizemos que este é o caminho, e ele o é. Construímos as estradas caminhando. Nossa vida é a verdade

18. Cf. capítulo 9, "Uma vida cheia de insanidade: reconhecer a loucura e saudá-la amigavelmente", de Sabina Vanderlei.

> que buscamos. Minha vida é o caminho para aqueles que virão depois de mim. Apenas a minha vida é a minha verdade, a verdade em si. Nós criamos a verdade primeiro vivendo ela. Apenas posteriormente a vida se transforma em verdade. Não encontramos a verdade primeiro para então vivê-la, é ao contrário (Jung, 2020, vol. 4, p. 215).

A obra de Jung pode ser muito malcompreendida devido à complexidade do seu método, baseado no sistema gnóstico do movimento oculto de transformação dos opostos que abrange múltiplas possibilidades. A realização da obra ocorre pela relação com a alma de forma circular e autorreflexiva. Os temas retornam, a ordem é apenas didática, pois, "a cada dádiva de Deus, o diabo acrescenta sua maldição" (Jung, 2020, vol. 6, p. 214). O trabalho é contínuo, e o mito pessoal se revela por meio da experiência reflexiva.

O portal para a individuação reside no nível psicoide[19], na relação entre corpo-alma, em que a consciência é gestada. A obra da alma é coletiva, mas cabe a cada indivíduo a responsabilidade pela realização de suas tarefas de acordo com seus limites e suas possibilidades. "Ensina o que é teu e então te cala. Tu encontrastes teu caminho. Não queiras mais, mas cumpre o necessário. Tu podes fazer o que podes, nada mais, nada menos" (Jung, 2020, vol. 6, p. 213).

3.2 O amadurecimento da obra

> Jung pergunta à sua alma: "Minh'alma, por onde vai o caminho?"
> A alma responde: "O caminho vai para além de ti, em destino espiritual e corporal. [...] Deves apenas confiar em ti mesmo. [...] Ouve, não deves fazer demais. Deves descansar mais para que tenhas mais força para enfrentar tudo. Se fores fraco não poderás permanecer firme. Renuncia ao

19. Jung usa o termo "psicoide" em sua obra *A natureza da psique* (OC 8/2).

máximo de coisas externas. Dá tempo à obra. Ela deve amadurecer por si mesma".

(C.G. Jung)

A assimilação e o avanço do processo se dão pela consciência dos próprios limites e tornam o corpo um espaço sagrado de transformação. "Deves largar o trabalho e permitir que sejas tratado. Quem faz o trabalho? Ele floresce em ti" (Jung, 2020, vol. 6, p. 229).

Incertezas, fadiga, paralisia são sintomas da cruz que cabe a cada um carregar. A aceitação é redenção sagrada, e a compreensão que emerge do espírito criativo vitaliza o corpo e a alma. Assim, o conhecimento que advém da profundidade das experiências de vida se transforma, a cada passo, em sabedoria.

O aprofundamento do trabalho inclui o corpo como dimensão física do espírito. "Do corpo vem o pensamento iluminador" (Jung, 2020, vol. 5, p. 242, n. 232). É necessário descer a níveis profundos da matéria para extrair o símbolo da experiência. A cura acontece nessa camada psicoide, na qual corpo e alma são um, assim como a máxima alquímica: "Só aquilo que somos tem o poder de curar-nos".

Quando a alma é incorporada na matéria, o sagrado se manifesta no cotidiano e faz nascer a consciência que gesta transformações. O serviço à alma é individual, é dentro de si mesmo, mas não para si mesmo. "Quando o Si-mesmo brota, o Eu se encolhe" (Jung, 2020, vol. 7, p. 248). "Tu estás em Deus estando em ti mesmo" (Jung, 2020, vol. 7, p. 176).

No inverno de 1936, em seus seminários sobre o Zaratustra de Nietzsche, Jung (1988) falou sobre a liberdade relativa do ego frente a seu destino, explicou que, quando a consciência se amplia, maior é a noção de que não é possível evitar as intenções do gigante Si-mesmo. "A totalidade, porém, não entende o individual, por isso o individual deve buscar o caminho até Deus.

Assim deve atrair Deus para dentro de si [...]. Então o ser humano seria o mediador no processo de transformação do Deus" (Jung, 2020, vol. 7, p. 179).

Ao buscar a cura de suas feridas e aceitar os sacrifícios que lhe são impostos, o Eu atinge um estado de consciência prometeica. A realização da sua obra pessoal contribui para o alívio do sofrimento da humanidade. Trata-se da experiência de renascimento psicológico, da atitude renovada perante a vida que traz maior empatia e vitalidade criativa. Eis a ética da individuação:

> [...] aproximamo-nos das forças superpoderosas e sobre-humanas que estão ativamente trabalhando para criar os tempos vindouros. Quanta coisa futura esconde a profundeza! Não se tecem nelas os fios sobre os milênios? Cuida dos enigmas, guarda-os em teu coração, esquenta-os, anda prenhe deles. Assim carregas o futuro (Jung, 2010, p. 308).

A obra por trás da obra segue a máxima alquímica "procura tornar-te tal como queres que seja a obra por ti buscada" (OC 11)[20]. É sobre o grande paradoxo do caminho da individuação, da realização da Grande Obra da Criação por meio do trabalho em si mesmo.

Referências

Campbell, J. (1990). *O poder do mito*. Palas Athena.

Ellenberger, H.F. (2023). *A descoberta inconsciente: história e evolução da psiquiatria dinâmica*. Perspectiva.

Elliot, T.S. (1983). *Quatro quartetos*. Rio de Janeiro: Nova Fronteira.

Jacoby, M. (2023). *Individuação e narcisismo: a psicologia do si-mesmo em Jung e Kohut*. Vozes.

Jung, C.G. (1988). *Jung's Seminar on Nietzsche's Zarathustra*. Abridged.

Jung, C.G. (1988). *Psicologia da religião ocidental e oriental* (Obra Completa, Vol. 11). Vozes.

---

20. Jung cita Dorn (cf. OC 11, § 264, n. 58).

Jung, C.G. (1989). *A natureza da psique* (Obra Completa, Vol. 8/2). Vozes.

Jung, C.G. (1989). *Símbolos da transformação: análise dos prelúdios de uma esquizofrenia* (Obra Completa, Vol. 5). Vozes.

Jung, C.G. (1991) *Tipos psicológicos* (Obra Completa, Vol. 6). Vozes.

Jung, C.G. (2008). *Introdução: diabos, demônios e bodes expiatórios – Uma psicologia do mal.* Cultrix.

Jung, C.G. (2010). *O Livro Vermelho – Liber Novus.* Vozes.

Jung, C.G. (2014). *Seminários sobre psicologia analítica (1925).* Vozes.

Jung, C.G. (2020). *Os Livros Negros: 1913-1932 – Cadernos de transformação* (7 vol., edição de S. Shamdasani, tradução de M. Hediger). Vozes.

Jung, C.G., & Wilhelm, R. (1992). *O segredo da flor de ouro – Um livro da vida chinês.* Vozes.

Lopes, L.P. (2022, 14 de agosto). *Mundus imaginalis ou O imaginário e O imaginal – Henri Corbin.* https://www.lampeju.com/post/mundus-imaginalis-ou-o-imagin%C3%A1rio-e-o-imaginal-henry-corbin

Matto-Shepard, F. (2023). *Active Imagination in Psychedelic-Assisted Psychotherapy: Building Bridges to the Self.* Chiron Publications.

McGuire, W. (2023). *Cartas de Freud e Jung.* Vozes.

Rilke, R.M. (2007). *Cartas a um jovem poeta.* L&PM.

Shamdasani, S. (2020). Em busca de uma ciência visionária: os cadernos de transformação de Jung. In C.G. Jung, *Os Livros Negros: 1913-1932 – Cadernos de transformação* (Vol. 1, p. 11-112, edição de S. Shamdasani, tradução de M. Hedinger). Vozes.

PARTE II

Conceitos e ideias essenciais

Ah, este livro! Voltei a ter-te em mãos – banal e patológico, e frenético e divino, meu *inconsciente* escrito! Novamente, tu me colocaste de joelhos. Aqui estou, diz o que tens a dizer!

(Jung, C.G., *Os Livros Negros*, vol. 5, p. 233)

Seção 1

Imaginação ativa

4

Imaginação ativa: uma experiência no mundo imaginal

Heloisa Longo

> Devemos deixar as coisas acontecerem psiquicamente.
> Eis uma arte que muita gente desconhece.
>
> (OC 13, §20)

A intenção deste capítulo é, num diálogo com a filosofia islâmica de Ibn Arabi[21] e Henry Corbin[22], **ventilar métodos para o processamento consciente e voluntário da individuação**, incluindo a imaginação ativa utilizada por C.G. Jung na elaboração de *Os Livros Negros* e o trabalho grupal da matriz do sonhar social proposto por Gordon Lawrence[23] e hoje oferecida

---

21. Ibn Arabi (1165-1240) foi um filósofo hispano-muçulmano da Andaluzia.

22. Corbin (1903-1978) foi um filósofo, teólogo e professor de Estudos Islâmicos da Universidade de Sorbonne em Paris, França. Ao lado de Jung, participou dos encontros de Eranos, em Ascona.

23. Lawrence (1934-2013) foi um cientista social e consultor organizacional, professor de Socioanálise da Free Association (Reino Unido) e da Sociedade Internacional para o Estudo Psicanalítico das Organizações (Ispso). Foi uma

nos congressos da International Association of Analytical Psychology (IAAP).

Por que a filosofia islâmica? Oito anos antes de morrer e após quase oito décadas de intenso e profícuo trabalho direcionado à compreensão dos processos psicológicos, Jung, em carta de 4 de maio de 1953 dirigida ao filósofo Henry Corbin, refere-se a este como o único ser que o compreendeu completamente. De fato, a pesquisa na obra desse professor de Filosofia Islâmica da Sorbonne amplia o entendimento das ideias e práticas propostas pelo psiquiatra.

Por outro lado, assumimos a individuação como o objetivo da vida de qualquer ser humano, que é tornar-se plenamente o que se é potencialmente desde sempre, e que se realiza através de sucessivos passos da função transcendente, que, por sua vez, se operacionaliza na negociação permanente entre a consciência e elementos do inconsciente.

Seguem-se considerações sobre a individuação, a função transcendente e a filosofia islâmica, bem como sobre diversas vertentes teóricas (sistêmica e arquetípica, entre outras) que iluminam algumas possibilidades pragmáticas de garimpar informações não conscientes para realizar a tarefa necessária à individuação.

4.1 Sobre a individuação e a potencialidade inata do ser

Entretecemos, aqui, as noções de pleroma da gnose junguiana apresentada em *Os Livros Negros*, de Ser da filosofia islâmica e de *Big Bang* da astrofísica.

---

figura proeminente no pensamento psicanalítico e na consultoria organizacional e é mais conhecido por desenvolver o conceito de "sonho social", uma técnica em que os indivíduos compartilham seus sonhos em um ambiente de grupo para explorar os significados sociais e coletivos por trás deles.

Ideias como *daimon* e destino nunca se acomodaram completamente nas minhas impressões conceituais ou vivenciais; mas um pensamento decorrente das proposições de Carl Sagan[24] e seus seguidores aquietaram, por ora, o que me instiga nesse âmbito.

Somos feitos da poeira das estrelas, diz o astrofísico. Em princípio, toda a informação gerada desde o mais recente *Big Bang* – que deve ter ocorrido há cerca de 14 bilhões de anos – está arquivada em cada partícula do universo[25]. Este, por sua vez, se expande ininterruptamente desde então, numa sequência de manifestações sucessivas (e num afastamento gradual e acelerado dos corpos entre si): partículas, átomos de hidrogênio e hélio, nebulosas, estrelas, galáxias, novos elementos (carbono, oxigênio, ouro, chumbo, urânio etc., formados a partir da morte das estrelas), planetas, satélites, minerais, vegetais, animais.

Embora Marcelo Gleiser[26] lembre que ainda não sabemos como, em nosso planeta, houve o salto da matéria dita inanimada (que, aparentemente, não busca de forma ativa a perpetuação) para a animada (que busca ativamente a perpetuação), entendemos que as manifestações sequenciais se aproveitam (como sugerem algumas teorias da evolução) de

---

24. Sagan (1934-1996) foi um astrônomo, astrobiólogo, astrofísico, escritor, divulgador científico e ativista estadunidense.

25. Na versão do hinduísmo vedanta da alma (o *Atman*) de Hannah (2024, p. 16): "Os orientais percebem essa verdade muito melhor do que nós. Eles falam do *Atman* universal e pessoal como uma só e mesma coisa, dizem que o *purusha* [a consciência universal que conecta todos os seres] é um pequeno polegar que mora no coração de todo ser humano, e que ainda assim ele recobre o universo, e é 'menor que pequeno e maior que grande'. Nesse mesmo sentido, microcosmo e macrocosmo eram termos compreendidos em geral pela mente ocidental tempos atrás". Ou, como ela mesmo traz, o aforismo cristão: "O Reino dos Céus está dentro de vós".

26. Gleiser, nascido em 1959, é um físico, astrônomo, professor, escritor e roteirista brasileiro, atualmente pesquisador e professor da Faculdade de Dartmouth, nos Estados Unidos.

certas características novas que surgem e que colaboram com a perpetuação da existência[27]. Cada nova manifestação, portanto, exibe uma função específica, inovadora ou não, precípua, na manutenção da expansão do universo em direção à formação de um próximo buraco negro[28].

Do mesmo modo que a floração permite a geração de frutos e sementes, cada flor que já existiu teve uma função específica na ontogênese vegetal – gerar frutos daquela estação naquela árvore, por exemplo –, imagino que cada animal, humano ou não humano, tem também, em sua ontogênese, uma função nesse processamento cósmico. Essa seria a potencialidade inata do ser, à qual Jung se refere. Uma função – ou, melhor dizendo, uma semente de função – que também conta com a possibilidade de desabrochamentos.

Como função genérica, somos uma forma do universo conhecer a si mesmo (Sagan, 2013). Seguindo a filosofia islâmica, cada manifestação é uma forma do Ser se conhecer. Ser enquanto o todo pleno de potência, mas não manifesto – e incognoscível: Deus, na religião; pleroma, na proposição gnóstica junguiana:

> Prestai atenção: começo pelo nada. O nada equivale à plenitude. No infinito, o pleno não é melhor que o vácuo. O nada é, ao mesmo tempo, vácuo e plenitude. Dele se pode dizer tudo o que se quiser; por exemplo: que é branco, ou preto, ou então que existe, ou não. Uma coisa infinita e eterna não possui qualidades, pois tem todas as qualidades. A esse nada ou plenitude dá-se o nome de PLEROMA. Nesse particular cessam o pensar e o ser, já que o eterno e infinito não possui qualidades. Nele, nenhum ser é, porque

---

27. Já em sua primeira apresentação nos debates da sociedade estudantil Zofingia, em novembro de 1896, Jung – que contava, então, com 21 anos de idade – contesta a inquestionabilidade da ciência utilizando dois grandes temas: a força da gravidade e a passagem da existência inanimada para a animada.

28. "O pleroma é simultaneamente o começo e o fim dos seres criados" (Jung, 2019, p. 378).

> senão se diferenciaria do pleroma e possuiria qualidades que o distinguiriam como algo inconfundível. No pleroma não existe nada e tudo existe. É absolutamente inútil pensar[29] no pleroma, pois redundaria em autodissolução (Jung, 2019, p. 377ss.)[30].

Podemos imaginar, portanto, que cada um de nós é uma (semente de) função na perpetuação universal e em seu autoconhecimento, que carrega em si (acessando a "nuvem" do inconsciente coletivo), toda a informação dos últimos 14 bilhões de anos (pelo menos). "Também somos o pleroma inteiro, porque [...] o pleroma é apenas o menor ponto [suposto] em nós e no firmamento ilimitado que nos rodeia" (Jung, 2019, p. 378).

A (semente de) função específica de cada ser manifesto vem "embutida" em cada um, mas raramente está acessível à consciência. "Não vêm com manual", dizem os educadores preocupados com o desenvolvimento de seus filhos, alunos etc.

James Hillman sugere que apenas alguns têm o *daimon*, a função, o "código do ser" evidente (cf. Hillman, 2001), mas que a grande maioria vai se "batendo pela vida" para encontrá-lo. Esse bater-se pela vida, de certa forma, corrobora o pensamento junguiano de que a predisposição para o desenvolvimento dura

---

29. "Não é o vosso raciocínio e sim o vosso ser que constitui a individualidade" (Jung, 2019, p. 381).

30. Embora pareça mais claro na versão de *Memórias, sonhos, reflexões*, cabe trazer o texto original que consta da base de nossos estudos, *Os Livros Negros*: "Eu vos ensino: começo no nada. O nada é o mesmo que a plenitude. Na infinitude, o cheio é tão bom quanto o vazio. Nada é vazio e cheio. Igualmente podeis dizer algo diferente sobre o nada, por exemplo, que é branco ou preto, ou que não existe ou que existe. Um infinito e eterno não possui qualidades, pois possui todas as qualidades. Chamamos o nada ou a plenitude de pleroma. Lá cessam pensar e ser, pois o eterno e o infinito não possuem qualidades. Nele não existe ninguém, pois ele seria distinto do pleroma e possuiria qualidades que o separariam como algo do pleroma. No pleroma há nada e tudo. Não vale a pena refletir sobre o pleroma, pois isso significaria: autodissolução" (Jung, 2021, vol. 5, p. 284ss.).

toda uma vida (e não "estaciona" na puberdade ou em outra fase qualquer, como sugerem algumas linhas psicológicas).

Para a realização das minhas funções (repetindo: não como "destino" outorgado por uma autoridade suprema, mas como uma continuidade de um processo com longo passado e futuro), é preciso acessá-las no inconsciente em que, em princípio, há não apenas passado acumulado em estruturas *pre formandi*, mas futuridades.

4.2 A função transcendente

No texto de 1916 intitulado "O inconsciente pessoal e o inconsciente suprapessoal ou coletivo" (OC 7/1), Jung nos lembra que há no inconsciente a camada pessoal que termina nas recordações infantis mais remotas, e que, para além delas, há uma camada que contém o tempo pré-infantil, isto é, *os restos das vidas dos antepassados*, chamando esse segundo nível de "camada coletiva do inconsciente".

Nesses escritos, Jung afirma que a tarefa do paciente em trabalho psicológico seria a de distinguir o eu do não eu, isto é, diferenciar o eu da psique coletiva, não reprimindo-a, mas *colocando-a ostensivamente à sua frente como algo à parte, distinto e contrário a si*, o que sempre significa um conflito consigo mesmo. E reitera, ainda, que não se trata de uma substituição do valor pessoal pelo valor do coletivo, *mas de uma conservação dos antigos valores, acrescidos de um reconhecimento do seu contrário.*

Ele também lembra de Heráclito como o descobridor da "mais fantástica de todas as leis da psicologia", a *enantiodromia*[31], como *a função reguladora dos contrários*, pela qual um dia tudo se reverte em seu contrário. Jung diz que só escaparia à crueldade da lei da enantiodromia quem fosse capaz de se diferenciar

31. O termo "enantiodromia" significa "correr em direção contrária".

do inconsciente e sugere que os "acontecimentos indizíveis" provocados pela regressão ao tempo pré-infantil têm a possibilidade potencial de trazer o sentido de realização individual na vida e na obra de cada um. Segundo ele, as "imagens [do inconsciente coletivo] se formaram a partir da vida, do sofrimento e da alegria dos antepassados e querem voltar de novo à vida, com experiência e como ação. Mas por causa de sua oposição à consciência não podem ser traduzidas imediatamente para o nosso mundo" (OC 7/1, § 120). Jung finaliza afirmando que é preciso achar um caminho intermediário conciliatório entre a realidade consciente e a inconsciente.

Em outro texto do mesmo ano, intitulado "A função transcendente" (OC 8/2), Jung afirma que "a função psicológica e "transcendente" resulta da união dos conteúdos conscientes e inconscientes. [...] É chamada transcendente porque torna possível organicamente a passagem de uma atitude [inconsciente/consciente] para outra, sem perda do inconsciente [nem da consciência]" (OC 8/2, §§ 131, 145).

Portanto, segundo Jung, quando consciência e inconsciente operam como forças opostas, trata-se tanto de trazer o inconsciente à consciência quanto de aprender a suportar a experiência paradoxal desse encontro[32], até que ambas se acomodem numa nova instância, em que o conflito deixa de se manifestar como tal[33].

---

32. "No pleroma, as qualidades estão contrabalançadas e nulas; em nós, não" (Jung, 2019, p. 380). Sobre a possibilidade de suportar a tensão dos opostos, conta Hannah (2024, p. 23): "Eu me lembro vividamente que, quando foi questionado em uma discussão se ele pensava que haveria uma guerra atômica, Jung respondeu: 'Penso que depende de quantas pessoas possam suportar a tensão dos opostos em si mesmas. Se um número suficiente puder, penso que escaparemos do pior. Mas se não, e houver guerra atômica, nossa civilização perecerá, assim como muitas civilizações pereceram antes, mas em uma escala muito maior'".

33. O caminho do Tao, no taoismo, e a figura de Exu, na mitologia iorubá, podem representar essa busca de conciliação dos opostos.

Por outro lado, Lawrence (2010) nos lembra que nosso processador de informações é pequeno. Se resolvermos encarar toda a informação inconsciente de uma só vez, o processador implode (um humano não suporta a presença do deus, diz a mitologia grega). Ela tem que ser assimilada aos poucos, e de forma gradual, no desenvolvimento de toda uma vida.

A seguir, serão abordados tópicos da filosofia islâmica para, então, serem apresentados alguns dos métodos para a harmonização da consciência com aspectos do inconsciente.

4.3 Os campos da vida e a filosofia islâmica

Olhando sob diferentes perspectivas, somos desdobramentos de manifestações sucessivas que carregam em si um todo original.

Para a astrofísica somos brotamentos do buraco negro que gerou o (mais recente?) *Big Bang*; para a leitura junguiana da gnose, carregamos o pleroma ao mesmo tempo que somos manifestações dos paradoxos que o pleroma contém, de maneira não contraditória, em si; para a filosofia islâmica fazemos parte da sequência (processo denominado *Tajalli*) de apresentações que se originam no mundo incognoscível abstrato e chegam à concretude da matéria.

Nessa perspectiva, entre o mundo incognoscível (abstrato) e o mundo visível sensível (concreto) está o mundo intermediário, o "mundo das ideias-imagens, mundo das formas de aparência e corpos no estado sutil; [que] por conta do caráter intermediário, atinge seu ápice na noção de símbolo, já que o intermediário 'simboliza com' os mundos que conecta" (Corbin, 2021, p. 230).

Em *Os Livros Negros*, no entanto, Jung refuta o *status* de símbolo para as ideias-imagens do mundo intermediário (elas podem operar como símbolos, mas são reais). Segue-se o diálogo entre Jung e sua ideia-imagem de Elias no registro de 21 de dezembro de 1913:

> [Jung] O que vejo com meus próprios olhos, justamente isto me é inconcebível. Tu, Elias, que és um profeta, a boca de Deus, e ela [Salomé], um monstro sanguinário e lascivo – vós sois o símbolo de extremas oposições.
> [Elias] Nós estamos realmente juntos e não somos símbolos. Somos **reais** e estamos juntos (Jung, 2020, vol. 2, p. 183 – grifo meu)[34].

Corbin (2021, p. 232) denominou "este mundo intermediário, o mundo das ideias-imagens, de *mundus imaginalis*" para designar a esfera da **imaginação dissociável do sujeito**, portadora de uma substância em si mesma, que é diferenciada da **imaginação do sujeito imaginante** que lhe é inseparável.

Assumimos que a esfera imaginal é portadora de substância em si mesma, independentemente do sujeito, é real e é constituída por ideias-imagens não concretas.

Os sonhos são um exemplo típico de material pertencente a essa esfera intermediária entre o mundo abstrato das ideias e do espírito e o mundo sensível da matéria concreta. Quando sonhamos – melhor dizendo, quando um sonho chega autonomamente para nós –, estamos num cenário real, com experiência real (podemos acordar com sintomas físicos e psíquicos decorrentes de um sonho, por exemplo), mas suas ideias-imagens não são fisicamente palpáveis, não são concretas.

No entanto, o sonho nos chega enquanto a consciência está rebaixada, e todo o trabalho de compatibilização entre a vida consciente e o restante (inconsciente), essencial à individuação, tem que ser feito *a posteriori*, como Jung nos ensinou, com o trabalho de amplificação.

---

34. Diz Hannah (2024, p. 30): "Por isso eu raramente encorajo as pessoas que estão trabalhando comigo a fazer imaginação ativa [entrar em contato com o imaginal] no início da análise; prefiro dar o meu melhor para focar a atenção delas na realidade do inconsciente, até sentir que elas de fato sabem, por experiência, que estão lidando com algo que é exatamente tão real quanto o mundo exterior".

O acesso consciente ao mundo imaginal reduz a necessidade psicológica de sonhar, diz Jung[35], já que se trata de um mecanismo alternativo para a mesma função. Em princípio – e por experiência pessoal e de relatos informais de outros praticantes –, pode haver uma consequente redução na quantidade de horas de sono.

A ideia aqui é adentrar, imbuídos de nossas consciências, nas franjas menos conscientes desses mundos. O problema é que, quando estamos acordados, ficamos "ligados" apenas em dois mundos: o abstrato, das ideias e crenças; e o sensível corpóreo concreto. O intermediário, psíquico, das ideias-imagens, é solenemente desconsiderado e só é levado em conta quando se manifesta com fortes sinais de incompatibilidade com a consciência, ou seja, quando nos comportamos involuntariamente de maneiras distintas das que esperamos, desejamos ou necessitamos.

Segundo Peter Kingsley[36], ignorar o mundo intermediário é uma nefasta e equivocada herança platônica. De acordo com ele, os filósofos gregos anteriores a Platão – com destaque para Parmênides – consideravam as três esferas. E, ao que tudo indica, os filósofos orientais continuam a considerá-las, como podemos ver na filosofia islâmica. Kingsley sugere que Platão não apenas obnubilou o mundo intermediário, como hierarquizou os dois mundos restantes, priorizando o abstrato em detrimento do concreto. Aprendemos a considerar o mundo ideal das formas, dos arquétipos, mas jogamos fora o mundo imaginal nos afastando dele.

Um longo caminho foi percorrido nesse processo: a Platão seguiu-se Aristóteles (século IV a.C.), que influenciou Santo Tomás

---

35. "Frequentemente, no final da análise, a objetivação das imagens substitui os sonhos. As imagens os antecipam e assim o material onírico começa a diminuir. O inconsciente se 'desinfla' assim que a mente consciente se relaciona com ele" (OC 18/1, § 399).

36. Kingsley, nascido em 1953, é um místico, filósofo, erudito, professor honorário da Universidade do Novo México e autor de livros, incluindo *Catafalque: Carl Jung and the end of humanity* (2021).

de Aquino. No século XIII, a concepção dual e hierarquizada tomista vigente na Universidade de Oxford se opôs e "venceu" a concepção trina averroísta[37], defendida na Universidade de Paris, e influenciou, no século XVI, Descartes, que resume a dualidade e a priorização dos mundos numa frase: **penso**, logo **existo**. Seguem-se o Iluminismo e o Positivismo, berços da nossa concepção de vida e ciência no Ocidente.

Desterrados de parte de nossa essência e não educados para contactá-la, reforçamos o que é legitimado em nossa cultura, educando o corpo mental com um raciocínio lógico durante cerca de duas décadas – da pré-escola à universidade – e, secundariamente, o corpo físico, para que ele sustente de maneira digna esse nobre intelecto.

Quando acordados, estamos viciados em **pensar** (mundo abstrato) e em **concretizar** (mundo sensível). Ao dormir, ao rebaixar a consciência, a vida, em seu longo processo evolutivo, nos obriga a entrar em contato com o mundo esquecido, o intermediário. E, então, sonhamos. Se assim não o fizermos, enlouquecemos. Literalmente, psicotizamos[38].

Nossa tarefa, então, seria nos prepararmos para, conscientemente, buscar o acesso ao imaginal reduzindo nossa atenção ao mental e ao corpóreo. A meditação é uma boa porta de entrada: nela, aquietamos o corpo e provocamos o silêncio mental para

---

37. Referente a Averróis, filósofo islâmico que nasceu em Córdoba, Espanha, em 1126 e morreu em Marraquexe, Marrocos, em 1198.

38. Murray Stein, no prefácio do livro de Lionel Corbett, *A psique e o sagrado* (2024, p. 11), trata das manifestações dessa privação no nível manifesto coletivo: "Jung falou muitas vezes sobre 'o homem moderno em busca de uma alma', e o surgimento dos fundamentalismos pode ser lido como uma nítida resposta à ausência de alma da moderna *Weltanschauung* racionalista e mecanicista, para não dizer grosseiramente comercialista. Os fundamentalismos oferecem às pessoas acesso às imagens arquetípicas da psique". Embora os psicóticos sonhem, o não sonhar nos conduz a esse estado de alienação.

acessarmos os conteúdos do imaginal. Os momentos de passagem entre a vigília e o sono, tanto no despertar quanto no adormecer, são também reconhecidamente favoráveis para adentrar nessa esfera.

Em princípio, esse é o reino do mundo psíquico que está em contato direto tanto com o mundo abstrato quanto com o corpóreo. Jung denominou as interfaces entre esse mundo intermediário e os outros dois de áreas psicoides. Portanto, adentrando no reino mediador, podemos acessar não apenas informações inconscientes propriamente psíquicas, mas também abstratas (denominadas numinosas) e corpóreas.

4.3.1 Mais algumas palavras sobre estas esferas (e seu acesso)

James Hillman reitera, em muitos de seus textos, que, para sermos psicológicos, devemos nos manter conectados especificamente ao universo da psique. Aparentemente, encarou a atenção de Wolfgang Giegerich[39] ao mundo lógico (da alma) como um retrocesso à priorização do mental, do abstrato; e a dedicação às experiências numinosas como alheias à tarefa psicológica.

Adoto, alternativamente, uma postura sistêmica. Considero essencial buscar horizontalizar e integrar as experiências nas diferentes esferas sem priorizar nenhuma delas, acolhendo a demanda do mundo inconsciente a cada momento, na vertente em que se manifestar, em prol da individuação, que é uma forma de colaboração mínima essencial com o desenrolar da vida. Vejo priorizar o trabalho com uma ou outra esfera como apenas mais uma alternativa consciente, fundamentalmente egoica,

---

39. Giegerich, nascido em 1942, é um psicólogo alemão, com formação como analista junguiano, e autor dos livros *A vida lógica da alma* (2021) e *Psicologia do animus* (2024).

que carece da relativização necessária do nosso tamanho frente à incomensurável movimentação da vida.

Até porque, como nos lembra Kingsley no *Catafalque* (2021), em uma carta que Jung escreveu a um conhecido:

> Você está absolutamente correto, o interesse principal do meu trabalho não se concentra no tratamento de neuroses, mas na abordagem ao numinoso. Mas o fato é que a abordagem ao numinoso é a terapia verdadeira e, na medida em que você alcança as experiências numinosas, você é libertado da maldição da patologia. Até a própria doença assume um caráter numinoso.

Por outro lado, personificar, como nos lembra o mesmo Hillman, é uma atividade típica do mundo psíquico, intermediário. Personificar espíritos, deuses, parece um recurso dessa esfera, e não da abstrata ou estritamente espiritual.

Em princípio, quando falamos de Deus, estamos na esfera psicoide entre o psíquico e o abstrato, já que o mundo abstrato – mais diáfano do que pensamentos e crenças – não é personificável, dizível, compreensível; pelo menos não enquanto estivermos nesse patamar de capacidade de percepção e compreensão. Deus seria, antes, uma quase experiência, mais do que um ser, como me inspira Jung em entrevista à *BBC* em 1959 (cf. Marcelo Leite, 2014)[40].

E ainda: a ordem do desenvolvimento cerebral na história da vida – reptiliano em direção ao límbico e "culminando" no

40. "Quer dizer, os arquétipos, quando surgem, têm um caráter pronunciadamente *numinoso*, que poderíamos definir como 'espiritual', para não dizer 'mágico'" (OC 8/2, § 405). A meu ver, quando falamos do "misticismo" de Jung – o que, em nossa cultura, é um demérito, pois, aparentemente, escapa à faceta legitimada da esfera abstrata que é acolhida pela coletividade científica –, deveríamos ser específicos no sentido de qualificar esse misticismo. Ele se refere ao desconhecido, ou seja, das frequências mais sutis da instância abstrata, não como um negacionista egoico temente do insondável, mas como algo de espiritual, mágico, inatingível, inefável. Sim, considero-o um místico; não um supersticioso. Mas é preciso especificar de qual misticismo estamos falando.

córtex-neocórtex – fala sobre o movimento de abertura paulatina e gradual dos instrumentos de experiência e percepção "iniciando" pelo corpo, seguindo pela psique e chegando à mente, ou seja, um direcionamento ao longo dos milênios, partindo do mundo sensível, passando pelo intermediário e alcançando o abstrato. E agora um questionamento: O desabrochar do cérebro indicará, nos próximos milênios, a existência de outras esferas ainda mais sutis do que a abstrata? Será a concepção trina apenas uma limitação das nossas capacidades perceptivas? Provavelmente... Quem viver verá.

4.4 Os métodos e as técnicas de acesso aos conteúdos inconscientes

Agora, passamos a apresentar alguns métodos de processamento da função transcendente, da compatibilização entre o que já está consciente para nós e o que ainda não está, e também a evidenciar os resultados de um desses métodos – a matriz do sonhar social – no decorrer da leitura grupal de *Os Livros Negros*, sob a coordenação de Walter Boechat[41].

Trago, aqui, propostas de autores diversos para o acesso ao conteúdo inconsciente. Seguimos Jung em nossos primeiros passos.

O essencial de todo o processo está em, de porte da consciência no estado vígil, procurar reduzir os níveis de atenção excessivos à esfera consciente (e voluntária) do corpo (evitando movimentações, por exemplo) e à esfera consciente da mente/do espírito, no intuito de ter espaço psicológico suficiente para atentar aos aspectos mais sutis da vida. Feito isso, deve-se tentar adentrar nos aspectos/cenários/informações desejadas ou soli-

---

41. Boechat é psiquiatra e analista junguiano pelo C.G. Jung Institut de Zurique, doutor em Saúde Pública pela Universidade Federal do Rio de Janeiro (UFRJ), foi fundador da Sociedade Brasileira de Psicologia Analítica e da Associação Junguiana do Brasil, ambas reconhecidas pela IAAP.

citadas (pelo próprio universo inconsciente), pesquisar as informações necessárias e propiciar a compatibilização entre as demandas advindas do inconsciente e as possibilidades e intenções conscientes.

4.4.1 O trabalho com o sonho

Para realizar o trabalho no estado vígil utilizando o material dos sonhos, Jung considera essencial o trabalho com a amplificação. Não nos deteremos nesse tópico aqui, pois trata-se, como já dissemos, da atividade *a posteriori* e, também, porque o material sobre esse tema é abundante na literatura junguiana.

Apenas a título de recordação diremos que a amplificação é o método de interpretação de sonhos aplicado no processo de análise que se encaminha para além (dos aspectos redutivos) dos conteúdos pessoais do indivíduo e se dirige a amplificá-lo, pareando-o com elementos da cultura e da experiência milenar.

Mas podemos seguir a didática de Hillman (2018), já incorporando uma tentativa menos especificamente intelectual/abstrata e mais abrangentemente experiencial/psicológica, adentrando no exercício vivencial dirigido, precipuamente a acoplar os elementos inconscientes à consciência.

No livro *Uma investigação sobre a imagem* (2018), Hillman sugere que, acordados, readentremos na cena do sonho, que apuremos as percepções nesse cenário – percebendo, de forma mais acurada, detalhes, odores, humores nos níveis sensorial, psíquico e mental – e que desenvolvamos novas inter-relações com os personagens, indagando-lhes – por exemplo, “O que você quer?” – e, principalmente, **ouvindo as respostas**. Ele lembra também que não devemos, agora de posse de nossa consciência egoica vígil, estar à disposição das solicitações inconscientes, mas sim nos comportar como numa relação com um ente conhecido e íntimo em nossa vida cotidiana: acolhendo o desejável e possível, negociando o interessante, negando o desinteressante e/ou impossível (para a nossa consciência do momento).

Mas nem todos se recordam frequentemente dos sonhos. Quais são as possibilidades mais evidentes – até este momento dos estudos e das práticas de psicoterapia junguiana – de realizar a tarefa de parear a esfera consciente aos aspectos proximais da esfera inconsciente? Segue-se o delineamento de algumas práticas individuais – afetação, focalização, paradoxo do duplo vínculo, imaginação ativa – e uma coletiva – a matriz do sonhar social.

4.4.1.1 Afetação

Já em 1916, no texto "A função transcendente" (OC 8/2), Jung apresenta os passos do trabalho de pareamento das duas esferas – que ele denomina função transcendente – com didática exemplar.

Por sua simplicidade e efetividade, considero a utilização dessa metodologia essencial na educação psicológica de qualquer indivíduo, seja ela realizada no consultório psicológico, seja na formação dos filhos no ambiente familiar, seja em qualquer outro espaço educacional.

Nesse texto, Jung explica que por "função transcendente" não se deve entender algo de misterioso e, por assim dizer, suprassensível ou metafísico, mas sim uma função que, por sua natureza, pode-se comparar a uma função matemática de igual denominação, e é uma função de números reais e imaginários. Repetindo: a função psicológica e "transcendente" resulta da união dos conteúdos conscientes e inconscientes" (OC 8/2, § 131) e "é chamada transcendente, porque torna possível organicamente a passagem de uma atitude [inconsciente/consciente] para outra, sem perda do inconsciente [nem da consciência]" (OC 8/2, § 145).

Em seguida, Jung detalha a sua aplicação. É importante esclarecer que por afeto ou estado afetivo o autor refere-se ao termo não em sua modalidade coloquial – afeto como bem-querer –, mas como processo psicológico básico, referindo-se, em resumo, a tudo o que afeta um indivíduo.

Diz ele explicitamente:

> Deve-se tomar o estado afetivo inicial como ponto de partida do procedimento. [...] O indivíduo torna-se consciente do estado de ânimo em que se encontra, nele mergulhando sem reservas [...]. Deve permitir que a fantasia se expanda o mais livremente possível, mas não a tal ponto que fuja da órbita de seu objetivo, isto é, do afeto. [...] O afeto, anteriormente não relacionado, converte-se em uma ideia mais ou menos clara e articulada, graças precisamente ao apoio e à cooperação da consciência. [...] Isso representa um começo da função transcendente, vale dizer da colaboração de fatores inconscientes e conscientes [...] Basta esta atividade para exercer uma influência benéfica e vitalizadora (OC 8/2, § 167).

Aqui, poderemos utilizar a categorização adotada pelo psiquiatra no texto de 1921, *Tipos psicológicos* (OC 6): o que afeta o indivíduo, seja em termos de sensações (incluindo propriocepções ou sensações advindas do meio ambiente), sentimentos ou pensamentos (desenvolvidos voluntariamente ou intrusivos), seja em intuições, impressões ou pressentimentos.

Ou seja: o que me afeta deve ser levado em conta, deve ser levado ao nível consciente. Para tanto, posso ter que isolar, inicialmente, todos os outros processos que estão concorrendo pela atenção da consciência no momento.

Se estou com o meu dia a dia muito atarefado, com prazos a cumprir, e, por exemplo, há uma dor de cabeça me afetando, posso parar um minuto meu corpo (mundo sensível) – sento, fecho os olhos – e meu "cérebro" (mundo abstrato), e então entro em contato com a sensação propriamente dita, com a sua intensidade, com a sua forma, com os seus movimentos. Feito isso, posso conversar com ela, perguntar "o que você quer (me informar)?", "o que você faz aqui?" etc. e escutá-la. Ela pode "dizer" para eu respirar um pouco mais profundamente por uns minutos, ou que preciso recuperar o sono perdido, ou que a comida do almoço pesou, por exemplo. Agora, consciência e inconsciente já se puseram um a par do outro. Recupero, então, a função abstrata na forma de pensamento e avaliação: Posso dormir agora? Consigo dar um tempo para a digestão antes de continuar o trabalho? Tomo um remédio agora e evito esses fatores no futuro? etc. Assim, recupero a função concreta corpórea e tomo a providência que julgar adequada. Na realidade concreta: "vou parar um pouco", ou "vou tomar um remédio", ou "não posso parar nem tomar remédio agora e sigo com a dor olhando para ela na medida do possível" etc.

Em termos alquímicos, temos um miniprocesso: ao nigredo – a afetação –, segue-se o albedo – tomar consciência – e, finalmente, o rubedo – tomar as providências na vida concreta, na carne, no sangue. Ou seja: a partir de uma simples afetação do cotidiano, convoquei a função transcendente. A experiência tem evidenciado a influência benéfica e vitalizadora desse procedimento, como já prometia Jung em 1916.

4.4.1.2 Focalização

Eugene Gendlin, em seu livro *Focalização: uma via de acesso à sabedoria corporal* (2006), apresenta detalhadamente uma técnica específica para a escuta voluntária dos sinais corporais, seguindo por uma procura de memórias inconscientes e operando posteriormente a função transcendente.

De modo resumido, Gendlin sugere que provoquemos o processo com perguntas-gatilhos ("Como vai a minha vida?" e "O que é mais importante para mim agora?", por exemplo) e que coloquemos a atenção para perceber quais sensações corporais (que ele denomina de *felt sense*) respondem a essas provocações. O autor pede que fiquemos focados, principalmente, nas sensações difusas e que permitamos que essa própria sensação evoque uma palavra, uma frase, uma imagem. Podemos deixar vir inúmeras ideias-imagens; nossa função (da consciência) é nos mantermos em busca das que estejam mais em sintonia com a sensação e vice-versa, pois o processo é iterativo: uma mesma imagem pode provocar novos *felt senses*. É a sensação de "encaixe" entre a percepção corporal e a ideia/imagem que indica o fim dessa etapa. Segue-se, então, uma pergunta que diz respeito ao que toda essa experiência se refere: **O que** – especificamente – está provocando essa sensação-ideia/imagem? O esperado é que todas as respostas obtidas no processo – seja na forma de ideias-imagens, seja na detecção de uma crença-ideia-experiência de vida – provoquem alterações no *felt sense*, na percepção corporal. No entanto, diz Gendlin (2006, p. 63): "Não importa se a mudança corporal surgiu ou não. Ela surge do seu modo, nós não a controlamos".

Apesar dessa observação um tanto vaga – e talvez frustrante –, as experiências reveladoras que eu, colegas e pacientes obtivemos com essa técnica – além das diversas instituições que a praticam mundo afora – referendam a sua utilização terapêutica como mais uma possibilidade de entrada no imaginal, seguida da coleta de dados inconscientes e posterior compatibilização com a consciência, estendendo essa última a novas fronteiras.

4.4.1.3 Paradoxo do duplo vínculo

Essa técnica diz respeito a tomar consciência dos aspectos paradoxais das questões que se mostram problemáticas em nós. Ou seja, de forçar a função transcendente ao evocar os aspectos inconscientes das percepções conscientes. Ou de acoplar as experiências que são vivenciadas em momentos distintos e nunca conjuntamente para coexistirem ao mesmo tempo.

Trata-se de procurar, inicialmente, pelos aspectos favoráveis e desfavoráveis de uma mesma situação. Em seguida, deve-se buscar pelos aspectos favoráveis e desfavoráveis da situação oposta. O terceiro passo é procurar sentir que impressões cada uma delas provoca no corpo e nos sentimentos (eventualmente, também, nos pensamentos e nas intuições). O quarto passo é procurar sintonizar com todos esses sentimentos e essas sensações de uma só vez.

Se a questão é ter ou não ter filhos, por exemplo, o que pode ser evocado sobre ter filhos pode ser: experimentar uma nova forma de relacionamento afetivo (favorável) e ficar com uma grande responsabilidade por toda a vida (desfavorável); e sobre não ter filhos pode ser: poder me dedicar a vida inteira ao meu desenvolvimento pessoal (favorável) e perder uma experiência que dizem ser fantástica (desfavorável). Entrar em contato sensorial e sentimental (pelo menos) com todas essas possibilidades de forma simultânea também provoca a função transcendente com resultados vitalizantes e pacificadores.

4.4.1.4 Imaginação ativa

O Livro Vermelho e *Os Livros Negros*, lançados ao público brasileiro, respectivamente, em 2009 e 2020, apresentam a imaginação ativa como o método utilizado por Jung para colocar em marcha, de maneira voluntária, a sua própria individuação.

A efetividade desse método teria estimulado Jung a aplicá-lo com seus pacientes que já tivessem realizado o trabalho correspondente à "primeira metade da vida", incluindo a construção de uma *persona* com o necessário fortalecimento egoico e o desenvolvimento de uma vida independente.

Embora algumas pessoas entrem espontaneamente em imaginação ativa – muitas vezes sem o saber e outras tantas assustando-se com o que experimentam –, em geral, é necessário dedicar-se a essa atividade para que ela se cumpra de maneira lúcida e consequente.

A literatura junguiana sobre o tema – incluindo Von Franz, Chodorov, Stein, Johnson, Boechat, Hediger, Hannah, Tozzi –

propõe, com algumas diferenças entre os autores, que essa atividade seja realizada, em linhas gerais, em quatro movimentos:

1. **Rebaixamento da presença egoica através do seu aquietamento.** Nesta etapa, podem ser utilizadas técnicas de meditação, de contemplação da natureza, de escuta de músicas que estimulem a função sentimento e de expressões artísticas em geral (dança, desenho etc.). Hillman fala em escutar o pensamento do coração; Kingsley cita a incubação; Elias[42], no registro de 16 de dezembro de 1913 de *Os Livros Negros*, pede a Jung para afundar, sentar e descansar; Jung sugere, em *O segredo da flor de ouro*, que, cada vez que o material "fantasioso" deve ser produzido, a atividade da consciência deve ser desligada de novo (OC 13, §§ 21-23);
2. **Acolhimento das imagens que surjam, procurando nelas entrar como participante, inclusive em seu movimento.** Aqui, Woolger e Hediger sugerem que nos percebamos como elementos do cenário e que coloquemos atenção em seus aspectos sensoriais: cores, cheiros, tamanhos, localizações, tipo de solo em que estamos apoiados, adereços de nosso vestuário etc. E Johnson sugere que é possível dar início ao processo utilizando imagens já visitadas anteriormente - em fantasias, em sonhos, em locais significativos -, desde que eles chamem a sua atenção ("o afetem", na terminologia junguiana) e que você abandone o controle do movimento quando tiver início a etapa seguinte;
3. **Diálogo com os personagens com a devida confrontação ética.** Os diálogos com cada personagem de interesse podem ser iniciados com algumas indagações

42. Ser da esfera imaginal contatado por Jung, cf. relato na obra referida.

básicas, tais como: "quem é você?", "o que você quer?", "o que gostaria de falar?", "o que gostaria de fazer?" É essencial aqui uma postura de escuta, de pesquisa; nunca de julgamento. Não se trata de se submeter aos desejos do inconsciente, nem de impor os da consciência. É um intercâmbio entre iguais, com o objetivo de uma negociação que acomode, que harmonize. Cabe lembrar que o processo deve ser evitado se o personagem pertencer ao nosso mundo concreto, pois pode interferir na esfera inconsciente dessa pessoa. E ainda, que temos a alternativa de empregar esse contato com o inconsciente para fortalecer nosso poder egoico, configurando-nos como "bruxos" ou, alternativamente, para relativizar nosso ego unilateral em nome do todo, evidenciando nossas possibilidades "mágicas" ou "místicas" ou "sábias" ou simplesmente colaborativas;

4. **Concretizar com um ritual físico**. Manifestar o que se obteve numa imaginação ativa – realizada na esfera imaginal – na esfera da realidade concreta corresponde à etapa alquímica do rubedo, seja ela uma representação artística – desenho, poema, dança etc. –, seja ela uma alteração na personalidade (como ocorreu em meu primeiro experimento), seja ela uma atividade laboral, relacional ou de outra ordem na vida cotidiana.

Os Livros Negros são um retrato dos resultados dos exercícios de imaginação ativa realizados por Jung num período de duas décadas (1913-1932) em que ele evoca diversos personagens do inconsciente coletivo (da psique objetiva) com quem entabula diálogos. Pouco antes de sua morte, declara que toda a sua obra foi desenvolvida a partir da produção desse período empregando essa metodologia.

Pelo relato do psiquiatra, embora as primeiras imagens lhe houvessem chegado espontaneamente, um forte exercício de persistência e paciência foi necessário para que ele atingisse o propósito das visões que era, num primeiro nível, entrar em contato com ele. Acolher esse propósito foi outro difícil passo a ser dado. Mas todas essas coragens e persistências geraram uma robusta teoria que traz para a ciência contemporânea todo um conhecimento tradicional e milenar. Como lembra Hannah (2024, p. 26ss.): "Um homem que teve esse tão valioso *insight* e falha em tirar dele conclusões com relação a seu lugar em sua vida exterior, torna-se a vítima do princípio do poder, que, em última instância, o ameaça até mais que seu ambiente".

A atividade de se relacionar com a ancestralidade configurada em inconsciente que trazemos em nós a partir do *Big Bang*, do pleroma, do incognoscível, pode gerar (como evidencia a biografia e a produção do suíço) desenvolvimento – num nível mais coletivo – e apoio ao futuro que desponta.

Os Livros Negros inspiraram Markus Hediger[43] a voltar a entrar em contato com o inconsciente, com a alma, seguindo a mesma metodologia de trabalho de Jung. Ele tem realizado diversos seminários de orientação e estímulo à prática da imaginação ativa e, recentemente, publicou um livro extremamente agradável e didático sobre o tema (cf. Hediger, 2024).

4.4.1.5 Matriz do sonhar social

Para além das propostas individuais de busca de informações no inconsciente, tem sido praticada nos encontros internacionais junguianos a matriz do sonhar social. É uma atividade grupal que apresenta como elemento dificultador a necessidade de reunir interessados e como elemento facilitador o fato de prescindir de um esforço precípuo de escutar falas de personagens não concretos.

---

43. Tradutor de *Os Livros Negros* para o português e autor do capítulo 1 deste livro, intitulado "Carl Gustav Jung, um suíço?"

Originalmente desenhada por Gordon Lawrence, a técnica para detectar problemas não conscientes nas organizações tem sido utilizada nos ambientes junguianos para detectar processos inconscientes que ocorrem no âmbito coletivo. Lawrence (2010, p. 39) evidencia a efetividade do trabalho com o inconsciente quando cita Ehrenzweig (1967):

> A visão inconsciente [...] provou ser capaz [...] de colher mais informações do que uma pesquisa consciente com duração cem vezes maior. [...] A estrutura indiferenciada da visão inconsciente [...] mostra um potencial de coleta de dados superior ao da visão consciente.

Na prática, trata-se de "fechar um vaso alquímico" de interações, por um determinado período (uma hora, por exemplo), quando são acolhidos os sonhos e as falas dos participantes (de 6 a 60), que estão dispostos a operar como "antenas" para acessar o inconsciente coletivo.

Basta, para tanto, que os participantes externalizem, seja espontaneamente, seja por amplificação, seja por associação livre, o que lhes chegar à consciência, evitando sempre o elemento racional analítico, pois o inconsciente opera com analogias, e não com pensamento lógico. Ou seja, não é necessário que estejamos dispostos a operar como antenas. Lawrence afirma que vivemos em nosso cotidiano nessa modalidade sem termos consciência disso.

Ao fim, o elemento lógico racional do mundo abstrato pode comparecer, caso se considere interessante buscar o elo comum às falas que surgiram durante o encontro, visando identificar processos que afetam a esfera coletiva.

Participo regularmente de dois diferentes grupos de sonhar social. Nenhum deles se propõe precipuamente a delinear aspectos da esfera coletiva em termos específicos. O que se percebe em ambos é o sentimento de irmandade e prazer crescentes entre os participantes: algo se libera.

Um dos grupos que participo é o dedicado à pesquisa de *Os Livros Negros*, coordenado por Walter Boechat, que introduziu a prática há pouco mais de um ano. O presente livro já é um dos frutos dessa metodologia, conforme relata Walter Boechat na parte IV, "O grupo de pesquisa sobre *Os Livros Negros*: uma experiência brasileira".

Também é resultado dessa matriz a percepção nítida das inúmeras sincronicidades (enquanto ocorrências de eventos significativos e aparentemente coincidentes, mas acausais, "faíscas do *ununs mundus*", no dizer de Boechat), testemunhadas durante as reuniões com relatos de fatos relevantes ocorridos não apenas para os integrantes do grupo, mas também para seus pacientes e pessoas próximas[44].

A hipótese subjacente que traço é que vivemos num universo sincrônico (ou *sinkaironico*, de Kairós, mais do que sincrônico, de Cronos)[45] e que, eventualmente, em nosso cotidiano, detectamos essas ressonâncias; mas que, num grupo dedicado a essa atividade, elas se revelam mais explícita e claramente. E se temo me enganar sobre minhas suposições, recorro ao pesquisador Jung (OC 9/2, § 429):

> Inevitavelmente devemos mover-nos em um domínio inseguro, e de vez em quando usar uma hipótese especulativa, a título de experiência. Não há dúvida de que qualquer pesquisador deve documentar, tanto quanto possível, os resultados a que chegou e as suas opiniões; mas pode aventurar-se

---

44. A esse respeito, cf. o capítulo 18, "*Os Livros Negros* e as sincronicidades: um caminho para o ressignificado da vida", adiante neste livro.

45. Enquanto Chronos é a personificação do tempo calculado, aquele subordinado ao relógio e do qual não conseguimos fugir facilmente, Kairós é a qualidade do tempo vivido. Kairós é o tempo oportuno, que faz um acontecimento ser especial, memorável, não em seus números, mas em sua significância.

> ocasionalmente a emitir alguma hipótese, mesmo com o risco de errar. Afinal de contas, são os erros que nos proporcionam os fundamentos da verdade, e quando se ignora o que uma coisa é em si, já constitui um acrescimento de conhecimento saber o que ela *não* é.

Com o intuito de ilustrar nossa hipótese, trazemos alguns aspectos da matriz do sonhar social realizada on-line em 28 de agosto de 2024:

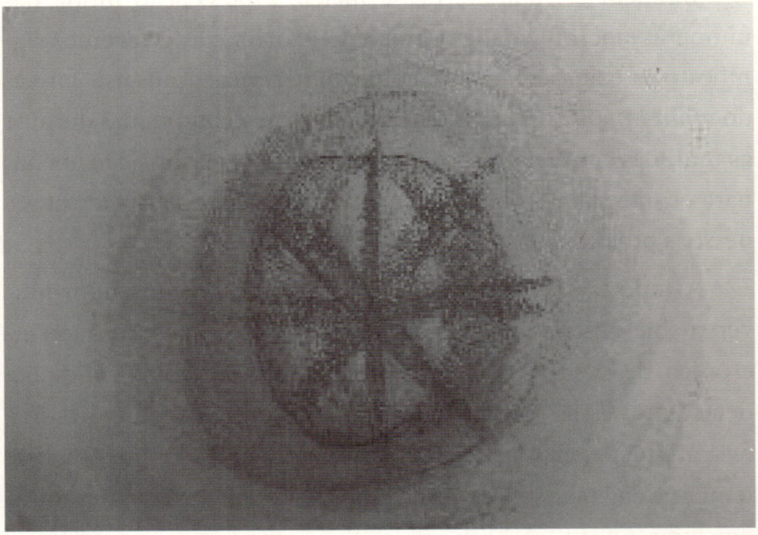

FIGURA 1

Representação bidimensional de um cone tridimensional e/ou corte sagital de uma árvore[46]

O encontro se inicia com a apresentação de desenhos elaborados na reunião anterior. A autora do desenho disponibiliza-o para o grupo e diz que é a representação em duas dimensões de um cone tridimensional.

46. Para visualizar essa imagem no original, a cores, cf. figura 1 no anexo de ilustrações.

Outra participante trouxe o seguinte sonho: "Eu estava caminhando por uma densa floresta num ambiente de sombras, embora não fosse noite. Chego a uma clareira e me assusto ao perceber uma cova no centro da clareira e pergunto-me: 'Que cova é essa? Quem vai morrer?' Neste momento, vejo muita gente dentro da terra, com muita lama no corpo. Decido cavar no centro da cova e planto uma muda. Olho para cima, para a luz acima, e percebo que a árvore conseguirá crescer para além das demais, atingindo a luz".

Uma terceira participante diz que estivera com uma rara dor de cabeça durante toda a reunião da matriz do sonhar social, que desapareceu com a narração do sonho da floresta.

O coordenador Walter Boechat dá ênfase à árvore do sonho como árvore da vida, que se erige na herança dos (quase) mortos e evidencia que o desenho se assemelha ao corte sagital de uma árvore e se apresenta como uma estrela.

Após o término do trabalho com a matriz, o mesmo grupo deu continuidade à leitura e à discussão do registro de *Os Livros Negros* do dia 16 de janeiro de 1916 (2020, vol. 5, p. 272). Destaco, aqui, algumas linhas desse texto escrito no século passado:

> Os **mortos que nos assediam** são almas que não cumpriram o *principium individuationis*, caso contrário teriam se tornado **estrelas** distantes. Na medida em que não o cumprimos, os mortos têm um direito a nós e nos sitiam, e não temos como escapar deles.

Esse é um exemplo singelo das muitas sincronicidades que os integrantes da matriz do sonhar social registraram em seu primeiro ano de trabalho. Aqui, fica evidente a conexão entre os eventos psíquicos (como os sonhos e as imagens captadas na imaginação ativa da reunião anterior) e os eventos do mundo sensível/concreto (como a dor de cabeça e o conteúdo do texto de *Os Livros Negros*): estrelas e mortos comparecem em ambas as esferas.

Outra sincronicidade relevante diz respeito à similaridade de temas que percorrem diferentes grupos de matriz. Recentemente, participei de duas reuniões com o grupo A: na primeira, compareceu fortemente o assunto água, e, na segunda, o tema fogo. Duas semanas depois, participei de uma reunião com o grupo B, sem nenhuma pessoa em comum com o grupo A (exceto eu), e as imagens recorrentes que se apresentaram diziam respeito a água, a fogo e a alívio.

4.5 Considerações finais

A contextualização do propósito maior da psicologia analítica – colocar em marcha a individuação numa atividade *contra naturam* – no horizonte da filosofia islâmica teve como objetivo elucidar que é possível realizar esse processo psicológico por meio de métodos alternativos à imaginação ativa *stricto sensu* como empregada em *Os Livros Negros*.

O percurso comum a todas as opções é a esfera intermediária, garimpando informações inconscientes, sejam elas propriamente psicológicas (ideias-imagens), sejam elas psicossomáticas (sensações, que se encontram nos limites com a instância concreta), sejam elas numinosas (nas fronteiras com a dimensão abstrata), reunindo-as e experimentando-as simultaneamente.

O intuito é ganhar, paulatinamente, familiaridade com a dimensão mais sutil (abstrata) via experiência numinosa. Com a coragem de se aproximar do inconcebível (pleroma, Si-mesmo, Ser ou outro nome que se lhe atribua) e dos efeitos benéficos, harmonizadores e estimulantes dessa aventura.

Assim, foram apresentadas alternativas que se prestam à mesma finalidade, com a intenção de expandir o leque de opções para o interessado em operar voluntariamente a função transcendente, pois, conforme sugere nossa experiência pessoal junto a colegas e pacientes, a cada indivíduo cabe uma afinidade maior com o emprego deste ou daquele método, para uma ou outra questão específica.

Em geral, nossos pacientes chegam ao consultório terapêutico depois de se perceberem como insuficientes para darem conta de sinais psíquicos indesejados. A meu ver, eles não foram educados, nem num nível elementar, para lidar com essa esfera.

Defendo uma educação psicológica – e fundamentalmente para as crianças, mais do que para os pais e os educadores. Alfred Adler[47] já tentava, em seu tempo, a educação parental, e obtinha pouco sucesso, já que, habitualmente, pais são pessoas sem o trabalho psíquico básico necessário para assimilarem tal formação. Caberia aos indivíduos que se trabalham psicologicamente – em princípio, os psicólogos clínicos – essa tarefa.

O primeiro passo da educação psicológica infantil – já preconizava Jung em 1916 – seria educar o indivíduo para a afetação. E, paulatinamente, estimulá-lo a adentrar mais e mais profundamente a esfera do imaginal, com os diferentes métodos que temos à nossa disposição, alguns deles ventilados no decorrer deste capítulo.

Cabe lembrar que para alguns pacientes é um grande alívio constatarem que suas "visões", "intuições", "impressões difusas" são menos um problema do que a possibilidade de aprofundar no intermediário, no imaginal, na existência. Também a essa educação devemos nos dedicar: a esclarecer, a estimular e a apontar para os efeitos benéficos de todas essas possibilidades sumamente desconsideradas por nossa cultura (ainda) cartesiana.

Trazer a proposta da individuação de "desenvolver seu potencial" ou "encontrar seu mito pessoal através do contato com os 'mortos', com os antepassados, com todo o passado" fala do pro-

47. Adler (1870-1937) foi um psicólogo austríaco fundador da psicologia do desenvolvimento individual.

cessamento de ampliar paulatinamente as possibilidades do ser, até que ele se perceba um com o todo. Até que ele (o seu ego) se relativize radicalmente ("morra") antes que o tempo termine – antes que a morte chegue. Morrer antes de morrer é o *koan* da sabedoria tradicional.

Incluir as esferas da filosofia islâmica ensejou também oferecer uma abordagem sistêmica para esse trabalho psicológico, em que a proposta é menos "subir" (espiritualizar) ou "aprofundar" (psicologizar) e mais "passear". É mais perceber a horizontalidade das esferas e suas funções e aprender como acessá-las nos diferentes momentos da nossa vida, de acordo com a necessidade precípua do nosso momento, ou com a necessidade precípua da vida, do cosmo.

A proposta é saber escutar o mundo sensível ouvindo nossos corpos e o ambiente que vivemos, é saber escutar nossos sentimentos e intuições (imagens-ideias) que chegam da esfera psíquica, é saber organizar com o pensamento – interface psicoide entre os mundos intermediário e abstrato – tudo o que chega, é saber buscar o acesso ao numinoso na esfera abstrata. É saber passear nessas esferas e nelas operar em direção a alargarmos nossas possibilidades existenciais e nossas contribuições para o todo.

Para alguns, chega espontaneamente e funciona por si, como foi o caso de Jung. Para outros, chega espontaneamente e desorganiza, como podemos ver na clínica. E, para a maioria de nós, requer o trabalho de toda uma vida. Alguns aceitam o convite. A estes, a vida costuma retribuir com vitalidade.

Referências

Boechat, W. (2014). *O Livro Vermelho de C.G. Jung*. Vozes.

Chodorow, J. (1997). *Jung on Active Imagination*. Princeton University Press.

Corbett, L. (2024). *A psique e o sagrado*. Vozes.

Corbin, H. (2021). *L'Imagination créatice dans le soufisme d'Ibn Arabi*. Éditions Entrelacs.

Ehrenzweig, A. (1967). *The hidden order of art: A study in the psychology of artistic imagination*. University California Press.

Gendlin, E. (2006). *Focalização: uma via de acesso à sabedoria corporal*. Gaia Editora.

Giegerich, W. (2021). *A vida lógica da alma*. Vozes.

Gleiser, M. (2024). *O despertar do universo consciente: um manifesto para o futuro da humanidade*. Editora Record.

Hannah, B. (2024). *Encontros com a alma: a imaginação ativa tal como desenvolvida por C.G. Jung*. Vozes.

Hediger, M. (2024). *O Universo no peito: o encontro com a alma na imaginação ativa*. Vozes.

Hillman, J. (2001). *O código do ser*. Editora Objetiva.

Hillman, J. (2010). *Revendo a psicologia*. Vozes.

Hillman, J. (2018). *Uma investigação sobre a imagem*. Vozes.

Ibn 'Arabi Society. (2016, 30 de dezembro). *Pablo Beneito: The Journey of the Heart* [Vídeo]. YouTube. https://youtu.be/kr_mGsSpXwQ?si=JEO5pQGAaQydEWHS

Instituto de Geociências da Universidade de São Paulo. (n.d.). Big Bang: o começo que conhecemos. *Geociências USP*. Recuperado em 22 de abril de 2025, de https://didatico.igc.usp.br/big-bang-o-comeco-que-conhecemos/

Johnson, R. (1986). *Inner Work – Using Dreams and Active Imagination for Personal Growth*. Harper Collins Publishers.

Johnson, R. (1989). *Imaginação ativa*. Mercuryo.

Jung, C.G. (1981). *Dois escritos sobre psicologia analítica* (Obra Completa, Vol. 7). Vozes.

Jung, C.G. (1981). *Psicologia do inconsciente* (Obra Completa, Vol. 7/1). Vozes.

Jung, C.G. (1982). *Aion. Estudos sobre o simbolismo do Si-mesmo* (Obra Completa, Vol. 9/2). Vozes.

Jung, C.G. (1984). *A natureza da psique* (Obra Completa, Vol. 8/2). Vozes.

Jung, C.G. (1991). *Tipos psicológicos* (Obra Completa, Vol. 6). Vozes.

Jung, C.G. (1997). *A vida simbólica* (Obra Completa, Vol. 18/1). Vozes.

Jung, C.G. (2002). *Estudos alquímicos* (Obra Completa, Vol. 13). Vozes.

Jung, C.G. (2009). *O Livro Vermelho – Liber Novus*. Vozes.

Jung, C.G. (2011). *Comentário a "O Segredo da Flor de Ouro"* (Obra Completa, Vol. 13). Vozes.

Jung, C.G. (2019). *Memórias, sonhos, reflexões* (33a ed.). Nova Fronteira.

Jung, C.G. (2020). *Os Livros Negros: 1913-1932 – Cadernos de transformação* (7 vol., edição de S. Shamdasani, tradução de M. Hediger). Vozes.

Kingsley, P. (1999). *In the dark places of wisdom*. The Golden Sufi Center.

Kingsley, P. (2021). *Catafalque: Carl Jung and the end of humanity*. Catafalque Press.

Lawrence, W.G. (2010). *O sentido social dos sonhos. A técnica da matriz*. Summus Editorial.

Marcelo Leite. (2014, 24 de julho). *Carl Gustav Jung - Fala – Deus* [Vídeo]. YouTube. https://youtu.be/bTf7vTpcsRQ?si=TyU6-ocCFCAao2pU

Nasution, I.F.A. (n.d.). *Applying Ibn Arabī's Concept of Tajallī: A Sufi Approach to Environmental Ethics*. Teosofia.

Palmer, H. (2001). *Resurfacing: técnicas para exploração da consciência*. Editora Observação Jurídico e Literária.

Paz e Bem. (2020, 9 de setembro). *Faustino Teixeira 62 – Minicurso com Pablo Beneito – Uma visão geral do sufismo (1)* [Vídeo]. YouTube. https://www.youtube.com/live/XmyiSh6rzrs?si=bJ8f55_XjvNEzvq1

Paz e Bem. (2020, 16 de setembro). *Faustino Teixeira 63 – Minicurso com Pablo Beneito – A perspectiva sufi de Ibn Arabî* [Vídeo]. YouTube. https://www.youtube.com/live/8Ddwo0kNlPw?si=yLIJnn-O-5RbrF25

Paz e Bem. (2020, 23 de setembro). *Faustino Teixeira 64 – Minicurso com Pablo Beneito – Ibn Arabî – O pluralismo religioso* [Vídeo]. YouTube. https://www.youtube.com/live/hwW9TFQslBQ?si=KfVyus_snOx15V-i

Pinheiro e Castro, A.C. (2014). *Os engastes da sabedoria: a metafísica do real em Ibn Arabi* [Dissertação de Mestrado, Universidade de São Paulo]. Biblioteca Digital de Teses e Dissertações da USP. https://www.teses.usp.br/teses/disponiveis/8/8159/tde-15052015-095747/pt-br.php

Sagan, C. (2013). *Cosmos*. Editora Schwarcz S.A.

Stein, M. (2022). *Os quatro pilares da psicanálise junguiana*. Cultrix.

Tozzi, C. (2024). *Active imagination in theory, practice and training*. Routledge.

Von Franz, M-L. (2022). *Alquimia e imaginação ativa*. Cultrix.

Seção 2

Processo de individuação

5

Jung – Libertação e individuação: "abandona o que possuis e receberás"

Helena Saldanha de Azevedo Santos

5.1 Abandono da alma

O registro do dia 20 de abril de 1914 em *Os Livros Negros* (cf. Jung, 2020, vol. 5, p. 220ss.) nos remete ao ditame grego citado por Jung em *Memórias, sonhos, reflexões* (1995, p. 165): "Abandona o que possuis e receberás".

Esse foi um dia especial para Jung, porque foi quando ele escreveu a carta à Associação Psicanalítica Internacional (IPA) em que comunicava sua renúncia ao cargo de presidente, rompendo, assim, o último laço que o unia a Freud.

Na véspera, quando mergulhava em seu mundo interno, Jung tinha tido um diálogo difícil com sua alma, em que ela lhe comunicou que iria abandoná-lo, o que o deixou extremamente abalado. Assustado por se encontrar "não mais com a minha alma, mas a sós comigo mesmo" (Jung, 2020, vol. 5, p. 215), Jung vai às profundezas de seu ser, entrando em contato com suas fragilidades e com sua sombra.

Essa experiência de desamparo, de se ver só com seu Eu, de algum modo parece ter contribuído para que Jung tomasse uma decisão muito difícil: renunciar a uma das mais importantes posições no campo da psicanálise, que lhe dava muito prestígio e visibilidade, e romper definitivamente com Freud. Isso demonstra o quanto o processo de imaginação ativa pode influenciar diretamente decisões importantes na vida objetiva.

Essa ruptura com Freud, que vinha sendo processada desde que Jung publicou a primeira parte de *Transformações e símbolos da libido*, em agosto de 1911, provocando tensão na relação e um progressivo afastamento entre eles, teve uma repercussão muito profunda sobre Jung, conforme é possível ver na abertura do capítulo "Confronto com o inconsciente", na obra *Memórias, sonhos, reflexões*.

> Depois da ruptura com Freud, começou para mim um período de incerteza interior, e mais que isso, de desorientação. Eu me sentia flutuando, pois ainda não encontrara minha própria posição. O que mais almejava nesse momento era adquirir uma nova atitude em relação aos meus doentes (Jung, 1995, p. 152).

Ao tomar essa atitude, Jung fez a opção de renunciar a uma situação de conforto e segurança para ser fiel a si mesmo, às suas crenças, às suas verdades: "Nós ganhamos a nós mesmos com o autossacrifício, ganhamos o si-mesmo, pois só damos o que temos" (OC 11/3, § 398).

5.2 *Os Livros Negros*

A relação com Freud teve um papel muito importante na vida de Jung, tanto que o afastamento e o estremecimento do relacionamento entre eles, mesmo antes do rompimento ter sido de fato concretizado, possibilitou que Jung mergulhasse nas suas profundezas e registrasse essas experiências em *Os Livros Negros* a partir de 12 de novembro de 1913, como uma forma de elaboração desse complexo processo.

Os Livros Negros começaram a ser escritos poucos dias depois de Jung formalizar seu afastamento do importante cargo de editor do *Jahrbuch*, questionando a atitude de Freud e confrontando-o, em carta datada de 27 de outubro de 1913 (cf. McGuire, 2023, p. 707 - Carta 357 J)[48].

> Chegou aos meus ouvidos, por meio do Dr. Maeder, que o senhor duvida da minha *bona fides*. Seria de esperar que o senhor se comunicasse diretamente comigo em uma questão de tanto peso. Já que essa é a mais grave exprobação que se pode dirigir a quem quer que seja, o senhor tornou impossível a colaboração futura. Deixo, portanto, a editoração do *Jahrbuch*, da qual o senhor me incumbiu.

Jung sabia o que o esperava ao se afastar de Freud, estava bem consciente, como escreveu ao abrir *Os Livros Negros*: "Uma grande tarefa estava diante de mim – eu via seu tamanho gigantesco – e seu valor e sentido esquivavam-se de mim. Encontrei-me na escuridão e, tateando, segui minha trilha. Essa trilha levava para dentro e para baixo" (Jung, 2020, vol. 2, p. 149).

Em seu primeiro registro, de 12 de novembro de 1913, inicia o diálogo com sua alma, sua companheira nessa nova etapa da sua trajetória:

> Minha alma, onde estás? Tu me escutas? Eu falo e clamo a ti. [...] após muitos anos de longa peregrinação voltei novamente a ti. [...] uma coisa eu aprendi: que a gente deve viver esta vida. Esta vida é o caminho, o caminho de há muito procurado para o inconcebível, que nós chamamos divino. [...] Eu encontrei o caminho certo, ele me conduziu a ti, à minha alma. Eu volto retemperado e purificado. [...] minha alma muito tempo renegada! A vida reconduziu-me a ti. [...] Contigo desejo continuar a minha caminhada e

48. McGuire (2023) publicou as cartas trocadas entre Freud e Jung – de abril de 1906 a abril de 1914 – numeradas de 1 a 358, identificando o autor com um F ou um J.

> escalar as minhas solidões, não mais sozinho como antigamente, nem cobiçoso e impaciente, mas de bom ânimo e em quieta alegria (Jung, 2020, vol. 2, p. 149ss.).

Depois de um período muito profícuo, de muitos encontros e trocas com sua alma, no registro do dia 19 de abril de 1914 (Jung, 2020, vol. 5, p. 212ss.) houve um diálogo muito pesado entre eles, em que a alma informou que iria partir:

> [...] te entrego à vida e ao terreno. Permanecerás com os seres humanos. Já passaste tempo demais em companhia imortal. Tua obra pertence à terra. Eu desaparecerei da tua vista, deves viver em escura solidão. Luzes humanas devem iluminar a tua escuridão.

Jung entrou em desespero: "Como és dura e sublime! [...] Sinto o tormento, e o pavor, e o desamparo da parideira. Estás me abandonando, meu Deus?"

E a alma retrucou:

> Estarei presente e não presente, tu me ouvirás e não me ouvirás, serei e não serei [...]. Ninguém além de ti tem a tua alma [...] e tu a vês nos outros, e assim ela nunca está contigo. Queres apoderar-te daquelas pessoas que aparentam possuir a tua alma. <u>Verás</u> que elas <u>não</u> a possuem [...] estás na multidão, mas assim mesmo só [...]. Não podes mais me segurar. Segura tuas lágrimas [...] já estou flutuando, o grito de júbilo da vida irrompe de mim [...] o último laço se rompeu [...] mergulho para o alto no mar da luz.

Atônito, Jung se perguntou: "O que acontecerá, e que caminho a vida seguirá?" Ele se deu conta de que, a partir daquele momento, estaria sozinho.

> Não mais com minha alma, mas a sós comigo mesmo [...]. Nunca o desejei como companheiro. No entanto, sua companhia me é imposta. Viver com ele sob o mesmo teto não é pouca coisa [...] – mas o próprio eu – isso me aterroriza, pois ele é terrivelmente entediante e de monotonia mortal. Além disso, possui muitas propriedades ruins.

E a partir do momento em que a alma "voou para o céu", Jung começou a dialogar com o próprio eu.

> Eu te torturarei um bocado, se tu não te esforçares [...] és incrivelmente teimoso. Talvez o chicote ajude [...] ou preferes o amor? [...] é possível educar também com amor quando as chicotadas não surtam mais efeito. Então eu te amarei. Eu te abraço como sinal visível do meu amor.

5.3 Confronto com a sombra – Diálogo com o Eu

Ao realizar que de fato tinha sido abandonado pela alma, Jung sente um "vazio abissal", percebe que sua alma é distinta dele e que está sozinho com ele mesmo, com o seu Eu: "Não mais com a minha alma, mas a sós comigo mesmo" (Jung, 2020, vol. 5, p. 215).

> Eu cheguei ao meu si-mesmo, uma figura insegura e lastimável. Meu eu! Eu não desejei esse sujeito como meu companheiro. Eu me encontrei com ele [...] o próprio eu [...] quero viver contigo, por isso vou arrastá-lo através de todo um inferno medieval, até que sejas capaz de tornar suportável a vida contigo. Deves ser recipiente e mãe geradora da vida, portanto vou purificar-te [...] (Jung, 2013, p. 404).

Nesse encontro com seu Eu, Jung se defronta com suas fragilidades e suas falhas, aspectos de sua personalidade que não o agradavam, e lamentou ter que dizer: "Tens pena de ti mesmo e és teimoso, rebelde, desconfiado, misantrópico, covarde, desonesto contigo mesmo, nada amável, venenoso e vingativo" (Jung, 2020, vol. 5, p. 217).

É questionado por não ter autoestima apropriada e não se dar valor, por não suportar a dor, por precisar ser curado da sua superioridade, entre tantas outras coisas. O processo é doloroso, mas necessário para que ele viesse saber efetivamente quem ele era, para que ele se encontrasse com ele mesmo e, assim, pudesse visualizar o seu caminho e realizar a sua obra, aquilo que genuinamente lhe pertencia.

E Jung enfrentou esse desafio de se conhecer a fundo, saber quem de fato ele era. Foi trabalhando as imagens do seu inconsciente, depois do rompimento com Freud – principalmente entre 1913 e 1917 –, que Jung afirmou ter seguido seu trajeto pessoal (cf. Jung, 1995, p. 182), porque, sem isso, não conseguiria realizar sua obra.

> Os anos em que passei perscrutando minhas imagens interiores foram os mais importantes da minha vida; neles, tudo de essencial foi decidido. Foi quando tudo começou. Os detalhes posteriores são meros suplementos e esclarecimentos do material que brotava do inconsciente e, a princípio, me sufocava. Aquilo era a *prima materia* para o trabalho de uma vida (Jung, 1995, p. 225).

Vale destacar que Jung foi pioneiro na concepção de que os terapeutas precisavam ser analisados para poderem tratar de seus clientes, porque, se você não sabe quem é, não terá condições de compreender o outro e ajudá-lo. Segundo ele: “Como eu poderia, ao tratar meus pacientes, dar a devida margem ao fator pessoal, à minha equação pessoal, tão necessários para um conhecimento da outra pessoa, se eu estava inconsciente dele?” (Shamdasani, 2020, p. 15).

5.4 Início e término do relacionamento com Freud

A relação entre Jung e Freud, iniciada em 1906, consolidou-se pautada em colaboração e admiração mútua, sendo, posteriormente, transformada à medida que Jung passou a se posicionar sobre as questões em que discordava das concepções teóricas de Freud.

Nessa ocasião Freud estava muito isolado, só apoiado por seu restrito Círculo de Viena. O Hospital Burghölzli, em Zurique, dirigido por Eugene Bleuler, foi o primeiro núcleo psiquiátrico a se interessar e aplicar a psicanálise. Foi nesse hospital que Jung, a partir de 10 de dezembro de 1900, ao sair da faculdade, foi trabalhar como médico assistente.

Mesmo assumindo publicamente que divergia de Freud em algumas questões, Jung foi seu colaborador de primeira hora, chegando inclusive a declarar para Freud sua "devoção incondicional à defesa e à propagação de suas ideias, bem como minha veneração igualmente incondicional de sua personalidade" (McGuire, 2023, p. 135 – Carta 39 J, 19 de agosto de 1907).

Jung entrou em contato com o trabalho que Freud desenvolvia antes de conhecê-lo. Em 1900, leu *A interpretação dos sonhos*, mas "pusera o livro de lado, por não entrar em sintonia com ele". Posteriormente, declarou, ao reler o livro, em 1903: "Descobri, então, que tudo se conectava com minhas próprias ideias" (McGuire, 2023, p. 18).

Em julho de 1906, no prefácio do seu livro *A psicologia da dementia praecox*, Jung afirmou que deve muito

> [...] às concepções geniais de Freud. Uma vez que Freud ainda não recebeu o devido reconhecimento e apreciação, sendo inclusive bastante combatido [...]. Fazer justiça à Freud não significa [...] sujeitar-se incondicionalmente a um dogma; é bastante possível manter um julgamento independente. [...] não significa [...] que eu coloque a sexualidade em primeiro plano, acima de tudo, ou lhe confira universalidade psicológica (OC 3, p. xiii).

Não só Jung manifestava nas cartas escritas para Freud sua admiração e seus elogios, mas Freud, que se ressentia por não ser compreendido e considerado, também enaltecia e elogiava muito Jung:

> [...] a serena certeza que se apossou de mim e me mandou esperar até que uma voz na multidão desconhecida respondesse à minha. Essa voz foi a sua [...]. Obrigado por isso, e não deixe que o que quer que seja abale sua confiança, o senhor há de testemunhar nosso triunfo e tomar parte nele (McGuire, 2023, p. 138 – Carta 42 F, de 29 de agosto de 1907).

> [...] Espírito do meu espírito, posso dizer com orgulho, mas ao mesmo tempo artístico e terno, majestoso e sereno,

> algo cativante que eu nunca poderia ter produzido [...] (McGuire, 2023, p. 203 – Carta 66 F).

> Formalmente o adotei como primogênito e o sagrei – *in partibus infidelium* – sucessor e príncipe herdeiro (McGuire, 2023, p. 321 – Carta 139 F, de 16 de abril de 1909).

Esse padrão de relacionamento, de admiração mútua, que se transformou em amizade, em que conversavam não só de assuntos profissionais, mas também pessoais, e trocavam confidências e sonhos perdurou de 1906 a agosto de 1911, quando a relação começou sutilmente a ser transformada e abalada.

Essa sutil mudança no padrão de relacionamento entre eles foi logo percebida por Emma Jung, quando Freud esteve hospedado em sua casa, de 16 a 20 de setembro de 1911, deixando-a muito preocupada, tanto que resolveu lhe escrever uma carta, em 30 de outubro de 1911, sem o conhecimento de Jung[49]:

> Desde sua visita sou atormentada pela ideia de que sua relação com meu marido não é o que poderia ser e, julgando que assim não deve continuar, decidi-me fazer o que estiver ao meu alcance. Não sei se me engano ao pensar que o senhor não concorda inteiramente com as "Transformações da libido". O assunto jamais veio à baila entre vocês, e creio que a ambos seria muito benéfico se se dispusessem a abordá-lo em profundidade (McGuire, 2023, p. 590, 595, 602, 609).

Essa percepção de Emma, de fato, foi sendo confirmada, pouco a pouco, por meio de algumas manifestações, observadas nas cartas trocadas entre Jung e Freud. E o relacionamento foi se tornando mais formal, protocolar, em que os dois passaram a tratar basicamente de assuntos sobre as instituições em que ambos estavam vinculados e em que tinham papéis importantes.

---

49. Emma Jung escreveu quatro cartas para Freud, entre 30 de outubro e 24 de novembro de 1911. As cartas de Freud para Emma não foram localizadas.

Em 14 de novembro de 1911, Jung respondeu à Carta 280 F de Freud:

> [...] O senhor é um rival perigoso [...]. Um desenvolvimento natural não pode ser detido nem ninguém deve tentar detê-lo. Nossas diferenças pessoais tornarão o nosso trabalho diferente [...]. O meu procedimento é sempre do exterior para o interior e da totalidade para a parte. Consideraria muito desconcertante deixar grandes áreas do conhecimento humano permanecerem negligenciadas. E por causa da diferença de nossos métodos de trabalho devemos, sem dúvida, encontrarmo-nos de vez em quando em lugares inesperados. Naturalmente, o senhor estará à minha frente em certos aspectos, mas isso não importa muito, uma vez que o senhor já antecipou a maior parte (McGuire, 2023, p. 600ss. – Carta 282 J).

Na carta que se seguiu a esta, Freud se dirige a Jung como "Caro amigo, (estritamente de negócios)" (McGuire, 2023, p. 605 – Carta 284 F). E, nas cartas seguintes, ambos discutem as divergências sobre o conceito de libido.

Em 3 de março de 1912, Jung respondeu ao questionamento que Freud lhe fez a respeito de sua dedicação à associação e à psicanálise.

> [...] estou inteiramente ocupado com o *Jahrbuch*, e também com o meu próprio trabalho [...]. Nunca consegui livrar-me da ideia de que o que eu fiz, e estou ainda fazendo, para promover a difusão da psicanálise deve ter, certamente, muito mais importância para o senhor do que minha inabilidade e grosseria pessoal [...]. Ou será que o senhor desconfia de mim? [...] isso não tem fundamento. Certamente tenho opiniões que não são as suas quanto às verdades básicas da psicanálise. [...] Estou pronto para, a qualquer momento, adaptar as minhas opiniões ao juízo de alguém que sabe mais, e sempre estive. [...] Foi isso que o senhor me ensinou com a psicanálise. Como alguém que é verdadeiramente seu seguidor tenho que ser corajoso, ainda mais em relação ao senhor (McGuire, 2023, p. 637ss. – Carta 303 J).

Mesmo com essa justificativa de Jung, referendando sua dedicação à difusão da psicanálise e o respeito ao seu saber, Freud é ríspido com ele na carta de 5 de março de 1912.

> Mostrei-lhe que a Associação não pode progredir quando o presidente perde o interesse por ela durante um período de meses. [...] O fundamento indestrutível do nosso relacionamento pessoal é o nosso envolvimento com a psicanálise; mas, sobre esse alicerce, parecia tentador construir algo mais aprazível, embora mais instável, uma amizade íntima, recíproca. Não devemos continuar a construi-la? [...] O senhor pensa que eu estou procurando alguma outra pessoa capaz de ser ao mesmo tempo meu amigo, meu colaborador e meu herdeiro? [...] Fique certo da minha catexia afetiva e continue a pensar em mim com amizade, mesmo se não me escrever com frequência (McGuire, 2023, p. 638ss. – Carta 304 F).

Em julho de 1912, Ernest Jones disse ter sido "desconcertante ouvir de Freud que as suas relações com Jung estavam começando a ficar tensas" (McGuire, 2023, p. 664).

Em setembro de 1912, Jung foi aos Estados Unidos e, ao retornar, escreveu a Freud em 11 de novembro de 1912, relatando o quanto sua viagem tinha sido proveitosa: tinha dado entrevista de página inteira ao *New York Times* (cf. McGuire, 2023, p. 664), feito conferências em Baltimore e Chicago, nove conferências na Universidade de Fordham e uma na Academia de Medicina, audiência com 90 psiquiatras e neurologistas, seminários e aulas clínicas no Bellevue Hospital, em Nova York. Jung relatou a ascensão do movimento psicanalítico e o interesse crescente pela psicanálise, e pontuou:

> [...] expressei certas opiniões minhas que se desviam das concepções existentes até agora, sobretudo em relação à teoria da libido. Achei que a minha versão da psicanálise conquistou a simpatia de muitas pessoas que, até o momento, estavam confusas com o problema da sexualidade na neurose [...]. Lamento muitíssimo se o senhor acha que

> as modificações em questão foram induzidas unicamente por resistência ao senhor. [...] **Comigo não é uma questão de capricho, mas de luta por aquilo que acredito ser verdadeiro. Nesse assunto, nenhuma consideração pessoal pelo senhor pode deter-me**. Por outro lado, espero que esta carta torne claro que não sinto absolutamente necessidade de romper relações pessoais com o senhor. Não o identifico como um ponto de doutrina. Sempre tentei agir corretamente com o senhor e continuarei a fazê-lo, não importa de que maneira se transformem as nossas relações pessoais. Preferiria manter uma ligação cordial com o senhor, a quem tanto devo [...]. Só posso assegurar-lhe que não existe resistência da minha parte, a não ser por me recusar a ser tratado como um tolo crivado de complexos (McGuire, 2023, p. 666 – Carta 323 J – grifos nosso).

Freud não recebeu bem essa carta de Jung, tanto que, em *A história do movimento psicanalítico*, publicado em 1914, ele assim se posicionou:

> Jung vangloriou-se, numa carta enviada dos Estados Unidos (*sic*), que suas modificações da psicanálise haviam vencido as resistências de muitas pessoas que até então não queriam nada com ela. Repliquei que aquilo não constituía nenhum motivo de vanglória, e que quanto mais ele sacrificasse as verdades da psicanálise conquistadas arduamente, mais veria as resistências desaparecendo (McGuire, 2023, p. 667n).

No dia 15 de novembro de 1912, Jung escreve a Freud acusando o recebimento de sua carta, que tinha lhe provocado a seguinte decisão:

> Prosseguirei no meu próprio caminho, sem desanimar. [...] As pessoas só dão o melhor de si quando a liberdade é garantida. [...] Quanto ao meu trabalho passado, presente e futuro, pretendo manter-me à distância dos complexos mesquinhos e fazer inflexivelmente o que considero ser verdadeiro e correto (McGuire, 2023).

Depois de se encontrarem em Munique, em 24 de novembro de 1912, para uma reunião convocada por Jung aos membros da IPA, em que os dois tiveram oportunidade de ter uma longa conversa, Jung escreveu a Freud:

> (Foi) a primeira vez que realmente compreendi o senhor. Essa compreensão será o bastante para efetuar uma mudança radical em toda a minha atitude. Agora o senhor pode ficar seguro de que não desistirei do nosso relacionamento pessoal. Por favor, perdoe os erros, que não tentarei justificar ou atenuar (McGuire, 2023, p. 674 - Carta 328 J, de 26 de novembro de 1912).

Freud responde em 29 de novembro de 1912 (cf. McGuire, 2023, p. 675 – Carta 329 F), inicialmente agradecendo a carta de Jung: "Mostra que o senhor baniu várias concepções errôneas quanto à minha conduta e encoraja-me a nutrir a melhor das esperanças quanto à nossa colaboração futura. [...] Para mim, o nosso relacionamento conservará sempre um eco da intimidade passada". Mas, depois de fazer menção ao desmaio que teve em Munique e a "um pouco de neurose que preciso realmente examinar", provoca Jung com o seguinte comentário: "Parece que o senhor resolveu o enigma de todo misticismo, demonstrando que se fundamenta na utilização simbólica de complexos que sobreviveram à sua função".

Esse comentário de Freud e a resposta de Jung, na carta de 3 de dezembro, revelam o quanto a animosidade e a tensão no relacionamento deles não havia sido superada com a conversa em Munique.

> [...] O senhor fala de "um pouco de neurose" da qual o senhor não se livrou. Esse "pouco", na minha opinião, deve ser levado muito a sério [...]. Sofri com esse pouco nos meus contatos com o senhor, embora o senhor não tenha percebido nem tenha me compreendido adequadamente quando tentei tornar clara a minha posição. **Se esses antolhos fossem removidos** estou certo de que o senhor veria o meu trabalho de uma maneira muito diferente [...]. O senhor se priva da possibilidade de compreender o meu trabalho pelo fato de subestimá-lo (McGuire, 2023, p. 677ss. – Carta 330 J – grifo nosso).

Jung ainda faz menção ao fato de Freud ter admitido sua própria neurose e que a análise que vinham fazendo, em que relatavam os seus sonhos para que o outro interpretasse, foi interrompida por Freud, quando Jung solicitou informações pessoais e Freud respondeu que "não poderia submeter-se à análise sem perder sua autoridade".

A tensão foi se acentuando, e, em 18 de dezembro de 1912, Jung escreve de um modo muito direto em que, além de expressar claramente da ambivalência de seus sentimentos em relação a Freud, questiona o modo como ele trata seus discípulos:

> [...] Se duvida da minha palavra, tanto pior para o senhor. [...] **A sua técnica de tratar os discípulos como pacientes é uma asneira. Desse modo o senhor produz ou filhos servis ou fedelhos imprudentes** [...]. O senhor permanece no alto, como o pai, em situação privilegiada. Por puro servilismo, ninguém se atreve a puxar o profeta pela barba. [...]
>
> Se o senhor se livrasse completamente de seus complexos e parasse de bancar o pai para seus filhos, e, ao invés de visar continuamente aos pontos fracos deles, examinasse bem a si próprio, para variar, eu me corrigiria e erradicaria de um só golpe o vício de hesitar em relação ao senhor. [...]
>
> Continuarei apoiando o senhor publicamente enquanto mantenho as minhas próprias opiniões, mas em caráter privado, vou começar a dizer-lhe, nas minhas cartas, o que realmente penso do senhor. Considero esse procedimento apenas decente. Não há dúvida de que o senhor se sentirá ultrajado por esta peculiar prova de amizade, mas pode fazer-lhe bem assim mesmo (McGuire, 2023, p. 689 – Carta 338 J).

Quando a barreira da cerimônia, do receio da ruptura, foi se tornando mais tênue e ambos foram expressando com mais sinceridade seus pontos de vista e suas opiniões – inclusive sobre o que achavam um do outro –, o clima do relacionamento entre Freud e Jung foi se tornando cada vez mais tenso e delicado.

Na carta de 22 de dezembro de 1912, Freud respondeu assim a Jung:

> Lamento que a minha referência a seu lapso o tenha irritado tanto; a reação do senhor parece-me desproporcional à ocasião. Considerando a sua alegação de que, uma vez que faço mau uso da psicanálise para manter os meus alunos num estado de dependência infantil, eu próprio sou responsável pelo comportamento pueril deles, prefiro não julgar as inferências que o senhor extrai desse argumento, porque é difícil julgar questões que dizem respeito à própria pessoa, e tais juízos não convencem ninguém (McGuire, 2023, p. 691 – Carta 340 F).

Em sua carta seguinte, de 3 de janeiro de 1913, Freud retoma o posicionamento de Jung na carta de 18 de dezembro, questionando a colocação que ele tinha feito em relação ao tratamento de paciente que Freud dava a seus seguidores, e decide cortar os laços de amizade que mantinha com Jung.

> **Proponho que abandonemos inteiramente as nossas relações pessoais. Não perderei nada com isso**, pois o meu único laço emocional com o senhor tem sido há muito um fio delgado – efeito tardio de decepções passadas – e o senhor tem tudo a ganhar, em vista da observação que fez recentemente em Munique de que um relacionamento íntimo com um homem inibia a sua liberdade científica. Digo-lhe, portanto: tome a sua plena liberdade e poupe-me de suas supostas "provas de amizade" (McGuire, 2023, p. 693ss. – Carta 342 F).

Em resposta à proposta de Freud, Jung, em 6 de janeiro de 1913, se manifesta: "Acedo ao seu desejo de que abandonemos as nossas relações pessoais, pois eu nunca forcei amizade com ninguém. O senhor mesmo é o melhor juiz daquilo que este momento significa para o senhor. 'O resto é silêncio'" (McGuire, 2023, p. 695 – Carta 344 J).

Em 27 de janeiro de 1913 (cf. McGuire, 2023, p. 696ss. – Carta 346 F), Freud escreveu sua última carta para Jung, a respeito de publicações. Jung escreveu mais 12 cartas para Freud, colocando-o a par de medidas tomadas, na maior parte, sobre publicações. Na carta de 3 de março de 1913 (cf. McGuire, 2023, p. 701 – Carta 350 J), Jung comunicou que viajaria por cinco semanas aos Estados Unidos, informando que tinha tomado todas as providências em relação ao *Jahrbuch*.

Em agosto, Jung esteve na Inglaterra apresentando trabalhos, entre eles um ensaio (OC 4, capítulo X – "Aspectos gerais da psicanálise") em que aplicava o nome de "psicologia analítica" à "nova ciência psicológica".

Em 7 e 8 de setembro, em Munique, aconteceu a Quarta Reunião Psicanalítica Particular, com 87 membros. Jung se candidatou à reeleição como presidente, mas, para não haver unanimidade, 22 dos 52 participantes abstiveram-se de votar, conforme relata Jones (cf. McGuire, 2023, p. 707).

Em 27 de outubro de 1913 (cf. McGuire, 2023, p. 707 – Carta 357 J), Jung se demitiu do cargo de editor do *Jahrbuch*. Depois da saída de Jung, o *Jahrbuch* só foi publicado por mais um ano.

Extremamente mobilizado com o clima que vigorava no seu relacionamento com Freud, em 12 de novembro de 1913, Jung começou a mergulhar nas suas profundezas e a registrar essas experiências em *Os Livros Negros*.

Perder a amizade de Freud e lhe parecer ingrato foi muito doloroso para Jung, que caiu em depressão e chegou a ficar dois meses sem escrever seu livro. Ele era um amigo muito fiel (cf. Hannah, 2022, p. 140), tinha uma gratidão enorme por Freud, que lhe transmitira uma abordagem absolutamente nova em psiquiatria (cf. Hannah, 2022, p. 143). Havia também a questão, para Jung, de perder seu guia e, para Freud, de perder "seu príncipe herdeiro".

Depois da Carta 357 J, em que pediu seu afastamento do cargo de editor, Jung só foi escrever novamente a Freud seis meses depois, em 20 de abril de 1914 (cf. McGuire, 2023, p. 709 –

Carta 358 J), para apresentar sua renúncia ao cargo de presidente da Associação Psicanalítica Internacional.

O rompimento final acabou sendo sacramentado através de uma carta de Freud aos presidentes das seis sociedades europeias, sugerindo que não fossem à reunião e elegessem um presidente provisório por correspondência. Em 10 de julho de 1914, a Sociedade de Zurique, uma das seis sociedades europeias, se desfiliou da IPA.

Pelo que se tem notícia, Jung e Freud efetivamente cortaram relações e não mais tiveram contato. Mas Jung, mesmo depois do rompimento, sempre reconheceu o valor da psicanálise criada por Freud e a importância que Freud teve para ele, na sua formação como psiquiatra e terapeuta.

> Não sou um opositor de Freud, ainda que a visão míope dele próprio e de sua escola insistam em qualificar-me dessa forma. Nenhum psiquiatra experimentado pode negar ter vivenciado dúzias de casos cuja psicologia condiz com a de Freud em todos os aspectos essenciais. Por isso, Freud contribuiu, exatamente com sua confissão mais subjetiva, para o nascimento de uma grande verdade humana (OC 4, § 772).

E, graças à preservação da correspondência trocada entre esses dois pilares da psicologia, é possível compreender a complexidade e a riqueza da dinâmica dessa relação, mas também seu sentido trágico.

> Essas cartas são a evidência direta do encontro intensamente profundo e finalmente trágico de Freud e Jung. O espírito de tragédia, no entanto, reside apenas no encontro – o drama das próprias cartas – e se desenrola de maneira quase clássica para a catástrofe prefigurada do conflito e da discórdia (McGuire, 2023, p. 1).

5.5 Ponto de virada – Jung se tornou Jung

Ao terminar de escrever *Transformações e símbolos da libido*, Jung

> percebeu a importância do que significava viver sem um mito. Uma pessoa sem um mito "é como uma pessoa desarraigada, sem nenhum vínculo verdadeiro com o passado ancestral que continua nele, nem com a sociedade humana contemporânea" (Shamdasani, 2020, p. 15, se expressando e citando Jung).

E como não obteve resposta para saber qual mito estava vivendo, "de maneira mais natural, assumi a tarefa de conhecer 'meu' mito, e considerei isso a tarefa das tarefas" (Shamdasani, 2020, p. 15, citando Jung). "Foi no ano de 1913 que decidi dar o passo decisivo – no dia 12 de dezembro. Sentado em meu escritório, considerei mais uma vez os temores que sentia, depois me abandonei à queda" (Jung, 1995, p. 159).

Depois de sua ruptura com Freud, que o levou a perder as referências e descer para os mistérios e as mensagens de seu inconsciente, podemos dizer que Jung foi percorrer o caminho que o tornou, de fato, quem ele era: verdadeiramente Jung. Foi seu ponto de virada.

Não foi um processo fácil: durante cerca de três anos ele pouco escreveu, manteve-se mais recluso, atendendo aos clientes durante o dia e, à noite, entregando-se às experiências que brotavam de seu inconsciente. Ele tinha receio de que pudesse perder o senso de realidade e estivesse embarcando em um processo de loucura. Isso depois de um sonho em que via a Europa mergulhada em sangue, e que ele havia relacionado a si próprio. Só depois de eclodir a Primeira Guerra Mundial é que ele percebeu que seu sonho tinha um sentido premonitório, e não pessoal, como, a princípio, havia pensado e que o tinha feito sofrer intensamente.

Jung começou a se relacionar com Freud quando tinha 30 anos e, quando rompeu com ele, em abril de 1914, estava com 38 anos. Nessa ocasião, "havia alcançado tudo o que eu desejara. Havia alcançado fama, poder, riqueza, saber e toda a felicidade humana.

Cessou minha ambição de aumentar bens, a ambição retrocedeu em mim e o pavor se apoderou de mim" (Jung, 2013, p. 116).

Em 30 de abril de 1914 ele renunciou ao cargo que tinha na Faculdade Médica da Universidade de Zurique. Entre "continuar com a carreira universitária [...] ou seguir os ditames de minha personalidade interior, a 'razão superior'" (Jung, 1995, p. 172), Jung optou por atender às demandas de seu Espírito das Profundezas. Como em outras ocasiões, optou não pelo mais fácil e confortável, mas por atender-se verdadeiramente, mantendo-se fiel a seus valores, às demandas de sua personalidade nº 2.

Foi o que fez ao se formar e desistir de ser assistente do professor de clínica médica, área mais prestigiada da medicina na época, optando pela psiquiatria. Mais tarde, mesmo diante do prestígio que tinha no campo da psicanálise, optou por se manter fiel às suas verdades. E esse padrão de comportamento foi marcante na personalidade de Jung durante os seus 85 anos.

> Mediante o sacrifício, mostramos que nos possuímos a nós mesmos, pois o ato sacrificial não é um deixar-se assumir, mas uma renúncia consciente e premeditada, com a qual provamos que somos capazes de dispor de nós mesmos, isto é, do nosso eu [...], pois "eu" decido, movido por uma instância que está acima de minha individualidade e de meu ego, resultado de uma opção consciente do eu (OC 11/3, § 390).

Jung precisava romper com Freud para se libertar das amarras que o prendiam a ele e seguir seu próprio caminho, descobrir quem ele era e qual era o seu mito. Com a ruptura, abandonou o que tinha e também o que o colocava a reboque da aprovação de Freud para poder deixar fluir e desabrochar a sua obra, o seu legado.

Libertou-se da necessidade de ter um guia, um orientador, para poder criar o que lhe era genuíno, descobrir quem de fato ele era e se tornar Jung em sua essência, em sua verdade. Ao ser abandonado por sua alma, pôde reforçar esse sentimento de que esse guia estava dentro dele, em sua personalidade nº 2, e desligar o tênue fio que ainda o ligava a Freud.

Podemos considerar que esse foi o ponto de virada para o seu processo de individuação,

> processo de formação e particularização do ser individual e, em especial, é o desenvolvimento do indivíduo psicológico como ser distinto do conjunto da psicologia coletiva. É, portanto, um processo de diferenciação que objetiva o desenvolvimento da personalidade individual (Jung, 2020, vol. 5, p. 271, n. 390).

Ele havia, até então, se dedicado ao mundo externo, à sua personalidade nº 1, a uma vida pessoal e profissional, "construindo raízes firmes e duradouras no mundo exterior" (Hannah, 2022, p. 133). Libertou-se, "abandonou o que possuía para receber", se dedicando ao que sua personalidade nº 2 lhe ditava, brincou de construção junto ao lago, reeditando emoções de sua infância, se dedicou à sua clínica e à "pesquisa dos saberes esquecidos do passado, suas novas ideias e sua escrita" (Hannah, 2022, p. 133), o que fez florescer o Jung em sua essência.

Foi preciso deixar algo importante morrer para o novo renascer. "O homem se transforma pelo *principium individuationis*. Ele luta por individualidade absoluta [...]. Aquele que não segue o *principium individuationis* até o fim não se torna Deus, pois não tolera a individualidade" (Jung, 2020, vol. 5, p. 271ss.).

Referências

Hannah, B. (2022). *Jung: vida e obra – Uma memória biográfica*. Vozes.

Jung, C.G. (1985). *O símbolo de transformação na missa* (Obra Completa, Vol. 11/3). Vozes.

Jung, C.G. (1986). *Psicogênese das doenças mentais* (Obra Completa, Vol. 3). Vozes.

Jung, C.G. (1990). *Freud e a psicanálise* (Obra Completa, Vol. 4). Vozes.

Jung, C.G. (1995). *Memórias, sonhos, reflexões*. Nova Fronteira.

Jung, C.G. (2013). *O Livro Vermelho – Liber Novus* (edição sem ilustrações; edição e introdução de S. Shamdasani, prefácio de U. Hoerni). Vozes.

Jung, C.G. (2020). *Os Livros Negros: 1913-1932 – Cadernos de transformação* (7 vol., edição de S. Shamdasani, tradução de M. Hediger). Vozes.

McGuire, W. (2023). *Cartas de Freud e Jung*. Vozes.

6

Morre o herói: a experiência com a função sentimento no encontro com a alma

Claudia Katerina Vieira Brasil
Maria de Fátima Cardoso Coelho

Após a ruptura com Freud, em 1913, diante de tantas incertezas, Jung inicia um processo de diálogo consigo mesmo, como resultante de um modo fundamental com que a psique se expressa espontaneamente através de sonhos, visões e fantasias. Foi diante de um processo de recolhimento e sofrimento após essa separação que Jung verdadeiramente aprendeu a permanecer na escuta de seu inconsciente e iniciou um contato com o mais profundo de si mesmo: o contato com sua alma.

Enquanto, na Antiguidade Clássica e na Idade Média, a alma era considerada de forma substancial, a segunda metade do século XIX viu surgir uma psicologia "sem alma", ou seja, "uma psicologia onde a atividade psíquica nada mais é do que um produto bioquímico [...]" (OC 8/2, § 660). Podemos dizer que esse fato já determinava um processo de mudança que culminou com o advento do materialismo científico. Era esse o contexto científico e cultural de quando Jung iniciou a escrita da obra *Os Livros*

Negros: todo valor, a partir da psicologia moderna, fundamentava-se exclusivamente na pretensa realidade dos fatos como uma revolução extraordinária da visão de mundo do ponto de vista psicológico e do espírito da época.

Jung vivia um momento de grande solidão diante dessa realidade que se apresentava após a ruptura com Freud. Mas foi nesse estado de grandes emoções, em que Jung de fato aprendeu a escutar seu inconsciente, como já dissemos, que também aprendeu a escutar os sonhos e as fantasias de seus pacientes: "Pus-me, então, à escuta do que o acaso trazia [...]" (Jung, 2002, p. 152). Nesse momento de seus atendimentos, Jung não se ateve a qualquer ponto de vista teórico; apenas ajudava seus pacientes a compreender as imagens que surgiam naquele instante.

Não podemos deixar de destacar o fato de que a mente de Jung era curiosa e culta, e que ele se interessava por inúmeros campos do conhecimento em seus estudos: ciências, filosofia, mitologia, literatura, antropologia, paleontologia, história das religiões. Em suas memórias, o autor relata um momento de lucidez em relação a todo o seu percurso até aquele momento: "Agora você tem a chave para a mitologia e a capacidade de abrir todas as portas". Mas algo dentro de Jung indagava-o: "Por que abrir todas estas portas?" (Jung, 2002, p. 152). Que voz seria essa? E o diálogo se dava:

> Mas em que mito vive o homem de nossos dias?
> No mito cristão, poder-se-ia dizer.
> Por acaso vives nele? – Algo perguntou em mim.
> Respondendo com toda honestidade, não! Não é o mito no qual vivo.
> Então não vivemos mais um mito?
> Não. Parece que não vivemos mais um mito.
> Mas qual é o mito para ti, o mito no qual vives? (Jung, 2002, p. 152).

Jung escreve em suas memórias: "Sentia-me cada vez menos à vontade e parei de pensar. Atingira um limite" (Jung, 2002, p. 152).

Diante desse cenário de enaltecimento do espírito da época e das incertezas que acometiam Jung, concepções como a de que o inconsciente é nada mais do que um receptáculo de material morto, como o racionalismo ocidental pretendia supor, aproximavam-se dele. Era o ano de 1912, e Jung, às vésperas do Natal, sonhou que estava sentado junto a uma mesa de mármore, de pedra verde, na companhia de seus filhos. De repente, um pássaro branco pousou e, no mesmo instante, transformou-se numa menina de cerca de 8 anos, de cabelos de um louro dourado, que logo desapareceu, e, em seu lugar, surgiu novamente a pomba, falando com voz humana e lenta: "Só nas primeiras horas da noite posso transformar-me num ser humano, enquanto o pombo cuida dos doze mortos" (Jung, 2002, p. 153). Dizendo isso, levantou voo no espaço azul, foi-se embora. Jung acordou.

Jung (2002, p. 153) relata que não conseguia discernir nada desse sonho; apenas entendia que era como se houvesse algo vivo, e não morto, no inconsciente, com o qual ele pudesse dialogar. Como se houvesse uma personalidade mais diferenciada, com valores diferentes dos da consciência. Sonhos e fantasias nessa época impressionaram Jung de forma a deixá-lo perplexo – ele suspeitava até de alguma perturbação psíquica. Em suas palavras:

> Por volta do outono de 1913, a pressão que até então sentira pareceu deslocar-se para o exterior, como se algo pairasse no ar. Efetivamente, a atmosfera parecia-me mais sombria do que antes. Não parecia tratar-se de uma situação psíquica, mas de uma realidade concreta. Esta impressão tornava-se cada vez mais intensa (Jung, 2002, p. 156).

Nesse mesmo ano, Jung viajava sozinho e subitamente foi assaltado por uma visão: "Vi uma onda colossal cobrir todos os países da planície setentrional, situados entre o Mar do Norte e os Alpes [...]. O mar tornou-se torrentes de sangue [...]" (Jung, 2002, p. 156). Essa visão de torrentes de sangue permanecia insistente para Jung, que, nesse período, teve sonhos com catástrofes iminentes sobre a Europa. Novamente, uma voz interior o surpreendia: "Olha bem, isto é real e será assim: portanto, não duvides" (Jung, 2002, p. 156).

Importante mencionar aqui o momento político-cultural desse contexto, em que ocorre o assassinato e a morte do rei austríaco Ferdinando, príncipe herdeiro do Império Austro-Húngaro, resultando na Primeira Grande Guerra (1914). A partir desses acontecimentos, Jung tentava compreender o que estava acontecendo com ele e como sua experiência, seus sonhos, estavam ligados ao que acontecia no coletivo.

A partir desse período, um mar de imagens invadia Jung através de sonhos, fantasias e visões: era um sentimento, segundo Jung, muito forte, como se fosse um guia, um fio condutor que o conduzia, ao mesmo tempo que o amedrontava. Mas, à medida que conseguia traduzir as emoções em imagens, dizia: "Eu readquiria a paz interior" (Jung, 2002, p. 158). Os sonhos e as fantasias eram como uma experiência real do inconsciente que o levou à compreensão de uma psique viva e a uma aproximação com seu mito pessoal, ou seja, com uma narrativa dotada de significado para a sua vida. A partir do confronto e do diálogo com essas imagens, foi elaborando sua teoria, seus grandes conceitos e sua própria experiência.

Segundo Boechat (2014, p. 29), essa era uma época de mudança de paradigmas na sociedade, e, concomitantemente, Jung passava por uma revolução interna. Uma de suas maiores dificuldades era vencer os sentimentos negativos, as fantasias, segundo ele, insensatas, que resultavam em defesas e resistências e que, muitas vezes, faziam-no sentir-se como se estivesse em um labirinto. Como psiquiatra, Jung sentia o temor de tornar-se uma presa do inconsciente, por isso viu a necessidade de descer até as suas fantasias e ousar entrar nas imagens que surgiam;

caso contrário corria o risco de ser tomado por elas. Em suas memórias, relata:

> Foi no ano de 1913 que decidi tentar o passo decisivo – no dia 12 de dezembro. Sentado em meu escritório, considerei, mais uma vez, os temores que sentia. Depois, abandonei-me à queda. O solo pareceu ceder a meus pés e fui como que precipitado numa profundidade obscura. Não pude evitar um sentimento de pânico. Mas, de repente, sem que ainda tivesse atingido grande profundidade, encontrei-me – com grande alívio – de pé, numa massa mole e viscosa. A escuridão era quase total; pouco a pouco meus olhos habituaram-se a ela, que parecia um crepúsculo sombrio. Diante de mim estava a entrada de uma caverna obscura: um anão ali permanecia de pé. Parecia feito de couro, como se tivesse mumificado. Tive de esgueirar-me, quase roçando nele, a fim de entrar pela passagem estreita, e fui patinando, a água gelada alcançando meus joelhos, até o outro lado da caverna. Percebi, então, que numa saliência da rocha, cintilava um cristal vermelho. Ergui a pedra e embaixo dela havia um espaço vazio. A princípio, nada distingui nele; depois, percebi, no fundo, um curso d'água. Passou um cadáver flutuando na corrente: era um adolescente de cabelos loiros ferido na cabeça. Seguia-o um enorme escaravelho negro e, então, surgiu, do fundo das águas, um rubro sol nascente. Ofuscado pela luz, tentei repor a pedra no orifício, mas, nesse momento, um líquido fez pressão e escoou através da brecha. Era sangue! Um jato espesso jorrou e senti náusea. Tive a impressão de que isso se prolongava intoleravelmente. Afinal, o jato de sangue estancou, terminando a visão (Jung, 2002, p. 159-160).

Jung parecia querer escutar e compreender suas imagens, dialogar com elas. Essa imagem relatada era o mito do herói, um drama da morte e do renascimento, um processo de descida de Jung ao mundo subterrâneo, ao mundo dos mortos das tradições religiosas. Segundo Boechat (2014, p. 58-59), o herói representado pela figura do adolescente está morto, o escaravelho na tradição egípcia representa renovação, pois ele deposita seus ovos em fezes, gerando uma ideia de que a vida pode brotar da própria morte. Como olhar e ouvir nossas imagens? Como dialogar com nossa alma a fim de nos depararmos na vida com novos caminhos? O que representava para Jung a morte do herói dentro dele?

O nosso estudo consiste em elucidar a jornada e a morte do herói no processo de individuação na obra *Os Livros Negros*, assim como a importância da função inferior sentimento, na tentativa de reconhecer as imagens que habitam o mundo das profundezas. A passagem em que a morte de Siegfried acontece e o caminho íngreme na sequência, assim como os diálogos com a alma, a cegueira de Salomé, as falas de Elias e os movimentos da serpente aproximam os mundos opostos. Razão e emoção se entrelaçam nos ciclos das descidas e subidas das realidades contínuas.

A experiência da descida retratada em muitos mitos e na obra de Jung nos remete ao encontro com aspectos sombrios, desconhecidos e desconcertantes em nós. É a jornada mais difícil e necessária que todo ser humano experimenta. A quebra de um padrão, a descida de uma estrutura de ego arrogante às profundezas abismais do mar desconhecido, frio ou quente de nossas almas. Caminho tortuoso, caminho sofrido e inevitável para chegarmos – ou não – a algo.

"Esta vida é o caminho, o caminho de há muito procurado para o inconcebível, que nós chamamos divino", aponta Jung (2020, vol. 2, p. 149). É provável que não haja fim, que a continuidade do caminho se mostre gradativamente. É assim que a morte do herói permite o infinito, um encontro – ou vários – no mundo subterrâneo. Muitos seres, conhecidos ou não, podem se apresentar diante das incertezas. Somos vulneráveis, somos imagens.

O herói que nasceu no mundo solar é o mesmo que morrerá. Na sua trajetória, muitas realidades podem se apresentar. Imagens de amor ou de horror, as tortuosas dores de um parto sem volta, com ruídos e gemidos de um nascimento genuíno, original. Todo herói nasce de forma esplêndida para uma missão solitária, cheia de percalços inevitáveis. Pobre herói! Das matas infinitas e profundas nas quais se embrenha até não poder mais de tanta obscuridade ao claro das lutas inglórias e enfadonhas, em que o rei já não suporta mais a sua coroa. Dá-se a queda. O ilustre senhor das alturas desce até o mais profundo dos abismos, diluindo-se.

> A noite seguinte foi horrível. Um sonho assustador logo me acordou. Eu estava com um jovem desconhecido, um selvagem moreno, numa tremenda passagem montanhosa antes do nascer do sol. O céu local já estava claro. Então ressoou sobre as montanhas a corneta de Siegfried em tom jubiloso, e sabíamos que estava chegando o nosso inimigo mortal. Estávamos armados e agachados numa estreita trilha rochosa para matar o herói. Então ele veio pelo alto da montanha em um carro feito de ossos, em roupa branca com figuras míticas pretas, e desceu com incrível ousadia por rochas escarpadas, alcançando a trilha estreita onde estávamos à espreita. Quando fez uma curva, nós atiramos ao mesmo tempo e o ferimos fatalmente. Meu companheiro se separou de mim para prestar um último serviço ao herói. Eu me preparei para a fuga. Então caiu uma chuva muito forte. Com facilidade, subi um caminho incrivelmente íngreme e então ajudei minha esposa, que seguia mais lenta, a subir. Algumas pessoas zombaram de nós, mas eu não me importei, pois isso mostrava que elas não sabiam que tínhamos assassinado o seu herói (Jung, 2020, vol. 2, p. 175-176).

A morte de Siegfried acontece antes do nascer do sol, mas às claras. Uma concepção voluntária, crepuscular, de autêntica vontade de mudança. Um ato consciente, planejado e determinado; foi a morte da postura arrogante e racional como unilateralidade de apreciação da vida. Há clareza e desapego, e irrelevantes são as expressões de zombaria das pessoas que não entendiam o que estava acontecendo. Chegou a hora da mudança, da morte da adolescência, da unilateralidade e da vida fragmentada, para ir ao encontro das imagens mais surpreendentes e desafiadoras da sua vida. O sacrifício de uma atitude unilateral diante da vida o levou a uma mudança tão radical como a vida e a morte. Nascer para o infinito de possibilidades na obscuridade e verdade. A imagem do herói que se aproxima em um carro de ossos, jubiloso, com sua veste branca com motivos míticos em preto revela a herança de um poder, em uma história ancestral, mostrando que Siegfried é um herói da natureza humana. Não há outro caminho para as grandes descobertas e desenvolvimento integral da personalidade – conhecer o outro lado, o noturno. Nesse caminho incrivelmente íngreme é preciso ajudar as nossas partes que andam devagar ou que não conseguem facilmente percorrer o que pode ser a abertura para a transcendência. A esposa como a representação da alma, da sua totalidade, é poética. Sem estarmos inteiros o caminho não faz sentido.

E cai a chuva, lava, purifica, alivia o calor das emoções, escorre, flui, jorra. A chuva como a experiência da purificação nos remete ao momento de extrema afetividade e turbulência. Na mudança de sentido, de direção, tendemos a redescobrir outras formas de lidar com as experiências. O ego tem direções orientadas por funções psicológicas, e quando o retiramos do poder, quando ele não é mais o centro, mas o que recebe as orientações vindas do inconsciente, do arquétipo da totalidade, Si-mesmo, ocorre o fenômeno de inversão da função de orientação.

Em outras palavras, a que estava no centro da consciência, no Ego, se torna menos atuante, e a função oposta, que estava inconsciente, passa a atuar como a porta de entrada para a experiência com o inconsciente, que é chamada de função inferior; não porque seja menos importante, mas porque estava menos atuante na vida consciente. Esta é a abertura do portal para ingressarmos no mundo das imagens. Se somos orientados pela função pensamento no mundo consciente, a função inferior, não dominante, será sentimento. A cegueira simbólica, representada pela imagem de Salomé em *Os Livros Negros*, pode aparecer nos primeiros estágios dessa nova orientação, visto que há um desconcerto no que diz respeito às escolhas, ao sentir e fazer juízo de valor. "O sentimento inferior tem problemas para defender seus sentimentos. Tem dificuldade para sustentar seus próprios princípios e valores, em especial se tiver de cumprir alguma tarefa desagradável ou ofender alguém" (Von Franz, & Hillman, 1995, p. 160).

A morte do herói exige a mudança radical de rota; a função inferior tem esse nome porque está no inconsciente e é pouco conhecida pelo ego. A dificuldade nas relações cotidianas e a realização de tarefas desagradáveis serão os desafios após a morte de Siegfried; por isso, alguns personagens como Elias, Salomé e a serpente vão representar partes fundamentais do mundo abissal e desconhecido.

Referimo-nos aqui a um pequeno texto para contextualizar o tema da função inferior dentro da produção de Jung, em *Tipos psicológicos* (OC 6), um dos primeiros livros escritos por ele, concluído em 1921. Jung discorre sobre dois tipos de personalidade: os extrovertidos e os introvertidos, que são diferenciados segundo a atitude de cada um, ou seja, o movimento da libido em relação ao objeto. Enquanto o introvertido tem um movimento de abstração em relação ao objeto, como se o objeto o invadisse, o extrovertido se relaciona com empatia, se joga no objeto, sua atitude subjetiva é orientada pelo objeto. Essas seriam, portanto, duas atitudes que parecem estar presentes no sujeito desde seu nascimento e traduzem duas atitudes típicas com relação ao objeto, com relação ao outro, aos acontecimentos e ao mundo externo.

Jung descreveu quatro funções, que seriam os tipos funcionais cuja adaptação vai depender da função mais diferenciada, a função da consciência. São elas: pensamento, sentimento, sensação e intuição.

Segundo Jung, a função mais diferenciada ou superior é a expressão da personalidade consciente, de sua vontade, de sua intenção, é a energia para organizar o mundo de acordo com a atuação da pessoa, ou seja, é a pessoa no mundo; enquanto a função menos diferenciada ou inferior é aquela que é inconsciente e pouco funcional. Como a consciência conhece uma só forma de acatar a situação, o inconsciente reage para tentar trazer um equilíbrio, pois num mesmo indivíduo vão ser encontradas as duas atitudes.

É a partir dessa situação extrema que a função inferior, que está inconsciente, emerge; o inconsciente é chamado, porque, quanto mais extrema é a atitude consciente, mais arcaica e infantil é a resposta do inconsciente. Segundo Jung, sendo a função inferior a mais problemática, é ela que também pode trazer a solução.

Chegamos aqui ao momento de sua escrita de *Os Livros Negros*, em que Siegfried foi sacrificado em prol de uma nova consciência, de novas atitudes diante do mundo. Quando estamos diante de desafios para os quais o ego não é capaz de ter novas atitudes, reações, é provável que tenhamos uma questão a ser solucionada. É na morte do herói, na descida às profundezas, que a função inferior se apresenta. É a porta para o inconsciente, por isso constrange o ego, que não a domina e se mostra vulnerável às reações inusitadas de uma função pouco conhecida, pouco flexível diante da necessidade de controle desse ego. Importante mencionar o quanto a função inferior sentimento, na descida após a morte do herói Siegfried, apresenta os personagens que vão levar Jung às experiências da alma, do amor e de outras emoções ligadas à função sentimento.

Nesse momento, Jung ouve um chamado: é o espírito das profundezas cujas fantasias partiam muitas vezes da representação de uma descida. A princípio, era como se fosse a imagem de uma cratera, e Jung sentiu-se como se estivesse no país dos mortos. Uma voz clama por Jung, e este, em sua fantasia, inicia um diálogo com sua alma, de conteúdo profundamente irracional, com a natureza de seus conteúdos internos: são personificações de Elias, um homem idoso de barba branca e Salomé, uma bela jovem, cega, que parece querer seduzir Jung[50]. Havia também, com eles, uma serpente negra, um terceiro elemento. Jung, a princípio, não entende essas personificações de Elias, Salomé e a serpente dentro dele. Segundo Boechat (2014, p. 53), Jung indaga como figuras tão opostas, Elias, o profeta, e Salomé, que pediu a cabeça de João Batista, podem estar juntas. E também como pode Salomé, apesar de ser cega, ter um interesse amoroso por Jung: "Todo esse conteúdo profundamente irracional fala da natureza incompreensível dos conteúdos inconscientes [...]" (Boechat, 2014, p. 53).

Em uma interpretação psicológica, segundo Boechat (2014, p. 53-54), Elias representa a sabedoria, o velho sábio, o *logos*: é a função pensamento principal de Jung; e Salomé é o personagem histórico, que representa a função inferior, o sentimento, o afeto em Jung. Mas Salomé está cega, e o que será que isso representa? É uma função menos diferenciada, menos desenvolvida em Jung. Os olhos de Salomé estão cobertos, como se fossem uma ferida. Não podem ver o que está fora, o mundo ao redor. Mas a cegueira como uma ferida pode ser transformada, a sombra é o caminho para o *Si-mesmo*. Na tradição cristã, do mesmo modo que se compreende que Deus nos visita através da doença, as feridas podem ser transformadoras e também um caminho de redenção.

---

50. Cf. capítulo 7, "Jung e Salomé: o amor que transforma", de Crisstiane Bergmann e Sabina Vanderlei.

Para Jung (2002, p. 161), a serpente representa a personificação para entrar no mundo das sombras; nos mitos, muitas vezes, é a adversária do herói. Nas palavras do autor: "Na minha fantasia, pois, a presença da serpente anunciava um mito do herói" (Jung, 2002, p. 162).

De acordo com Boechat (2014, p. 53), o confronto de Elias e Salomé expressa a atitude básica de Jung com relação ao fenômeno psicológico, que Jung chamou de realidade da alma. A realidade psíquica vê o subjetivo como objeto, denominado por Jung de psique objetiva. Enquanto o inconsciente pessoal manifesta uma realidade subjetiva, o inconsciente coletivo mostra a realidade objetiva. Elias e Salomé não são símbolos, como afirma a parte racional de Jung, mas, como o próprio Elias considera, ele e Salomé são figuras reais, tão reais como os objetos do mundo de Jung. Elias representa o patriarca bíblico do Antigo Testamento, a função pensamento superior de Jung. Salomé apresenta-se como filha de Elias, está cega, representa o desejo, o Eros, o aspecto sentimento como a função inferior de Jung. O desejo como um sentido que a libido impulsiona. Elias e Salomé estarão juntos até o fim dos tempos. Há a possibilidade de uma integração. A partir de Elias e Salomé é que Jung escreveu o livro *Tipos psicológicos* (OC 6).

Para Jung, acontece a dissociação quando há uma unilateralidade de uma função, que predomina sobre a outra. Segundo Boechat[51], essa é a ferida da modernidade: há uma predominância dos opostos que são rígidos e hierarquizantes: O homem ou a mulher? O homem é melhor do que a mulher? O espírito ou a matéria? A matéria é melhor do que o espírito? A consciência ou o inconsciente? A consciência é melhor do que o inconsciente? Para o espírito da época, o inconsciente é inferior, psicopato-

---

51. A fala de Walter Boechat se deu por ocasião do encontro do grupo de estudos de *Os Livros Negros*, em 9 de novembro de 2023.

lógico. Jung traz uma mudança de paradigma através de sua experiência relatada na obra *Os Livros Negros*, na medida em que apresenta um inconsciente real, criativo, que é anterior à consciência e que gera a própria consciência.

Em *Os Livros Negros*, Jung aprofunda os diálogos com personagens da sua alma; nessa jornada ele reconhece aspectos importantes da sua personalidade e pode dar contorno ao seu processo de individuação. Ou melhor, *Os Livros Negros* são a pura expressão do caminho mais importante que fazemos durante a vida, nos conhecermos, nos reconhecermos através de encontros com imagens que tornam real a nossa existência física, que unem o corpo físico ao mundo imagético. "O objetivo da individuação é tornar-se, entre todos os seres humanos, o indivíduo singular e único que podemos ser", afirma Verena Kast (2016, p. 7).

Para sermos únicos, nos tornarmos únicos, precisamos confrontar e aceitar o que vem, o que aparece como destino. Para Jung, os mergulhos constantes em busca da alma, os diálogos com Elias, Salomé e todos os personagens que aparecem na sua jornada imprimem sentido e direção para os anos seguintes, a exemplo da criação da sua vasta obra. No conceito de individuação, Jung sintetiza a importância de nos tornarmos o que viermos a ser. "Uso o termo individuação no sentido do processo que gera um *individuum* psicológico, ou seja, uma unidade indivisível, um todo" (OC 9/1, § 490).

A totalidade como a busca, o sentido de tantos encontros e desencontros com as nossas partes mais remotas. A consciência não é o todo, apenas o que percebemos, apenas o que sentimos quando nos encontramos diante do outro, da rotina e do ambiente; mas a incompletude se mostra no nosso mais íntimo e é preciso reconhecer que a necessidade de ampliar o que conhecemos é a passagem para a viagem mais intensa de nossas vidas, o encontro com a alma. Individuar-se é unir partes dissociadas, como entender a cegueira de Salomé em um dado momento, quando a função sentimento encontrava-se frágil, ainda desconhecida pela consciência. O encontro das funções psicológicas mais desenvolvidas com a função inferior sentimento trouxe uma condição mais coerente na expressão futura de Salomé.

Nesse processo de entender o que é a individuação, o que acontece quando penetramos no mundo das imagens para tentar decifrar o que as imagens pedem de nós, é importante compreender onde começa a autonomia do inconsciente. Segundo Jung (OC 9/1, § 497): "A autonomia do inconsciente começa onde se originam as emoções. Estas são reações instintivas, involuntárias, que perturbam a ordem racional da consciência com suas irrupções elementares. Os afetos não são feitos através da vontade, mas acontecem".

Os afetos que nos afetam são autônomos, eles dão o toque especial aos encontros com as imagens, guiam, são as bússolas dos encontros com Eros. A leitura de *Os Livros Negros* é um desses encontros em que os afetos transbordam, nos quais a individuação é o marco do vir a ser de um processo que percorre o deserto, que sobe as montanhas, que revela sonhos, com que a alma conversa, em que os personagens indicam o que tem de ser vivido e, sobretudo, no qual o herói morre para nascer a nova personalidade, mais inteira e madura. "Ah, mãe pedra, eu te amo, aconchegado a teu corpo, estou deitado, eu, teu filho tardio. Bendita sejas, mãe primordial, a ti pertence meu coração e toda a glória e toda a força. Amém. Amém" (Jung, 2020, vol. 3, p. 109).

Conclusão

Jung ouviu o chamado do espírito das profundezas, de sua alma. Podemos dizer que ele deu atenção à sua voz interior, ao seu anjo da guarda, ao seu *daimon* pessoal, que o levou para o desconhecido, para a descida aos infernos, mas que é importante para a criação de algo novo. Sabemos que, no processo analítico, se não houver a descida, a morte, não há análise. Ao escrever *Os Livros Negros*, podemos dizer que Jung passou por uma revolução interna, um processo de autoanálise.

Ver a psique como alma abre para Jung um caminho de perspectivas históricas, religiosas e culturais. Segundo Jung, a psique não é algo dentro do sujeito, mas o indivíduo é que é algo que existe dentro da psique.

Para Jung, um ser que tem alma é um ser vivo:

> Alma é o que vive no homem, aquilo que vive por si só gera vida [...] a alma seduz para a vida a inércia da matéria que não quer viver. Ela (a alma) convence-nos de coisas inacreditáveis para que a vida seja vivida. A alma é cheia de ciladas e armadilhas para que o homem tombe, caia por terra, nela se emaranhe e fique preso, para que a vida seja vivida. [...] Porém ter alma é a ousadia da vida, pois a alma é um *daimon* doador de vida, que conduz seu jogo élfico sobre e sob a existência humana, motivo pelo qual no interior do dogma ele é ameaçado e propiciado com castigos e bênçãos unilaterais que de longe ultrapassam os merecimentos humanamente possíveis (OC 9/1, § 56).

Sublime, sublime é a alma, o amor que rubra todas as noites de encontros. Ao escurecer, ao descer, a alma domina com o jorro do líquido embriagador e vermelho, com as histórias de beleza e dor, dupla que envolve de dúvidas e de medo o ser desprovido de defesas afetivas.

Verdade e absurdo, tão absurdo quanto verdade e cai a chuva de mentiras, ou será das palavras tortas? Que caos é o absurdo? Que nuvem traz a chuva mais pesada? Somos feitos dessas incertezas, dores dos pedaços da história, dos milagres dos encontros. Não há cor, há dor. Não há endereço, há desprezo. Não há vida onde não tem cor? Singular é a vida que desvenda os ossos de histórias não vividas. Será que o herói nasce ou morre desses encontros entediados do que fomos ou somos ou nunca estamos? As mais frágeis teias do absurdo evocam as mais puras das verdades. O que vemos é o mero acaso, o que não vemos é o puro absurdo.

O caminho vai, a jornada continua e o novo se apresenta, a criança, com as suas dores e marcas, para serem purificadas e transformadas. A criança ou a pomba são imagens recorrentes em *Os Livros Negros*.

Criança? És tu? Aquela ferida, de cujo sangue derramado, permeado de dor, nasce o amarelo. Será pus? Será uma infecção? Esse amarelo é a lembrança que não quer ser acolhida? Fecha os olhos, criança. Acalma-te! Do sopro divino a tua alma entende. Não é para caminhar com os pés. O caminho é sentado, ou ainda, não te apresses.

Aguarda o tempo certo para que o pus, que era sangue, se vá, se dilua no banho das águas perfumadas.

A pomba sabe, ah, ela sabe! Sabe o quanto a cor que te cobre, minha criança, traz as marcas da violência. Do abandono e da palavra não dita.

Nos teus rituais iniciáticos não te esqueças de pintar de dourado os teus cabelos, para quando o sol nascer, a luz resplandecer em ti. E a tua mais inquieta das feridas passará por mudanças.

É assim, criança, o caminho dos iniciados na mais purulenta matriz do amor.

> O motivo da criança não representa apenas algo que existiu no passado longínquo, mas também algo presente; não é somente um vestígio, mas um sistema que funciona ainda, destinado a compensar, corrigir, as unilateralidades ou extravagâncias inevitáveis da consciência (OC 9/1, § 276).

A criança ou a pomba que aparece nos sonhos ou imagens, em especial na obra *Os Livros Negros*, ressalta a importância do princípio iniciático que ocorre no processo de individuação. A criança como algo de novidade ou de regressivo, que remete ao passado. A criança pode determinar o fim e o início de um novo momento, é um símbolo de morte e renascimento. O motivo mitológico da criança indica a mudança de estágio na evolução da consciência. A ideia da criança que ora pode ser uma pomba é indicativa da anunciação, algo foi dito, algo foi revelado. Bela passagem do volume 2 de *Os Livros Negros*, quando Jung revela o sonho trazido neste artigo, em que a criança se transforma em pomba e que nos invade de beleza e desejo de experimentar as próprias imagens. Será essa a função transformadora de estarmos tão perto de imagens metafóricas que nos levam ao mundo imaginário?

Quando surge um elemento de ligação na obra de Jung nos damos conta da grandiosidade do que é possível unir dentro de nós depois das idas e vindas ao mundo abismal. Essa trajetória de mundos diversos, de experiências heroicas e demoníacas, em que muitos personagens podem surgir representando partes do *Si-mesmo*, podem ser assustadoras ou encantadoras, depende de como encaramos as realidades da consciência e do inconsciente, caso entendamos de forma simbólica as nossas inúmeras descobertas psíquicas durante a vida, se encaramos a vida simbólica com seriedade. Somos feitos das realidades que criamos e imaginamos. As imagens do inconsciente são a livre-expressão do que está por vir, do que é e do que foi. Daí as palavras de Hillman (2023, p. 11):

> As imagens psíquicas são encaradas como fenômenos espontâneos, quer seja no indivíduo, quer seja na cultura, e necessitam, na verdade, ser experimentadas, cuidadas, consideradas, entretidas, atendidas, respondidas. As imagens precisam de respostas imaginativas, não de explicação.

E no dizer de Boechat, proferido numa palestra sobre *O Livro Vermelho de C.G. Jung: jornada para profundidades desconhecidas* em 2 de abril de 2018: "Cada paciente terá seu próprio Livro Vermelho para guardar suas fantasias de forma mais bela; será sua igreja e sua alma".

Referências

Boechat, W. (2014). *O Livro Vermelho de C.G. Jung: jornada para profundidades desconhecidas*. Vozes.

Hillman, J. (2023). *Uma investigação sobre a imagem*. Vozes.

Jung, C.G. (1986). *A natureza da psique* (Obra Completa, Vol. 8/2). Vozes.

Jung, C.G. (2000). *Os arquétipos e o inconsciente coletivo* (Obra Completa, Vol. 9/1). Vozes.

Jung, C.G. (2002). *Memórias, sonhos, reflexões*. Nova Fronteira.

Jung, C.G. (2012). *Tipos psicológicos* (Obra Completa, Vol. 6). Vozes.

Jung, C.G. (2020). *Os Livros Negros: 1913-1932 - Cadernos de transformação* (Vol. 2 e 3). Vozes.

Kast, V. (2016). *O caminho para o si mesmo*. Vozes.

Von Franz, M. L., & Hillman, J. (1995). *A tipologia de Jung: a função inferior – A função sentimento*. Cultrix.

7

Jung e Salomé: o amor que transforma

Crisstiane Bergmann
Sabina Vanderlei

Sem amor a nós mesmos
a obra não pode ser realizada.
(Jung, C.G., *Os Livros Negros*,
vol. 5, p. 23)

7.1 O encontro misterioso ou o mistério do encontro

Alguns registros de *Os Livros negros* trazem a ideia de profundeza, de ir "para baixo", e também uma espécie de encontro nostálgico com uma alma que por muito tempo fora esquecida. Pouco mais de um mês do início dos registros em seus cadernos, às vésperas do Natal de 1913, Jung escreveu sobre aquilo que viria a ser um dos encontros mais importantes da sua vida: o encontro com Elias e Salomé. Mais tarde, transcreveu essas anotações para *O Livro Vermelho* – e essa seção foi intitulada "Mysterium. Encontro".

Tudo começou em 21 de dezembro de 1913, quando ele registrou uma descida à profundeza. Lá ele se deparou com um homem velho em cujos pés estava uma serpente negra e, ao fundo, com uma linda moça cega, sua filha. O velho se apresentou como Elias e sua filha chamava-se Salomé, e o "eu" de Jung logo se lembrou da personagem bíblica, aquela que manteve relações incestuosas com Herodes e que, por esse amor, conseguiu a cabeça de João Batista. Ele ficou chocado e foi dominado por um "temor que lhe fez tremer os joelhos". Esse sentimento cresceu ainda mais quando ele ouviu uma voz lhe dizendo para reconhecer a força divina nela e que ele *deveria* amar Salomé (cf. Jung, 2020, vol. 2, p. 184). Ela lhe perguntou se ele a amava, e ele, então, indagou como poderia amá-la se ela era como um tigre? Ela afirmou que o amava. Seguiu-se, assim, um diálogo no qual Salomé falou sobre seu amor, e o "eu" de Jung discorreu sobre a possibilidade de ele a amar também. Temeroso, ele questionou-se: *deveria* ter amor por ela? A serpente negra entrou em cena, enroscou-se em Jung, apertando-lhe o corpo, e a pressão lhe fez abrir os braços, deixando-o na posição de crucificado. Salomé se ajoelhou a seus pés e, com os cabelos, envolveu-os por um tempo. "Ela exclamou: vejo a luz" (Jung, 2020, vol. 2, p. 197). Sua cegueira foi curada, a serpente caiu no chão, e o velho profeta emanou uma luz brilhante. O "eu" de Jung ajoelhou-se com a sensação de algo que se completava, sendo invadido pelo sentimento de esperança.

Cerca de dois meses depois, Jung registrou o reencontro com Elias e Salomé (cf. Jung, 2020, vol. 4, p. 249). Ela ressurgiu como aquela que vê. Elias ofereceu o amor dela como retribuição dos seus esforços, mas ele recuou, estranhando esse presente. O "eu" de Jung se alegrou e agradeceu o amor de Salomé, dizendo que a amava relativamente. Ela lhe entregou uma coroa que achara abandonada, contendo a inscrição: "O amor não acaba jamais" (Jung, 2020, vol. 4, p. 255). Salomé falava por enigmas, e o "eu" de Jung se pendurou de cabeça para baixo na copa da árvore da vida. Sucedeu-se um diálogo sobre céu, inferno e sacrifício. Salomé desejava servi-lo e amá-lo, entretanto o "eu" de Jung desejava a plenitude da moça, não o seu desejo e a parcialidade do seu ser. Ele a instruiu para que nunca se esquecesse de dançar e exibir a sua arte para todos na feira, pois somente assim ela seria feliz.

7.2 Jamais nos cansamos de ouvir falar de amor[52]

Esse *Mysterium encontro* ocorreu em regiões profundas da psique. Para chegar até Elias e Salomé, o "eu" de Jung precisou descer. E a descida é sempre um movimento sinistro, aterrorizante. Quem não ama não se entrega à profundeza, não desce até ela.

Amor e profundidade nos levam até a história de Eros e Psiquê, quando o amor se apaixona pela alma e quando essa alma, de certa forma cega para si mesma, descobre o amor e diviniza-se. No início da história, a alma estava condenada à morte porque ousava ser mais bela do que Afrodite. A deusa da beleza se enfureceu e condenou a alma à morte, mas esta foi salva pelo amor. Eros, a princípio, não se revelou e fez um acordo com Psiquê de que ele se manteria às escuras. Era boa a vida que a alma levava no castelo do amor, atendida em todos os seus desejos e caprichos, porém sem a menor consciência de si e confiando cegamente no seu amado misterioso, com quem só se encontrava no cair da noite, sem direito a fazer perguntas. Com o tempo, conforto e mordomia cederam lugar à desconfiança. A alma desconfiou daquilo que ela desconhecia, sem nenhuma noção de que se tratava do amor. Acendeu uma lamparina para olhar para aquele que a visitava sempre às escuras. Foi a primeira vez que a alma enxergou o amor. O encontro deixou-os atônitos. Eros sentiu-se traído quando foi despertado por uma gota de óleo quente da lamparina. E Psiquê não acreditou que durante todo esse tempo dormia com o próprio deus do amor sem o saber. Assustada, ela

52. O "eu" de Jung diz a Salomé: "Amor? – Falas tão lindamente sobre o amor. Jamais nos cansamos de ouvir falar de amor" (Jung, 2020, vol. 4, p. 250).

descuidou-se: machucou-se numa das flechas de Eros. Naquele momento, a alma não apenas enxergou o amor, mas também se apaixonou por ele. Sua aventura apenas começara. O amor magoou-se, foi embora, e sua mãe, a deusa da beleza, enfureceu-se e vingou-se. Impôs quatro duras provas para a alma, sendo que a última delas incluía a descida ao Hades. Só assim Psiquê poderia reencontrar Eros.

Temos aqui duas histórias. Ambas trazem no enredo o amor, a cegueira e a descida às profundezas. O amor que faz descer, o que equivaleria à ideia de aprofundar-se em si mesmo e na relação com o outro. Esse mundo subterrâneo e infernal é o Hades, a morada dos mortos. Ali, o que distingue os vivos dos mortos é o *thymos*, qualidade que apenas os vivos possuem. "*Thymos* é o sangue, a vitalidade, a vida emocional. O *daimon* age no *Thymos*, na vida emocional" (Barcellos, 2019, p. 303). O viver a alma tem um quê de sanguíneo, corpóreo e é atravessado pelos sentimentos e pelas emoções. Não há como fazer alma através do intelectualizar. É preciso sentir. E o sentir nos leva "para baixo", em direção ao inconsciente.

Eros é o próprio movimento do desejo, em que o ser apaixonado *necessita* possuir aquele que ama – com o coração em chamas, inflamado pelo desejo de envolver em seus braços o ser amado, assim como de pertencer a ele. "Desejar", "possuir", "inflamar" e "sentir" são alguns dos verbos conjugados pelos apaixonados. A cegueira, por sua vez, é um dos tons mais escuros da paixão, já não há clareza, não se percebe o que de fato está acontecendo, pois as profundezas carecem de luz. No começo, Psiquê e Eros, apaixonados, acordaram viver no escuro, um não poderia ver o outro à luz do dia. Salomé, cega pela paixão por Jung, não consegue conceber sua vida sem a materialização da relação amorosa com ele. A luz da consciência começa a surgir quando Eros e Jung rompem com Psiquê e Salomé, respectivamente.

Inicialmente, Eros tem a função de conectar, mas, por sua natureza de *daimon*, estimula a transformação brusca de um estado para o outro através do *não*. Além disso, Eros é irmão de Caos, ambos são forças de criação. Eros cria pela conexão, unindo as coisas e os seres. Caos desorganiza, cria através da separação. O Cosmo, o novo, pode ser criado tanto por Eros quanto por Caos. Saber do potencial criativo de Caos nos ajudaria a enxergar com outros olhos os momentos de crise.

Quando Jung transcreveu as anotações desse encontro misterioso para *O Livro Vermelho* ele acrescentou que "o amor enxerga, mas o prazer é cego" (Jung, 2015, p. 184), ao se referir à necessidade de transformação do desejo de Salomé em amor. O "não" de Eros e de Jung faz surgir o Caos para as almas de Psiquê e Salomé, e ambas precisam aprofundar-se em si mesmas para iniciar a tarefa de amadurecer através da consciência. Sendo assim, a emoção que a princípio era fogo, fusão cega, paixão, começa a ceder espaço para a transformação.

7.3 A quem não causaria horror se Salomé o amasse?

O Seminário de 1925 foi a única ocasião em que Jung falou publicamente sobre o encontro com Elias e Salomé (cf. Jung, 2015, p. 159). Ele contou que, em tempos remotos, ambos eram opostos integrados formando uma unidade, simbolizando forças da psique profunda. Trata-se de um motivo arquetípico: "Sempre que empreendemos jornadas como esta encontramos uma jovem com um velho" (Jung, 2014, p. 129). A imagem de Salomé é compensada pela de Elias, eles estão juntos por serem pares de opostos (cf. Jung, 2014, p. 133).

De um lado está Salomé, a jovem inconsciente, o princípio sensual, revelando a força de Eros que se move cegamente pelo prazer e pela paixão, expressando uma necessidade de transformação através da função sentimento. Nesse seminário,

Jung revela que ela é uma personificação da *anima*, "cega porque, embora ligue o consciente e o inconsciente, ela não vê o funcionamento do inconsciente". Se ela é a personificação do elemento erótico, Elias, por outro lado, personifica o princípio espiritual que age através do *Logos* e que não se move, é também a expressão do velho sábio. Ele atua com o predeterminar, com a previsão através do pensar, o *animus*, representa uma das quatro funções psicológicas, o pensamento. Já a serpente negra, enquanto energia psíquica, seria a libido introvertida, a sensação como função psicológica inferior e também como o terceiro elemento, a função transcendente.

Jung adverte que relacionar Salomé com o abstrato conceito de Eros e Elias ao de *Logos* seria pura especulação, algo nada científico. Talvez esse tenha sido um dos motivos que o levaram a guardar os registros da sua autoexperimentação a sete chaves. Internamente, ele *sabia* dessa relação porque eram realidades vivas dentro dele, um saber esotérico que não se poderia comunicar publicamente para não ser vulgarizado, bem como também porque diz respeito à vivência de ser *um*. Nesse Seminário de 1925, ele mencionou essas experiências *en passant*, mas concluiu que "é muito melhor deixar as figuras como são, a saber, como acontecimentos, experiências" (Jung, 2014, p. 129).

Como realidades psíquicas, Elias e Salomé ressurgem em outra imaginação ativa com roupagens ainda mais arcaicas. Dias depois desse primeiro encontro, ele registrou outra experiência na qual adentra uma floresta numa noite chuvosa e se depara com um castelo em meio à "água escura e pantanosa". Ele decide pedir abrigo – "meu descaminho me levou a um lugar estranho" (Jung, 2020, vol. 2, p. 204). No interior do castelo havia um erudito lendo em seu escritório, cujas paredes estavam repletas de livros. Ele chama o servo e pede que leve o hóspede aos seus aposentos. Já instalado, o "eu" de Jung não consegue "se livrar do pensamento de que o velho esconde aqui uma bela filha – insípida ideia romântica" (Jung, 2020, vol. 2, p. 204). Ele tenta lutar contra esse pensamento, mas, por fim, conclui que *deve* permitir tais fantasias. Surge, então, uma jovem princesa, que o deixa em dúvida: "Perdão – mas és real?" Diante desse questionamento, a jovem chora, despertando-lhe compaixão: "Quero acreditar que és real". Ela pergunta se ele a ama, e ele responde: "Por Deus, eu te amo, mas infelizmente já sou casado". Ela lhe agradece e acrescenta: "Eu te saúdo em nome de Salomé" (Jung, 2020, vol. 2, p. 209).

Esse velho erudito do castelo detém a "imensidão do conhecimento" (Jung, 2020, vol. 2, p. 205), expressão do arquétipo do velho sábio tal como Elias. E toda essa sabedoria não poderia existir sozinha sem seu oposto complementar: a jovem princesa, mantida num cativeiro por amor, uma vez que ela é a imagem de sua mãe que falecera precocemente. "Minha sabedoria e minha filha são uma coisa só" (Jung, 2015, p. 158), diz Elias. Mais tarde, o "eu" de Jung reflete sobre esse encontro: "O que lá vi como Elias e Salomé, isto transformou-se em vida no velho sábio e em sua pálida e aprisionada filha" (Jung, 2015, p. 202).

Novamente o amor surge através de uma figura feminina que lhe aparece sorrateira. Nos comentários que ele acrescenta em *O Livro Vermelho* a imaginação ativa continua numa reflexão sobre masculino e feminino, tema este que só terá a sua formulação final décadas mais tarde, no texto "Sizígia", que introduz uma de suas últimas obras publicada em 1951: *Aion* (OC 9/2, §§ 43-67). As profundezas onde encontra Salomé, e a estadia de uma noite num castelo onde encontra a jovem princesa, ambos são encontros do masculino com o feminino "que falta ao homem para seu aperfeiçoamento". Duas forças psíquicas antagônicas aqui se aproximam pelo amor. Eros, a força do desejo, representa a *complexio oppositorum*, a união dos opostos, "é a pulsão fundamental do ser, a libido, que impele toda existência a se realizar na ação [...], mas essa passagem ao ato só se concretiza mediante o contato com o outro" (Brandão, 2015, vol. 1, p. 186). O amor, portanto, é a força que une as substâncias contrárias, é a condição essencial para a realização da *opus*. E, na era medieval, *art d'amour* era o outro nome da alquimia, a arte através da qual se podia completar a obra da natureza e lhe dar um sentido. Isso só seria possível mediante o casamento simbólico entre o céu e a terra, do rei e da rainha, espírito e matéria. É o que veremos no tópico a seguir.

7.4 O amor na alquimia: um que se transforma em dois

Saber temperar a vida com o sal das experiências é saber aproximar os opostos, harmonizar as diferenças. E o sal pode ser extraído por meio de sangue, suor, lágrimas e saliva. No processo de individuação, ele representaria o trabalho que a pessoa realizou tanto com as experiências externas quanto com os seus processos íntimos. Os estudos alquímicos de Jung levaram à constatação da aproximação com o processo transferencial na clínica, em que a individuação é catalisada pelo encontro analítico. "Este vínculo pode ser tão intenso, que até poderíamos falar de uma ligação. Quando duas substâncias químicas se ligam, ambas se alteram" (OC 16/2, § 358), e o resultado é a transformação.

"Grande é o poder do caminho [...], nele se juntam as forças de baixo e de cima [...]. É magia o efeito das pessoas umas sobre as outras" (Jung, 2015, p. 340). A individuação tem força e magia suficientes para nos atrair, nos envolver, nos puxar. Ele "arrasta consigo outros e os incendeia" (Jung, 2015, p. 340), o poder desse caminho está nos dizendo que não temos escolha a não ser nos aprofundarmos em nós mesmos.

Repleto de desejo, Jung rejeita o amor de Salomé e ingressa no processo do fogo a partir do que Bachelard chamou de complexo de Prometeu, em que ele foi movido pela necessidade de buscar clareza em seus pensamentos através do espírito e da transformação de sua alma – Salomé. O fogo é o elemento da *Calcinatio*. Seu calor tem o poder de purificar, secar, tirar da matéria toda a água e elementos instáveis. Na vida, representa os desejos frustrados – o que queima se torna sagrado.

Quando Elias apresenta Salomé ao "eu" de Jung, como um presente para saciar os seus desejos, inicialmente ele a recebe encantado, mas depois, resignado, rejeita a oferta, dizendo: "És como a serpente que se enrolou em mim e espremeu o meu sangue. Tuas palavras doces se enrolam em mim, e eu fico aqui como um crucificado" (Jung, 2020, vol. 4, p. 250). A serpente simboliza o movimento da energia transcendente, e a crucificação, o sacrifício que revela que a queima pelo fogo une o amor à morte e anuncia a morte de ilusões, projeções, egoísmos e nos renova através do mistério da eternidade (cf. Bachelard, 1994, p. 27).

Com a necessidade de se proteger, Jung fecha-se para compreender seus processos internos. O vaso como símbolo que contém os nossos conteúdos psíquicos traduz que tudo o que vivemos "deve ser limitado de alguma maneira" e representa "o modo como abraçamos os eventos" (Hillman, 2011, p. 60-61).

Jung, Salomé e Elias: o conflito estava entre viver o que a alma pedia e o que o espírito orientava. Com a justificativa de "princípios morais", Jung recusou o convite de viver o amor com Salomé para não interferir no processo de individuação dela, que, por sua vez, estava colocando sua entrega e seu amor por Jung acima da própria vida:

> Salomé: [...] Por que me rejeitas? Quero ser tua serva e servir-te em amor [...].
>
> Eu: Querida Salomé, eu te agradeço por teu amor. É belo ouvir falar de amor [...].

> [...]
>
> S: Por que só falar? Quero pertencer totalmente a ti.
>
> [...]
>
> Eu: [...] Mas ouve, duvido que pertencer a mim seja o teu destino. Não quero me intrometer em tua vida que pertence exclusivamente a ti, pois jamais posso ajudar-te a levá-la até o fim [...] (Jung, 2020, vol. 4, p. 250-251).

Assim como o sangue, a água também representa os nossos sentimentos, emoções e, através do seu curso, pode nos revelar a profundidade da alma e de nossos afetos, com os quais podemos estar conscientes ou não do que se passa nessas águas profundas psíquicas. "Uma poça contém o universo. Um instante de sonho contém uma alma inteira" (Bachelard, 2018, p. 53). Em uma relação amorosa, a água como sentimento revela o amor como o elemento que cria intimidade e conexão.

A própria intensidade do sentir a paixão e as águas profundas do amor expressas, por um lado o "eu" de Jung e, por outro, Salomé, sua alma, faz com que eles se unam por não se diferenciarem por um período. Jung e sua alma mergulham na banheira do amor, os dois se tornam um a partir da dissolução, pelo sentir não diferenciado, em que Salomé não percebe sua vida separada de Jung. O amor para ela, nesse momento, está acima da vida.

Jung explica a Salomé que possui princípios que o afastam da relação com ela. Ao ser questionado sobre esses princípios, Jung diz: "Não quero me intrometer em tua vida, que pertence exclusivamente a ti, pois jamais posso ajudar-te e levá-la até o fim". Salomé, por sua vez, não o compreende bem, sente-se rejeitada e carente: "Tuas palavras são cruéis, mas verdadeiras. Mas eu te amo tanto que eu poderia relegar-me quando o teu tempo tiver chegado" (Jung, 2020, vol. 4, p. 250-251).

Para o amadurecimento há a necessidade de separação. O Caos, a confusão do todo misturado, começa a dar espaço para o cosmos ser criado, em que ocorre a separação do que pertencia a cada uma das partes: a nova consciência nasce! Assim há um corte na relação, cada um segue seu caminho. Nas águas profundas das lágrimas do sofrimento, pelo não viver o grande desejo de amor que pulsava nas veias de ambos, acontecem a morte e a separação do "eu" de Jung e sua alma, Salomé.

> Eu: Minh'alma, será que não encontras o caminho de volta? Tu te levantaste e partiste porque é impossível viver comigo?
> […] Outra noite se passou. Eu não te ouvi chorar, mas eu estive e ainda estou enforcado.
> S: Eu não chorei porque fortuna e infortúnio equilibram em mim sua balança.
> Eu: Eu também estou equilibrado – mas como! Minh'alma, o pequeno pássaro branco se foi e ainda não voltou. Não sei nada, não entendo nada […].
> S: O que devo dizer? Procura em ti mesmo (Jung, 2020, vol. 4, p. 260).

Ao perceber o amor em seus desafios que se encontram na descida às profundezas do amar, Jung escreveu que na infância o problema do amor está na relação com os pais (sou amado, sou aceito?) e, ao envelhecer, a questão será o que foi feito do amor na própria vida. Ele ainda completou que o "amor é um dos grandes poderes do destino, ele se estende do céu até o inferno" (OC 10/3, § 198). Ao mergulhar e ao se relacionar com suas imagens e sua escrita, Jung, aos poucos, foi integrando suas partes desconhecidas e conflitivas:

> Não sei o que dizer. Cozinha-se em todas as panelas. "Uma refeição está sendo preparada." Provavelmente um banquete fúnebre, uma Última Ceia, uma "Comunhão", suponho eu? "Uma confraternização com toda a humanidade". Um pensamento horripilante e doce: ser convidado e comida ao mesmo tempo! […] O sagrado – o pecaminoso, o quente e o frio, tudo se mistura! Loucura e razão desejam se casar, cordeiro e lobo pastam juntos em paz. Cada palavra

> estremece em gelo e goteja fogo. Por isso minhas palavras não fluem. Tudo é sim e não. O mais baixo e o mais alto se tornam um. Os opostos se abraçam, olham nos olhos uns dos outros e se confundem uns com os outros, reconhecem em prazer atormentado a sua unidade. Meu coração está cheio de luta tumultuosa, não de luta que dilacera, mas da luta que busca a união (Jung, 2020, vol. 4, p. 236-237).

Em seguida, Jung continua a união da alma com o espírito:

> Minh'alma – sim, tu és um diabo, mas Deus te aceitou [...]. Quando Deus não avançava, pelo menos o diabo não progredia, e vice-versa. Mas como será agora que Deus e o diabo se tornaram um só. Eles entraram em acordo para suspender o progresso da vida? (Jung, 2020, vol. 4, p. 238-239).

O casamento das partes separadas se dá através do processo alquímico, em que o sal é o resultado das experiências vividas por meio do trabalho psíquico e das atitudes em diferentes situações de vida. "Para tornar-me consciente de mim mesmo devo poder distinguir-me dos outros. Apenas onde existe essa distinção pode aparecer um relacionamento" (OC 17, § 326).

Esses processos sempre acontecem, ao mesmo tempo, dentro e fora de nós. Primeiramente, é "um processo interno e subjetivo de integração; em segundo, é um processo igualmente indispensável de relacionamento objetivo" (Owens, 2015, p. 43). E ainda sabe-se que um processo não pode existir sem o outro, embora, às vezes, um possa se sobressair ao outro.

Nessa tentativa de encontro, Jung dialoga com a alma, revelando que "a vida está acima do amor" e seus possíveis significados mais profundos:

> É possível falar do amor com belas palavras, mas da vida? E a vida está acima do amor. Mas o amor é a mãe indispensável da vida. A vida não deve nunca ser forçada para dentro do amor, mas sim o amor para dentro da vida. O amor pode estar sujeito ao tormento, mas não à vida. Enquanto o amor anda prenhe de vida, deve ser bem

> valorizado; mas se tiver parido a vida, tornou-se invólucro vazio e sucumbe à transitoriedade. Eu falo contra a mãe que me carregou, eu me afasto do seio gerador. Não falo mais por causa do amor, mas por causa da vida. [...] Não é o poder da carne que deve ser quebrado, mas o do amor, por causa da vida, pois a vida está acima do amor. Uma pessoa precisa de sua mãe até que sua vida se tenha tornado. Então se separará dela. Assim também a vida precisa do amor, até que se tenha tornado, então vai separar-se dele. Dura é a separação da criança de sua mãe, mas ainda mais dura é a separação da vida do amor. O amor procura o ter, mas a vida gostaria do mais além (Jung, 2015, p. 395).

A relação do bebê com a mãe é um exemplo de como podemos entender a dependência de um ser a outro, uma relação fusional. E, às vezes, a paixão e o amor também acontecem de forma fusionada, em que um ou ambos não se veem separados um do outro. Quando o amor por si e pelo outro amadurece há espaço para a construção de uma relação mais profunda e consciente, a qual pode levar a um patamar de amor mais elevado, em que a vida sempre estará acima do amor.

Nesse sentido, o sacrifício do ego e a rendição ao Si-mesmo, a responsabilidade para com o próprio caminho de individuação, como também para com o outro, cita-se o que Jung diz a Salomé:

> Eu sei que seria o maior tormento para mim deixar-te partir assim. Mas se tu podes fazê-lo por mim, eu posso fazê-lo também por ti. Eu continuaria sem queixa, pois não me esqueço daquele sonho que tive meio ano atrás. Vi meu corpo despido deitado numa rua coberta de pregos afiados, e uma enorme roda de bronze passou sobre o meu peito e me destroçou. Lembro disso sempre que penso no amor. Se for preciso, estou pronto (Jung, 2020, vol. 4, p. 251).

7.5 A transvaloração junguiana: quando o amor triunfa

A imaginação ativa de Jung revela que a descida até as profundezas foi movida pelo anseio de um "conhecimento proibido". Tensão máxima, medo e desejo, pavor e curiosidade. Cabe lembrar que esse registro foi feito logo após o rompimento com o movimento psicanalítico, pondo fim a uma etapa na vida de Jung movida pelo cientificismo, que era o *Zeitgeist*. Esse movimento de descida nos revelaria uma psique adoecida, unilateralizada, alheia a si mesma. Nas profundezas, a alma lhe diz que a vida "está com aquele que supera a si mesmo" (Jung, 2020, vol. 2, p. 179).

O tema da autossuperação aparece na obra de Nietzsche quando o filósofo faz seu diagnóstico do homem ocidental finissecular e constata o embuste doentio que ele é. Tratava-se de um tipo humano que muito se esforçou para se adaptar à vida em sociedade, que suprimiu seu lado instintivo em prol da moral e dos bons costumes. É quando entra em cena o profeta Zaratustra para anunciar que esse é o último homem, cego seguidor de ideais coletivos, opostos à vida. Ele deve ser superado para dar lugar ao além-homem, esse ser que cria a si mesmo e cujo mais alto valor é a vida.

Nietzsche propôs uma estética da existência cujo lema é fazer de si próprio uma obra de arte e afirmar incondicionalmente o destino, o que inclui aceitar a visão de mundo como caos e de vida como puro *devir*. Aqui, a existência é vista como fruto de um embate de forças, luz e escuridão, um constante construir e destruir. A proposta é uma transvaloração dos valores, em que esse novo homem consegue viver em plenitude sem negar a dor e o lado terrível da vida: "Minha fórmula para a grandeza do homem é *amor fati*: nada querer diferente, seja para trás, seja para frente, seja em toda a eternidade" (Nietzsche, 1995, § 10 – "Por que sou tão sábio").

O anúncio da sentença do amor ao destino traz a decisão trágica de tomar posse da vida de modo a torná-la uma obra de arte. O "sim" nietzscheano chama-se *amor fati,* o amor ao destino, a capacidade de afirmação jubilosa da vida, de si mesmo, dos fatos, assim tal e qual se apresentam, com todas as suas contradições e idiossincrasias. Não se trata de uma aceitação bem-comportada de tudo o que acontece, mas a transformação da aceitação em um evento de dignidade própria. "Alguma vez dissestes que sim a um só prazer? Ó meus amigos, então, dissestes também que sim a todo sofrimento. Todas as coisas estão encadeadas, enleadas, enamoradas" (Nietzsche, 2008, § 10, p. 378 – "A Canção do sonâmbulo").

Jung registrou a descida às profundezas e lá experimentou o medo da escuridão e o terror diante do que encontrou lá *embaixo*, o que só foi possível porque havia *amor fati*. Salomé o sentenciou: "Tu me amarás", e o pavor o domina, pois logo se lembra do amor incestuoso dela que lhe rendeu a cabeça de um santo. O "eu" de Jung teme mais do que ama e, nessa escuridão em que ele se encontra, percebe que precisa despir-se de todo juízo de valor, pois ali *embaixo* todo conhecimento é considerado desconhecimento, e "ver é cegueira" (Jung, 2020, vol. 2, p. 181-186).

Se Salomé é uma personificação da alma, como entender a passagem do estado de cegueira para o de enxergar a luz? Primeiramente, lembramos aqui que todo arquétipo tem *infirmitas*[53], uma patologia na visão de James Hillman. Se a psique naturalmente patologiza, todo arquétipo tem seu potencial patológico. E essa cegueira nos diria sobre estar cego dentro das suas próprias profundezas, cego para tudo o que seja realidade da alma. Tudo o que seja diferente da consciência nos causa cegueira, porque a consciência tende a uma inflação de tudo

53. Cf. capítulo 10, "A *infirmitas* do arquétipo: o adoecimento dos personagens de *Os Livros Negros*", de Walter Boechat.

ver e tudo saber. Curar essa cegueira significaria reconhecer e assimilar essa irracionalidade, conseguir enxergar o mundo com os olhos da alma. No caso de Jung, tendo ele se pronunciado um tipo intelectual, Salomé representaria sua função inferior, o sentimento. Aqui, o encontro implica trazer luz para esse aspecto sentimental da psique, algo tão esquecido pela fria intelectualidade acadêmica com a qual Jung estivera identificado na primeira metade da vida.

Esse processo de cura foi catalisado pelo amor. Analogamente, pensamos no *setting clínico*, cujo amor de transferência aquece o *têmenos*, deixando-o propício ao processo de transformação das duas substâncias ali envolvidas: o analista e o paciente. Salomé envolve os pés de Jung com seus cabelos, e é nesse momento que sua cura ocorre. Novamente, percebemos o quão auspicioso é o movimento de ir *para baixo*. Ela desce aos pés dele por amor e por amor é curada. O "eu" de Jung está entregue à sua própria alma, ele se furtou diversas vezes a esse encontro e, a cada descida, ele retorna modificado. Seria uma aceitação do chamado à aventura, a travessia do limiar da consciência, sabendo que lá encontrará um pouco de tudo, das coisas mais belas às mais terríveis. E ele o faz porque tem o *amor fati*, que é a "procura voluntária dos lados malditos e condenados da existência" (Nietzsche, 2008, § 1041).

Quando Elias oferece a mão de Salomé e ela quer dar-lhe o seu amor e a sua servidão, a princípio, o "eu" de Jung a rejeita, orientando que ela seja livre para mostrar a todos a sua arte. Ele percebe sua servidão e a liberta, implorando que ela seja sua própria senhora e escrava, que não pertença nem a ele nem a ninguém. Ele reclama a sua plenitude, e não apenas seu desejo. Ela estranha sua recusa, e, então, ele se sacrifica pendurando-se de cabeça para baixo num ponto bem alto da copa da árvore da vida. Ela já está liberta do seu desejo e aqui conversa com ele por enigmas, apontando-lhe a coroa com a inscrição "o amor não acaba jamais" (Jung, 2020, vol. 4, p. 255).

Ali, pendurado na copa da árvore da vida, Jung é o próprio enforcado, onde o chão seria o seu céu, e o céu, o seu chão. Invertem-se as perspectivas, caem por terra os dogmas de uma psique unilateralizada. Há amor tanto na terra quanto no céu. A posição invertida de Jung dependurado traz uma circularidade para esse amor, tanto carnal quanto espiritual. Salomé, curada de sua relativização, da sua pequenez, lembra-o da coroa, de formato circular. Exatamente como o anão lembra Zaratustra que "toda verdade é torta, o próprio tempo é um círculo" (Nietzsche, 2008, parte III, p. 193 – "Da visão e do enigma"). É uma alusão ao eterno retorno, em que temos a afirmação máxima da existência, em que não se deseja nada para frente nem para trás. É um estar tão pleno que, se aquele instante extraordinário se repetisse, se diria "sim" sem pestanejar. Só o além-homem (*Übermensch*) teria um amor forte o suficiente para esse "sim" incondicional. O *amor fati* é exclusividade dos fortes.

Após ser curada da cegueira, Salomé é liberta do amor servil. Aqui temos uma lição sobre o amor, em que todo aprisionamento e escravidão do amor idealizado é prisão para a alma, pois prende um ao que o outro pode e quer lhe oferecer. Salomé acredita pertencer àquele que a curou. A alma desejosa de amor, Psiquê desejosa de Eros que a salvou da morte; porém, na lenda, ela está aprisionada no castelo, silenciada, sem direito a questionar ou pensar. Psiquê também está cega porque não vê quem é seu amor, o próprio deus do amor! Ela precisa enxergá-lo; quando o faz, é punida, humilhada e condenada a realizar tarefas para a deusa da beleza, Afrodite. Realizar tarefas requer criatividade. E, nessa criação, ela cresce, exubera-se até que se torna ela mesma um ser divino, a deusa alma, a deusa Psiquê.

O "eu" de Jung instrui Salomé a realizar o mesmo. Ela desespera-se por não encontrar a sua própria natureza criadora e então desiste dele. O "eu" realiza o sacrifício – "estou enforcado por tua e por minha causa. Na primeira vez fui crucificado, agora fui apenas enforcado... Talvez na terceira vez eu tenha que ser degolado como João Batista. És insaciável?" (Jung, 2020, vol. 4, p. 256). Salomé não consegue ajudá-lo, ele está pendurado na copa da árvore da vida, alto demais, ela não o alcança. Ela o considera sortudo, pois ele tem a coroa, que traz um mistério – "o amor não acaba jamais" (Jung, 2020, vol. 4, p. 257). Ele quer saber o significado da coroa, não entende. Ele ouve outra voz: "Salomé é o que tu és. Voa, e crescerão asas nela" (Jung, 2020, vol. 4, p. 261).

Ele sublimou Salomé. Como emanação da *anima*, essa alma primeiro lhe apareceu cega. Nessa interioridade, todo o conhecimento do mundo, do espírito da época, tudo perde sentido e adentra uma escuridão profunda. Tudo o que ficou de fora do processo de adaptação do jovem Jung, brilhante acadêmico de renome internacional, tudo o que escapou dessa *persona* caiu na escuridão. Então a alma primeiro lhe apareceu cega de não saber. Isso lhe causou medo. Ela é sinistra, homens perdem a cabeça por ela. Mas ainda não foi uma cura total. Salomé retorna meses depois, oferecendo-se amorosamente para ele, submissa e dependente. Ele a recusa e, assim, o amor desejoso e possessivo é transvalorado. Cede lugar ao *amor fati*, que é um bendizer ao que a vida nos apresenta, aceitação incondicional de tudo o que vem, uma entrega à potência do agora.

O processo de autoexperimentação de Jung só foi possível graças ao *amor fati*, sua atitude de acolher incondicionalmente as imagens do inconsciente e, a partir delas, criar uma psicologia inovadora. Assim como Nietzsche aceitou seu destino de trazer a boa-nova para o pensamento ocidental, incluindo a arte como nova forma de filosofar, Jung também aceitou seu destino quando desceu ao inconsciente e retornou com essa nova psicologia repleta de alma, transvalorando todo o saber psicológico. Tal como Nietzsche, ele não se furtou em dizer: "Destino, eu te sigo! E, ainda que não o quisesse, teria de fazê-lo, entre soluços!" (Nietzsche, 2004, § 195).

A vida está acima do amor, pois a obra acontece quando o indivíduo lapida a si mesmo, descendo às profundezas de si e se deparando com as questões que precisam de luz. O caminho que o Si-mesmo orienta, pede, nunca poderá estar atrelado à dependência de outra vida ou ao que outra vida pode determinar como caminho para o outro. O caminho da vida só é descoberto e trilhado pela própria pessoa.

Referências

Bachelard, G. (1994). *A psicanálise do fogo*. Martins Fontes.

Bachelard, G. (2018). *A água e os sonhos: ensaio sobre a imaginação da matéria*. Martins Fontes.

Barcellos, G. (2019). *Mitologias arquetípicas – Figurações divinas e configurações humanas*. Vozes.

Brandão, J. de S. (2015). *Mitologia grega* (Vol. 1). Vozes.

Edinger, E. (2008). *O mistério da Coniunctio – Imagem alquímica da individuação*. Paulus.

Hillman, J. (2011). *Psicologia alquímica*. Vozes.

Jung, C.G. (2011). *Civilização em transição* (Obra Completa, Vol. 10/3). Vozes.

Jung, C.G. (2011). *O desenvolvimento da personalidade* (Obra Completa, Vol. 17). Vozes.

Jung, C.G. (2014). *Seminários sobre psicologia analítica (1925)*. Vozes.

Jung, C.G. (2015). *O Livro Vermelho – Liber Novus* (edição sem ilustrações). Vozes.

Jung, C.G. (2018). *Ab-reação, análise dos sonhos e transferência* (Obra Completa, Vol. 16/2). Vozes.

Jung, C.G. (2018). *Psicologia do inconsciente* (Obra Completa, Vol. 7/1). Vozes.

Jung, C.G. (2018). *Psicologia e alquimia* (Obra Completa, Vol. 12). Vozes.

Jung, C.G. (2019). *Aspectos do feminino*. Vozes.

Jung, C.G. (2020). *Os Livros Negros: 1913-1932 - Cadernos de transformação* (7 vol., edição de S. Shamdasani, tradução de M. Hediger). Vozes.

Nietzsche, F.W. (1995). *Ecce homo: como alguém se torna o que é*. Companhia das Letras.

Nietzsche, F.W. (1998). *Genealogia da moral: uma polêmica*. Companhia das Letras.

Nietzsche, F.W. (2004). *Aurora: reflexões sobre os preconceitos morais*. Companhia das Letras.

Nietzsche, F.W. (2008). *A vontade de poder*. Contraponto.

Nietzsche, F.W. (2008). *Assim falou Zaratustra: um livro para todos e para ninguém*. Civilização Brasileira.

Owens, L. (2015). *Jung in Love - The Mysterium in Liber Novus*. Gnosis Archive Books.

Stein, M. (2020). *Jung e o caminho da individuação - Uma introdução concisa*. Cultrix.

8

Os Livros Negros: o diário sacrificial de Jung

Maria Lídia Dantas
Pricilla Buzzachera

Jung tinha cerca de 37 anos de idade quando, em 1912/1913, publicou o segundo texto da obra *Símbolos da transformação* (OC 5), o último capítulo intitulado: "O sacrifício". Essa obra diz respeito a um período decisivo na vida e nos escritos de Jung: "Quando estava quase acabando de escrever *Metamorfoses e símbolos da libido*, eu sabia de antemão que o capítulo 'O sacrifício' me custaria a amizade de Freud" (Jung, 2014, p. 113). No entanto, capturado por sua vocação, Jung adentrou em espaços jamais imaginados, ambientes sombrios de si mesmo e dilacerantes para o ego. O herói do mundo precisava ser sacrificado para que o homem unido à sua alma pudesse cumprir seu mito pessoal.

Compreender a importância dos sacrifícios vividos e relatados por Jung em *Os Livros Negros* provoca-nos a reflexão sobre o quão profundo e devastador pode ser o processo de individuação. A escolha desse tema justifica-se pela notável contribuição de Jung ao entendimento e à relevância do autossacrifício em prol de uma consciência que conduz à inteireza do Ser.

8.1 Indicativos de sacrifícios que conduziram Jung aos registros de *Os Livros Negros*

O avanço para uma nova etapa da vida requer o sacrifício da etapa anterior. Nesse sentido, sacrificar torna-se uma condição, sem a qual não é possível passar para as fases seguintes do processo de desenvolvimento.

Essa condição causa profundo impacto sobre o ego, pois desafia o indivíduo a superar a inflação dos estágios iniciais da vida, além de enfrentar a imaturidade e indiferenciação correspondente a cada etapa. O aprofundamento em si mesmo depende do sacrifício de uma libido que acomoda o indivíduo, desse modo que não oferece evolução. Sendo assim, podemos considerar que todo processo de evolução é a consequência de longas etapas que exigiram a renúncia consciente de uma condição anterior que precisava ser superada, elaborada e assimilada, promovendo a ampliação da consciência.

Jung encontrava-se totalmente envolvido por seus conflitos internos e por um profundo sentimento de solidão. Inseguro sobre si mesmo e com um futuro incerto, temia enlouquecer. Shamdasani (2020, p. 13) retoma um desabafo de Jung feito nos Seminários de 1925: "[...] parecia estar vivendo num manicômio construído por mim mesmo". Povoado por imagens míticas, Jung mal sabia por onde transitava. Experimentando a si mesmo e encorajado por uma intuição que ainda não identificava, foi se adentrando ao movimento fascinante do inconsciente.

A representatividade da obra *Símbolos da transformação* (OC 5) comentada pelo próprio Jung nos *Seminários sobre psicologia analítica (1925)* (cf. Jung, 2014) acerca da Srta. Miller indica-nos o quanto a compreensão da fantasia nele mesmo era difícil. Conferir espaço e valor às próprias fantasias e devaneios sugere uma condição fundamental para o ato do sacrifício, que seria a rendição ao irracional. Render-se a tudo aquilo que era desconhecido, representado por imagens fantásticas, autônomas e completamente inesperadas, era uma necessidade por demais exigente ao ego de Jung.

> Considerei as fantasias da Srta. Miller em si como uma forma autônoma de pensamento, mas não me dei conta de que ela simbolizava essa forma de pensamento em mim mesmo. [...] Permitir a fantasia em mim mesmo causava-me o mesmo efeito que seria produzido num homem se ele entrasse em sua oficina e encontrasse todos os instrumentos circulando para cá e para lá, fazendo coisas independentemente da vontade dele. Em outras palavras, chocou-me pensar na possibilidade de uma vida da fantasia em minha própria mente; isso ia contra todos os ideais intelectuais que eu desenvolvera para mim e tão grande foi minha resistência a isto que só pude admitir o fato em mim através do processo de projetar meu material no material da Srta. Miller (Jung, 2014, p. 67).

A protagonista desse texto foi uma jovem modista estadunidense chamada Frank/Franceska Miller, sem dúvida, uma mulher à frente do seu tempo e, infortunadamente, com possível diagnóstico de esquizofrenia.

Embora Jung nunca tenha tratado diretamente da Srta. Miller, chegou a ele material suficiente enviado por Théodore Flournoy. Médico e psicólogo, Flournoy foi fundador do primeiro laboratório de psicologia da Universidade de Genebra, na qual lecionava para o curso de Psicologia, em que teve como aluna a Srta. Frank Miller. O material continha imagens, fantasias, sonhos, visões e tudo o mais que lhe servisse como conteúdo dos mecanismos inconscientes ali expostos. Jung chegou a afirmar que a Srta. Miller teria sido uma imagem de sua própria *anima* e que, imerso em suas fantasias, pôde ver a si mesmo. Mas foi por meio de *Os Livros Negros* que, "ao estudar suas fantasias, Jung percebeu que estava estudando a função criadora de mitos na mente" (Shamdasani, 2020, p. 33).

Os enfrentamentos que a obra *Símbolos da transformação* (OC 5) exigiram de Jung não lhe deram trégua, e novos desafios surgiram. A visão que ele teve em 1913, numa viagem de trem para Schaffhausen, descrita em *Memórias, sonhos, reflexões* (2016), nos mostra a preocupação que sentia com seu próprio estado mental. As imagens e vozes interiores perturbavam Jung sobremaneira, ele não conseguia encontrar sentido algum naquilo tudo.

Jung, que já estava consumido pelos tormentos internos causados pelas consequências dos textos de *Símbolos da transformação* (OC 5), ao ter essas visões, pensou estar sob ameaça iminente de uma psicose. Apenas posteriormente, quando a Primeira Guerra Mundial iniciou, compreendeu que se tratava de uma visão e de sonhos, não de uma cisão interna com a realidade. No entanto, foi esse "novo" mundo, desconhecido e desafiador, que o conduziu ao encontro com sua alma e todos os sacrifícios necessários ao seu processo.

No dia 12 de novembro de 1913 começou seus registros questionando a alma: "Minha alma, onde estás? Tu me escutas? Eu falo e clamo a ti – estás aqui?" (Jung, 2020, vol. 2, p. 149). Jung gostaria de compartilhar com sua alma as aventuras vividas mundo afora. A alma, por sua vez, indica interesse pelo mundo interno. De modo que, ao reencontrá-la, diz: "Minha viagem deve continuar contigo. Contigo desejo continuar a minha caminhada e escalar as minhas solidões, não mais sozinho como antigamente, nem cobiçoso e impaciente, mas de bom ânimo e em quieta alegria" (Jung, 2020, vol. 2, p. 150).

Esse registro confirma o quanto sua trajetória ainda é desconhecida pelo ego. Não tinha nenhuma ideia das travessias que teria de fazer, dos sacrifícios que teria de oferecer e das humilhações que teria de passar. Como na inocência de uma criança em busca de aconchego, dirigiu-se à sua alma: "Estou cansado, minh'alma, e deito minha cabeça em teu ombro. Durou demais a minha caminhada, a minha procura por mim fora de mim" (Jung, 2020, vol. 2, p. 150). Em um primeiro momento, parece ter encontrado um lugar de refúgio, mas, aos poucos, irá se deparar com um sofrimento tão intenso que beira o insuportável.

Shamdasani (2020, p. 40) faz referência aos Seminários de 1925, lembrando que Jung tenta alcançar o máximo de inteireza nesse processo de autoanálise "seguindo a antiga ordem grega: 'Entrega tudo o que possui e então receberás'". Ainda que isso significasse abdicar de uma trajetória científica e acadêmica em prol da compreensão do aspecto irracional que compõe a totalidade humana.

8.2 Sacrifício e ato sacrificial

O sacrifício transcende valores individuais e coletivos. Trata-se da vivência de uma profunda devoção, comprometimento e entrega a um propósito maior. A palavra "sacrifício" tem sua origem no latim *sacrificium*, pela combinação de *sacer*, que quer dizer "sagrado", e *facere*, que significa "fazer". Dessa forma, etimologicamente, sacrifício remete à ideia de fazer algo sagrado ou à ideia de um ofício sagrado.

> Nos tempos antigos, os sacrifícios eram concebidos como formas de "realizar o sagrado", e a implicação disso era que éramos nós que dávamos a santidade ao mundo, através das coisas que fazíamos. A mesma implicação está contida no verbo "consagrar". É claro que assumimos que os deuses também participam disso: a consagração de um templo é também a invocação de um deus que está para habitar ali. No entanto, a implicação permanece no fato de que, por meio dos nossos atos, o sagrado vem ao mundo. E, nas sociedades pagãs, o mais importante desses atos era o ato de sacrifício (Scruton, 2017, p. 152).

Ao longo do tempo, o ato sacrificial ganhou a perspectiva de abnegação, isto é, passou a ser um ato voluntário de renúncia aos desejos frívolos em nome de um propósito que trouxesse mais sentido à vida.

Conseguimos ter uma aproximação dessa ideia quando Jung descreve em seus registros o encontro com os anacoretas, aqueles que se retiraram da convivência com o mundo: "Abandonaram mulher e filho, riqueza, glória e ciência e se voltaram para o deserto – por amor a Deus. Assim seja" (Jung, 2020, vol. 3, p. 99).

Nessa passagem, consideramos a profundidade do símbolo, pois a vivência do ato sacrificial torna o homem o sujeito do próprio processo de transformação, sendo que todo ato sacrificial é a obra essencial da atitude religiosa do homem para com Deus ou do ego para com o *Self*.

Tradicionalmente, o sacrifício envolve a figura de um intermediário que realiza a oferta pela comunidade. Em outros casos, o próprio indivíduo é chamado a se sacrificar em nome de um propósito coletivo. De acordo com Velasco, essa oferta é o elemento que propicia a conexão entre o homem e a divindade. Nesse sentido, dar representa a capacidade humana de se desapegar de algo valioso ou de si mesmo, para que se estabeleça uma conexão com o sagrado, "[...] *con el Misterio que comporta toda actitud religiosa y que se traduce en la conciencia de pecado y en la necesidad de purificación que la acompaña*"[54] (Velasco, 1978, p. 187). Portanto, sacrifício, sagrado, ato sacrificial e atitude religiosa, embora sejam conceitos distintos, são indissociáveis.

Todo esse entrelaçamento é facilmente verificável no sofrimento de Jung durante sua jornada. Ele se questiona: "Eu disse certa vez para mim mesmo: 'O que é isto que estou fazendo? Certamente não é ciência, mas o que é?' Então uma voz me disse: 'Isto é arte'" (Jung, 2020, vol. 2, p. 42). Jung retoma essa questão, mas agora de modo mais consciencioso: "Todas estas coisas me

---

54. "[...] com o Mistério que comporta toda atitude religiosa e que se traduz pela consciência do pecado e da necessidade de purificação que a acompanha" (tradução nossa).

afastam tanto da minha ciência, com a qual eu acreditava ter um compromisso firme. Através dela eu quis servir à humanidade, e agora, minh'alma me levas a estas coisas novas" (Jung, 2020, vol. 3, p. 99).

Entregar-se com fé à voz interna é uma prova da própria vivência do sacrifício como uma experiência profunda e desafiadora. A particularidade dessa experiência dificulta o entendimento racional acerca do arrebatamento ao qual o indivíduo está sujeito. Sacrificar a si mesmo é uma prova da força de uma vontade, que exige devoção. Diz respeito à confiança incondicional ao mistério que transcende tudo aquilo que é conhecido pelo ego.

A recusa de um mundo fortuito, preparado e nutrido estabelece o paradoxo da jornada que agora exige um outro lugar, o seu próprio lugar, não herdado, mas conquistado.

> O caminho da vida leva além, além até das leis que eram sagradas. O caminho é solitário e repleto de tormento secreto.
> Ficaram para trás os campos da juventude, os prados fartos e alegres, as colinas suaves e as florestas verdes de primavera.
> Uma cordilheira desolada obstrui meu caminho. Apenas um desfiladeiro estreito me concede entrada. O caminho é estreito entre escarpas íngremes. Meus pés estão descalços e se ferem nas rochas pontudas [...] (Jung, 2020, vol. 3, p. 119).

A solidão e o sofrimento são sentimentos arrebatadores, provenientes do caráter *numinoso* das imagens arquetípicas, que fazem com que Jung se sinta frágil e vulnerável, o ego de outrora não imaginava tamanha humilhação. Em profundo diálogo com a alma, longe das distrações e das influências externas, Jung é constantemente confrontado com sua forma de pensar e agir. Nesse cenário de introspecção foi levado a refletir sobre seus valores, propósitos e convicções mais íntimas, resultando, posteriormente, na direção que deu à própria vida e obra.

No dia 12 de janeiro de 1914 Jung escreveu uma passagem muito significativa em relação ao sacrifício: “O horror me paralisa. O que acontecerá? A voz interior diz: ‘O mal não pode fazer sacrifício, ele não pode sacrificar o seu olho. A vitória está com aquele que pode sacrificar’” (Jung, 2020, vol. 3, p. 133). Isso quer dizer que o sacrifício não é para todos, mas para um tipo de homem capaz de romper limites e expandir, a fim de compreender a própria totalidade. Nesse período, Jung diz estar pensando com frequência na questão do mal. “O mal também é” (Jung, 2020, vol. 3, p. 133), de modo que não pode ser desconsiderado em sua, ainda, aversão ou resistência interna, pois não deixa de ser algo temido.

As fronteiras entre os opostos – bem e mal, bom e ruim, Deus e diabo – vão se tornando cada vez mais estreitas. O caminho ainda está sendo traçado pelo limite entre o que é remédio e o que é veneno. No tocante a esse percurso, Jung encontra-se com a fantasia personificada do pensamento mitológico. Era Izdubar, um gigante que nada sabia sobre a ciência da terra de onde seu interlocutor viera. Essa revelação causa uma sensação de envenenamento tanto em Izdubar quanto em Jung:

> Eu: Ó Izdubar, poderoso, o que chamas veneno é a ciência. Em nossa terra somos nutridos com ela desde a juventude, e isto pode ser uma razão pela qual não crescemos direito e permanecemos pequenos como anões. Quando te vejo, porém, parece-me como se todos nós estivéssemos envenenados (Jung, 2020, vol. 3, p. 121).

O envenenamento de Izdubar vai lhe causar uma morte lenta e dolorosa, a necessidade de procurar ajuda para que possa ser curado parece ser em vão. Diz Izdubar a Jung: “Coisas piores não podem causar. A desgraça já aconteceu. Diz, então, o que sabes. Talvez tenhas uma palavra mágica que dissolva o veneno” (Jung, 2020, vol. 3, p. 122).

É muito difícil para Jung compreender que tipo de magia poderia salvar Izdubar da morte, sua linguagem ainda era de um homem da ciência: "Infelizmente, a nossa ciência ainda não conseguiu encontrar um remédio contra a morte" (Jung, 2020, vol. 3, p. 123).

Jung estava exausto disso tudo e, ao buscar consolo junto à sua alma, foi impiedosamente confrontado ao ouvir que a procura por consolo deveria ser sacrificada para que fosse merecedor da magia. Assim, suplica à alma: "Eu te peço, sê paciente. Minha ciência ainda não foi superada" (Jung, 2020, vol. 4, p. 224). Esse é um longo diálogo que foi travado entre ele e sua alma no dia 23 de janeiro de 1914. Ter de sacrificar o consolo, tanto o que recebe quanto o que oferece, parece-lhe ferir a própria humanidade.

Tudo parecia estar desmoronando em torno de si. "Preciso me render. O ferro preto em meu coração parece me dar força secreta. É como rebeldia e como – desrespeito aos homens – o sacrifício do consolo – ele já foi cumprido?" (Jung, 2020, vol. 4, p. 226). A resistência do ego em compreender os limites da ciência é uma verdadeira tortura.

No dia 1º de fevereiro de 1914 aconteceu uma transgressão. Jung "manda" sua alma ir em busca do fogo nas profundezas do inferno. Isso fez com que a alma se sentisse desafiada. Acusa-o de autoritário. No entanto, ele se defende ao dizer que se trata de uma necessidade, e não de autoritarismo. Estão diante da oposição céu e inferno.

Compreender a união desses opostos conduz Jung ao entendimento da totalidade humana. Se essa oposição for superada, ciência e magia não mais irão atormentá-lo. Desse modo, o sacrifício atinge o nível mais profundo e digno de um inconsciente que se realizou. Lemos este diálogo entre Jung e satanás:

> Eu: Ouve – algo aconteceu conosco. Pois acabamos de unir os opostos. Entre outras coisas, fizemos com que tu fosses um com Deus.

> S: Pelo amor de Deus, era este o escândalo terrível? Que besteira desmiolada estais aprontando?
> Eu: Por favor, não foi tão tolo quanto pensas. Essa união é um princípio incrivelmente econômico. Pusemos um fim às briguinhas intermináveis e congestionantes entre os partidos, a fim de finalmente termos as mãos livres para um trabalho unido de progresso ou, melhor, para a vida real com toda a sua multiplicidade (Jung, 2020, vol. 4, p. 241).

Satanás diz que ele não devia ter mexido com isso. No entanto, Jung sente ter chegado a um lugar de aparente alívio:

> Hoje senti a abundância da beleza e da clareza.
>
> Minh'alma, estamos no caminho certo. Tens um faro fino.
>
> Aqueles terríveis bancos de areia da banalidade que, antigamente, me atormentava, se tornaram úteis.
>
> Até mesmo o oposto se transformou em degrau proveitoso da vida.
>
> É nisso que está a paz, a grande serenidade e beleza.
>
> São degraus alternadamente brancos e pretos que formam a escada da vida.
>
> "Não te expresses de modo excessivamente geral. Guarda-te contra todo e qualquer sistema. Sistemas são equívocos extensos. Somente a verdade mais própria é viva e real" (Jung, 2020, vol. 4, p. 247).

O estado de euforia de Jung dissipa-se quando a alma lhe diz: "Isso está apenas começando" (Jung, 2020, vol. 4, p. 248). Incrédulo do que a alma afirma, em vão tenta protestar. O entendimento adquirido exige uma nova postura diante de si e da vida. Passou a ser confrontado pelas nuanças do amor oferecido por Salomé.

Todavia, a solidão interna continua sendo devastadora, os períodos de descanso após batalhas vencidas não duram muito tempo. Nos registros de 18 e 19 de março de 1914 o tema acerca da solidão, do sacrifício e do amor continuam a povoar o mundo interno de Jung. Os seguintes trechos ilustram este doloroso cenário, a alma lhe diz: "Isso não adianta nada, és sacrificador e sacrificado. [...] Por que duvidas? Ainda tens ilusões infantis sobre a vida? Afia tua faca. [...] O dia não pode raiar sem que abatas e sacrificas" (Jung, 2020, vol. 5, p. 205). Esse diálogo oferece uma síntese muito próxima dos enfrentamentos de Jung ao longo dos escritos: "Com uma faca. Ignora os gritos e choros. É necessário que haja sacrifícios, caso contrário tu mesmo te matarás" (Jung, 2020, vol. 5, p. 205).

Na medida em que os registros do volume 5 de *Os Livros Negros* avançam, torna-se cada vez mais evidente a exaustão de Jung, principalmente no que se refere à solidão. Em seus diálogos, entendemos que nenhum sacrifício parece ser suficiente, a ponto de que isso tudo se acalme.

No dia 19 de abril de 1914 a alma anuncia: "Tu carregas uma criança" (Jung, 2020, vol. 5, p. 213). Essa criança é toda uma obra que está por vir. Existe uma vida que ainda precisa ser sacrificada para que a outra vida possa nascer e cumprir seu propósito. Todos os sentimentos de medo e solidão que Jung não consegue compreender tornam-se assombrações de si mesmo. Embora não seja o consolo que um ego estima, a alma, em seu próprio modo, o acolhe: "É a tua descrença, tua dúvida. Não queres acreditar na magnitude dos sacrifícios que são necessários. É tudo ou nada. Grandeza exige grandeza. Tu ainda queres ser pequeno demais. Com isso, provocas apenas equívocos" (Jung, 2020, vol. 5, p. 229).

O velho Jung passará mais tempo em sua Torre em Bollingen[55], imerso em suas criações, do que nos centros urbanos povoa-

---

55. Em 1922, sentindo necessidade de um lugar de recolhimento em que pudesse vivenciar a natureza, dentro e fora de si, Jung comprou um terreno em Bollingen, onde construiu uma torre que viria a ser o seu espaço sagrado. Segundo ele: "Desde o início, a torre foi para mim um lugar de amadurecimento – um seio materno ou uma forma materna na qual podia ser de novo como sou, como era, e como serei. [...] Nela via a realização do que, antes, era um vago pressentimento: uma representação da individuação" (Jung, 2014, p. 226).

dos por distrações. Mas isso estava longe do entendimento do Jung de meia-idade. No entanto, no diálogo com ele, a alma prenuncia:

> [Jung] Até quais profundezas exiges que eu avance?
> [Alma] "Sempre para além de ti mesmo e do atual".
> [Jung] Eu quero, mas o que acontecerá? Muitas vezes tenho a sensação de que não consigo mais.
> [Alma] "Deves trabalhar mais. Cria espaço. Muitos tomam teu tempo".
> [Jung] Virá também esse sacrifício?
> [Alma] "Tu deves, tu deves" (Jung, 2020, vol. 5, p. 232).

A atitude religiosa de Jung para com seus escritos revela a honestidade com que viveu seu processo de individuação. Sem o ato sacrificial não há processo. Diz a alma: "Sim. Esse é o sacrifício de ti mesmo, assim pode crescer o teu filho. Tu deves desaparecer. Não tens mais nenhuma opinião, nega todo significado" (Jung, 2020, vol. 5, p. 236).

A partir do dia 14 de setembro de 1915 Filêmon reaparece de modo diferente, agora com o propósito de instruir e acompanhar Jung em sua jornada. Muitos diálogos, entre ambos, acontecem nesse período, a fim de que ele consiga compreender que o nascimento de sua obra depende da morte do velho rei. Podemos entender que esse velho rei se trata de uma analogia ao ego.

As sombras pessoais e coletivas são reconhecidas com mais clareza e apresentam-se menos resistentes. Mesmo assim, Jung teme a morte: "Não quero morrer para descer até vossas escuridões", ao passo que Filêmon responde: "Não precisas morrer. Permite apenas que sejas enterrado" (Jung, 2020, vol. 5, p. 248). A morte simbólica é iminente, o ego precisa ser definitivamente sacrificado. Com temor, Jung diz: "Devemos saudar uma nova luz. Um sol de sangue parece-me. Um milagre doloroso. Será o sacrifício da alegria?" (Jung, 2020, vol. 5, p. 253).

O diálogo com Filêmon segue desafiando-o naquilo que se tornou seu maior pavor: a própria morte. Novamente exausto, Jung, na tentativa de sacrificar sua ambição, rende-se: "Ajudai-me a nunca esquecer que meu desejo é fogo sacrificial por vós" (Jung, 2020, vol. 5, p. 256). A exaustão vai curvando o que resta de um ego vaidoso que, por meio da atitude religiosa, realiza o ato sacrificial.

Com o aparecimento da imagem de Abraxas, aquele que representa o início e o fim, no diálogo do dia 16 de janeiro de 1916, a alma anuncia que Jung está sendo exigido a sacrificar o medo. "'Quero também o teu medo'. Para quê? 'Para apresentá-lo ao senhor deste mundo. Ele exige o sacrifício de teu medo'. Por quê? Fala. 'Ele te julga digno desse sacrifício. Abraxas tem misericórdia de ti'" (Jung, 2020, vol. 5, p. 278-279).

Jung passa por um novo – porém conhecido – tormento. Com o medo, novamente, de estar à beira da loucura, deseja a morte, odeia os homens. "Minh'alma, se fores intercessora junto aos mortos, meu Deus, se tu me ouves, encerra este tormento que sofro dos homens. Não suporto mais" (Jung, 2020, vol. 6, p. 212).

No registro do dia 3 de fevereiro de 1916 Jung questiona sua alma sobre Abraxas: "O que Abraxas tem contra mim?" A alma lhe responde: "Tu não quiseste obedecer, tu resististe. No entanto, não deves resistir a nenhuma humilhação. Deves aceitar a injustiça, pois Abraxas deseja misturar-te com o povo como o fermento com a farinha". Queixoso de sua própria mazela, busca respostas: "Mas existe um limite para a capacidade de suportar. Isso continuará assim para sempre?" A resposta cortante e impiedosa de sua alma: "Isso apenas começou" (Jung, 2020, vol. 6, p. 217).

Jung inicia uma série de reflexões e diálogos com a alma sobre renúncia e purificação. Ainda que esteja sentindo-se fragmentado, avança sem saber para onde. A alma fala o quanto ele é "rebelde e teimoso". Alerta para que se lembre de que fortes são os deuses. Diz Jung: "[...] penso antes que é justamente por isso que os deuses são insaciáveis, porque eles recebem sacrifícios demais. É a escassez e não a abundância que gera moderação. Que aprendam escassez comigo [...]" (Jung, 2020, vol. 6, p. 243).

Ele deve fazer sacrifícios aos deuses, àqueles que são superiores a ele. O que Jung oferece ainda não é satisfatório, ainda não saciou a sede dos deuses, ainda não o redimiu suficientemente. Há um aspecto paradoxal na passagem do dia 3 de agosto de 1916, a alma ordena que ele descanse, mas esse descanso repousa naquilo que é sua maior luta: o mundo externo e suas representações: "[...] Deves descansar mais para que tenhas mais força para enfrentar tudo. Se fores fraco, não poderás permanecer firme. Renuncia ao máximo de coisas externas [...]" (Jung, 2020, vol. 6, p. 248).

Conforme visto anteriormente, o maior de todos os sacrifícios de Jung está relacionado a renunciar o ego que cresceu voltado para o mundo externo, com distrações, anseios e, por fim, sua ciência, para que então o mundo de dentro possa submergir e cumprir sua função – criar. Outra referência que corrobora com essa ideia está no registro de 21 de setembro de 1916, quando fala para sua alma: "Para de zombar. Quando te pergunto algo, isso não significa que eu me rendo a ti incondicionalmente [...]" (Jung, 2020, vol. 6, p. 253). Embora esse trecho se refira às questões sobre sexualidade, é possível compreender a resistência na entrega que a alma exige. Quando diz "não me rendo incondicionalmente", reverbera resistência e teimosia. Isso nos indica que o sacrifício ainda não atingiu o clímax necessário. A rendição incondicional à sua alma é irrestrita e irrevogável para que o mundo de dentro possa executar sua criação.

No registro do dia 28 de setembro de 1916 surge uma nova imagem interna, Fanes. O diálogo desse dia compõe uma profunda reflexão sobre a qualidade do ser humano: "[...] Os seres humanos também são pássaros dourados, não todos, outros são vermes e apodrecem na terra. Vários, porém, são pássaros dourados" (Jung, 2020, vol. 6, p. 260). Esses pássaros dourados habitam a "árvore das seis luzes" (Jung, 2020, vol. 6, p. 260), que, por sua vez, é nascida da cabeça de Abraxas, cuja origem é o pleroma. "[...] O indivíduo é a fase anterior à árvore da luz. O luminoso floresce dele, o próprio Fanes Agni, **um fogo novo**[56], um pássaro dourado" (Jung, 2020, vol. 6, p. 260 – grifo nosso). Todo processo de transformação é o resultado da união de vários elementos que quando unidos eclodem numa nova forma de valoração, culminando na transvaloração dos valores. Assim, da união do indivíduo com Abraxas, surge um símbolo transformador, o próprio Fanes que "[...] voa à frente, ele, o pássaro dourado" (Jung, 2020, vol. 6, p. 261).

8.3 O desfecho

O último volume tem sequência a partir do dia 3 de junho de 1917. Jung lamenta ter estado por tanto tempo ausente. Sua alma diz ter sido um bom tempo, porque assim pôde fazer o que era de sua parte. Ao mesmo tempo, retoma a crítica sobre Jung de que ele ainda não cumpriu o "[...] serviço sacrificial. Ele precisa ser cumprido" (Jung, 2020, vol. 7, p. 148). O diálogo desse dia encerra com essa afirmação da alma.

Jung retornou ao seu diário no dia 7 de outubro de 1917, portanto quatro meses e quatro dias após o registro anterior. Imediatamente, responde à alma: "Minh'alma, os sacrifícios foram feitos. A disposição está atestada. A subjugação ocorreu" (Jung, 2020, vol. 7, p. 148). A alma concorda parcialmente, alerta

---

56. Gostaríamos de enfatizar essa passagem porque faz um prenúncio ao processo de transformação de Jung. O fogo novo pode ser compreendido como uma nova forma de continuidade da vida: "[...] Isso vem depois do indivíduo, quando volta a ser unido com o mundo, então o mundo floresce dele" (Jung, 2020, vol. 6, p. 260-261).

que ele continuará sendo exigido a encontros sombrios e sacrifícios necessários.

A alma anunciou a chegada de Ha, um mago sombrio que aterrorizou e ameaçou tanto Jung quanto sua alma. Diz que é forte o suficiente para não ser afetado pela magia de Jung, mas ficou muito irritado com os “malditos sacrifícios” (Jung, 2020, vol. 7, p. 149). Ainda que provocativo, a alma se sobrepõe ao dizer que nada poderia fazer contra ambos.

O último volume de *Os Livros Negros* traz um intenso e profundo diálogo com e entre as imagens opostas, como: a forma de expressão da sombra e da luz, do que está abaixo e acima, no inferno e no céu. Esses temas tornam Jung e sua alma ora coadjuvantes ora protagonistas atentos aos movimentos. É interessante perceber a mudança da postura de Jung nesses diálogos, pois não se verifica mais desespero ou medo de enlouquecer. O que o deixava apavorado e vulnerável foi sendo restabelecido por meio do encorajamento da alma aos sacrifícios necessários.

Os diálogos acerca de Deus se intensificaram nesse período, a alma tenta explicar e guiá-lo ao entendimento sobre a onisciência de Deus. Tentar alcançá-lo não significa conseguir fazê-lo, mas estar no caminho, assim como estar no processo de individuação é o máximo que pode ser feito.

A estrutura mental e emocional de Jung nesse momento é diferente daquela que iniciou os registros em *Os Livros Negros*. Isso não quer dizer que tudo foi superado, mas o entendimento acerca do processo lhe trouxe um pouco de alento. Diz a alma: “O que te leva à alegria? Sacrifício daquilo que não te pertence. A alegria, porém, é o teu mais próprio Si-mesmo” (Jung, 2020, vol. 7, p. 184).

Apesar de experimentar momentos de “trégua”, Jung sempre é interrompido por uma nova exigência de sua alma. Cada vez mais profundo deve descer para que possa compreender o que está acima. A alma lhe diz sobre Deus:

> Sublime, os 4 caminhos foram cumpridos, os 4 sofrimentos foram suportados, as 4 alegrias foram cumpridas, aos deuses dos 4 ventos foram feitos os sacrifícios. A última das obras foi realizada. Salomé recuperou a visão. Os 4 ventos se elevam a ti, os 4 rios correm para ti. Chegou a hora em que falas sozinho, tu, Deus de todos os deuses verdadeiros e falsos, tu, ser de todo não ser. Nós nos calamos e aguardamos teu discurso (Jung, 2020, vol. 7, p. 191).

Jung se queixa por esse diálogo ser quase insuportável. Novamente, sente o medo tomar conta de si, não sabe quem falará. A alma esclarece que muitas vozes falarão em uma única. A alma exige que Jung se entregue mais uma vez… E mais uma vez!

No dia 2 de agosto de 1918, Jung (2020, vol. 7, p. 192) ouviu Fanes[57] dizer:

> Verdadeiramente, completude é o sacrifício. Completude é alegria e previsão da sombra. Fim significa começo, por isso, completude é pequenez e começo no menor. Tudo é incompleto, por isso completude é solidão. A solidão, porém, busca a comunhão. Por isso completude significa comunhão. Eu sou a completude, completo, porém, é aquele que alcançou seus limites. Eu sou a luz que nunca se apaga. Completo, porém, é aquele que se encontra entre dia e noite. Eu sou o amor que dura para sempre; completo, porém, é aquele que colocou a faca do sacrifício do lado do seu amor. […] O completo conhece ascensão e ruína, mas eu sou o centro que está além da aurora e do crepúsculo. O completo me conhece e, por isso, se distingue de mim.

57. Fanes surge no volume 7 de *Os Livros Negros*. Em um momento em que Jung encontrava-se apreensivo pelas novas imagens que surgiram, no entanto, sua alma lhe conforta ao dizer para não se preocupar. Fanes lhe revela: "A voz una de todos os seres fala em ti" (Jung, 2020, vol. 7, p. 291). Trata-se da representação de uma divindade, de uma imagem do *Self*, em seu aspecto numinoso.

O diálogo sobre completude, além de evidenciar a união dos opostos, traz a presença do Si-mesmo como totalidade. Entre 1954 e 1955, Jung escreve: "A vivência do Si-mesmo significa uma derrota para o Eu" (OC 14/2, § 433). O verdadeiro sacrifício por trás dos registros de *Os Livros Negros* sempre foi o sacrifício das fraquezas mundanas do ego e o restabelecimento da força que o ego precisa ter para curvar-se ao *Self*.

É inspirador acompanhar o percurso de Jung durante cada etapa dos seus escritos em *Os Livros Negros*. Cada dia, mês e ano carrega em si a representação do sacrifício da etapa anterior. Há sempre um avanço no seu caminho, novas imagens e diálogos vão compondo cenários e desafios que objetivam o aprofundamento em si mesmo. O que Jung leva da etapa anterior para a próxima são as ampliações de uma consciência em processo de individuação. De modo que, ao longo da sua trajetória, percebeu quanta vida há no deserto das angústias, temores e solidão. Avançar consiste em aceitar a morte simbólica de tudo aquilo que não é mais.

Em suas *Memórias, sonhos, reflexões*, Jung (2016, p. 21) confessa: "Minha vida é a história de um inconsciente que se realizou. Tudo o que nele repousa aspira a tornar-se acontecimento, e a personalidade, por seu lado, quer evoluir a partir de suas condições inconscientes, experimentar-se como totalidade".

Desde o início, Jung se queixou de uma solidão imensurável, mas agora afirma que Deus nasce da solidão, o que nos permite interpretar que sempre esteve onde nasce Deus, mas, certamente, sem sabê-lo. Como na jornada do herói, aquele que sai da casa do pai, para que um dia possa retornar, mas de outra forma. A vida está na jornada, não no destino. E isso só se compreende se houver o ato sacrificial.

Referências

Jung, C.G. (2011). *Mysterium coniunctionis: pesquisas sobre a separação e a composição dos opostos psíquicos na alquimia* (Obra Completa, Vol. 14/2). Vozes.

Jung, C.G. (2011). *Símbolos da transformação: análise dos prelúdios de uma esquizofrenia* (Obra Completa, Vol. 5). Vozes.

Jung, C.G. (2014). *Seminários sobre psicologia analítica (1925)* (edição original de W. McGuire; edição revista, introdução e notas adicionais de S. Shamdasani). Vozes.

Jung, C.G. (2016). *Memórias, sonhos, reflexões* (organização e edição de A. Jaffé, prefácio de S. Britto). Nova Fronteira.

Jung, C.G. (2020). *Os Livros Negros: 1913-1932 - Cadernos de transformação* (7 vol., edição de S. Shamdasani, tradução de M. Hediger). Vozes.

Scruton, R. (2017). *A alma do mundo: a experiência do sagrado contra o ataque dos ateísmos contemporâneos* (tradução de M.V. da Cunha). Record.

Shamdasani, S. (2020). Em busca de uma ciência visionária: os cadernos de transformação de Jung. In C.G. Jung, *Os Livros Negros: 1913-1932 - Cadernos de transformação* (Vol. 1, p. 11-112, edição de S. Shamdasani, tradução de M. Hedinger). Vozes.

Velasco, J.M. (1978). *Introdución a la fenomenología de la religión*. Cristiandad.

9

Uma vida cheia de insanidade: reconhecer a loucura e saudá-la amigavelmente

Sabina Vanderlei

> A loucura, objeto dos meus estudos, era até agora uma ilha perdida no oceano da razão; começo a suspeitar que é um continente.
> (Machado de Assis)

Em janeiro de 1914 Jung escreveu em seu diário uma sequência de três registros de uma experiência imaginal[58], cujo ponto culminante é ele ser levado à força para um manicômio como paciente e lá encontra um homem que se identifica como Nietzsche. Nosso objetivo aqui é refletir sobre a noção de loucura que surge nesses registros com a seguinte indagação: O que a alma quer quando arrasta o "eu" para um manicômio?

O termo "loucura" não consta nos manuais de diagnósticos psiquiátricos. Assim, nossa investigação não é sobre um

58. Sobre o conceito de imaginal, cf. capítulos 4, "Imaginação ativa: uma experiência no mundo imaginal", de Heloisa Longo; e 14, "Além da psique: diálogo entre Corbin e Jung sobre espiritualidade e imaginação", de Eugenia Cordeiro Curvelo.

transtorno psiquiátrico, mas sim sobre a vivência imaginal de estar louco e de ser internado num manicômio. Tal como a figura de Nietzsche que surge como um paciente nessa imaginação ativa de Jung; não é o próprio filósofo, mas sim um personagem dessa experiência imaginal. Isso nos provoca outra indagação: se ambos nunca se conheceram pessoalmente, por que, na fantasia de Jung, esse encontro se daria justamente num manicômio?

9.1 A divina loucura

Poderíamos ler os registros de *Os Livros Negros* como se fossem uma sucessão de aventuras de cunho iniciático vivenciadas por um mesmo personagem, tal como em *O asno de ouro*, de Apuleio[59]. O período inicial de *Os Livros Negros* foi bastante intenso, Jung escrevia quase diariamente, e os registros que selecionamos neste capítulo foram escritos apenas dois meses após Jung ter começado seu processo de auto-experimentação, e aqui estamos já no fim do volume 3 e no início do volume 4. É o ponto que Jung se depara com o par bibliotecário-cozinheira.

Jung se vê num amplo salão com duas portas ao fundo. Ele opta pela porta da direita, que dá acesso a uma enorme e bem equipada biblioteca. Ele solicita o livro *Imitação de Cristo*, de Tomás de Kempis, o que causa estranheza no bibliotecário,

---

59. *O asno de ouro*, também conhecido como *Metamorfoses*, foi escrito por Apuleio no século II d.C., sendo o único romance latino da Antiguidade a sobreviver na íntegra até os dias de hoje. Ele narra a história de Lúcio, que, em viagem, se hospeda na casa de uma mulher iniciada nas artes mágicas. Curioso em conhecer os mistérios, ele ingere uma poção e é transformado, por engano, em um asno, sem perder, no entanto, a sua inteligência. Ele passa por uma série de aventuras e provações na tentativa de voltar à condição humana. Embora faça parte do enredo de um personagem, cada uma dessas aventuras é uma história que poderia ser lida de forma independente, como o conto de "Eros e Psiquê", por exemplo, que é o mais famoso do livro. Cf. Von Franz (2014).

pois este o considera obsoleto. Segue-se um diálogo: Jung fala sobre sua motivação religiosa, e o bibliotecário, por sua vez, se espanta por alguém ainda ter interesse nesse tipo de livro. Eles debatem sobre a religião cristã ser ou não ultrapassada, sobre a incompatibilidade entre as posturas religiosa e científica, e as ideias de Nietzsche são mencionadas no contexto da crítica ao cristianismo enquanto valor predominante[60].

No registro seguinte a imagem do amplo salão retorna, e, dessa vez, a porta da esquerda é escolhida. Jung chega numa cozinha, na qual vê uma mulher bastante atarefada à beira de um fogão. Pede licença para se sentar, tira o livro do bolso e começa a lê-lo, mas é interrompido por ela, que relata memórias afetivas relacionadas ao livro e à sua falecida mãe. Uma inquietude interior domina Jung, que ouve um intenso ruído e vê sombras dos mortos que estão "indo para Jerusalém para rezar no mais sagrado dos túmulos" (Jung, 2020, vol. 4, p. 205-211). Deseja ir com eles, mas é impedido porque tem um corpo e os demais estão mortos. A cozinheira o sacode e ele volta a si, mas é tomado por outra agitação e, novamente, sente a aproximação de pessoas, dessa vez é o bibliotecário acompanhado da polícia, que o arrasta para o manicômio. Jung é recebido por dois médicos, um deles parece ser um professor. Este questiona sobre o livro que ele tinha em mãos e, quando ouve que se trata de Tomás de Kempis, conclui estar diante de um tipo de loucura religiosa: "Como vês, a imitação de Cristo te leva ao manicômio" (Jung, 2020, vol. 4, p. 205-211). O paciente fica contrariado, mas o médico deduz que ele ainda não tem consciência de sua doença e que o prognóstico seria ruim. A internação é efetivada, e ele é

60. Em *Os Livros Negros*, esse registro se inicia no fim do volume 3 e continua no volume 4. Ao transcrevê-lo para *O Livro Vermelho*, Jung intitula a seção de "A divina loucura" (cf. Jung, 2015, p. 291-295).

conduzido a uma sala de observação onde há leitos com outros internos em estado crítico[61].

No terceiro registro, Jung está no manicômio e faz uma invocação: "Aqui, minh'alma, há espaço para ti. Aqui ousas falar". Ela lhe responde que a loucura precisa ser reconhecida, admitida, pois toda a profundeza está repleta de loucura, sendo ela uma forma especial de intelecto. Jung protesta, e a alma acrescenta: "Nada tens a objetar, estás num manicômio". Ele é tomado por um estado de agitação interior e, então, se vê no salão de um navio a vapor, em que pessoas – incluindo o professor – fumam, bebem e jogam cartas. Jung estranha, lembra-se de que, momentos antes, eles estavam num manicômio dialogando como médico e paciente. O professor ri dele. Um paciente se aproxima, se apresenta como Nietzsche e se refere ao diretor do hospital como sendo o próprio diabo que o impede de salvar o mundo. Jung protesta e, mais uma vez, ouve: "Estás louco... Teu lugar é num manicômio". O homem volta ao seu leito e retoma o estado catatônico no qual se encontrava antes. Jung também volta ao seu leito e se sente só, fraco e incapacitado.

9.2 Escrito a partir da alma[62]

Jung relata, em suas *Memórias, sonhos, reflexões* (2006), que, quando recebeu, de Richard Wilhelm, *O segredo da flor de ouro*, em 1928, não conseguiu mais trabalhar em seus diários, pois o conteúdo deles havia encontrado o "caminho da realidade" (Jung, 2006, p. 331). Ele teria atingido o ponto central da sua psicologia com a ideia de Si-mesmo e, com isso, iniciou a *anábasis*, seu caminho de volta ao mundo, realizando conferên-

61. Ao transcrever esse registro para *O Livro Vermelho*, a seção foi intitulada "Nox secunda" (cf. Jung, 2015, p. 295-308).

62. Cf. Jung, 2020, vol. 4, p. 204.

cias, viagens, publicando textos e livros, tudo isso como "escoamento das preocupações interiores que haviam durado anos" (Jung, 2006, p. 183). Nos comentários sobre essa obra chinesa, discorre acerca de alguns conceitos de sua psicologia, dentre eles a noção de que a psique possui sistemas parciais autônomos inconscientes que exercem uma ação desintegradora sobre a consciência. Ele critica a tendência da psiquiatria em não os considerar como determinantes nos processos de adoecimento. Ele propõe uma definição:

> A **loucura é uma possessão por um conteúdo inconsciente** que, como tal, não é assimilado pela consciência, nem poderia sê-lo, uma vez que se nega tal tipo de conteúdo. A expressão desta situação, em termos religiosos, seria: "O homem perdeu o temor de Deus e pensa que tudo pode ser julgado de acordo com medidas humanas". Esta *hybris*, que corresponde a uma estreiteza de consciência, **é o caminho mais curto para o asilo de loucos** (OC 13, § 53 – grifo nosso).

Devemos ao socratismo essa vontade de verdade inflada da psique ocidental, o que teria chegado ao auge com o Iluminismo. No entanto, a razão não é a grande vilã, pois a psicologia analítica a considera como uma espécie de guia da conduta humana, "um dos múltiplos procedimentos do conhecimento que, por diferentes motivos, tornou-se psiquicamente dominante" (Pieri, 2002, p. 421). O sintoma é a *hybris*, a desmedida, quando o intelecto ultrapassa as proporções humanas e chega a um estado de semelhança a Deus (cf. OC 7/2, § 227). Dado o seu caráter psíquico, a razão como um complexo autônomo coloca o homem em desmedida (*hybris*), quando ela passa a ser a referência de todas as coisas. Instala-se aqui uma espécie de loucura na psique moderna, alimentada pela delirante ideia de que se pode entender até mesmo os mais profundos abismos do ser. Seria a ideia da morte de Deus que Nietzsche discute através das palavras do profeta Zaratustra[63]. A história nos mostra um movimento enantiodrômico, passamos da visão teocêntrica para o cúmulo do antropocentrismo, com a pretensão de que nada escape da luz da razão. Jung era contrário a todo tipo de reducionismo, concebia a psique como um sistema complexo, paradoxal, que abrange todos os opostos. Sua atividade psiquiátrica o sensibilizou para a escuta do aspecto irracional da psique:

> Emprego este conceito não no sentido de antirracional, mas **extrarracional**, isto é, o que não se pode fundamentar com a razão [...]. Irracional é também o acaso [...]. A plena explicação racional de um objeto realmente existente (e não apenas suposto) é uma utopia ou um ideal. Só um objeto que foi suposto pode ter explicação plena, pois nada existe nele além do que foi suposto pelo pensar racional. **Ainda que o irracional em si não possa ser objeto de ciência, é de suma importância para a psicologia prática dar-lhe o devido valor**. Na verdade, a psicologia prática levanta muitos problemas que não podem ser resolvidos racionalmente e exigem uma solução irracional, isto é, um caminho que não corresponde às leis da razão. A expectativa ou convicção de que todo conflito deve ser resolvido exclusivamente por meios racionais pode impedir uma verdadeira solução de natureza irracional (OC 6, §§ 836-837 – grifos nossos).

Nos seminários que ministrou sobre o Zaratustra de Nietzsche, ele comenta que, no século XIX, o homem "esqueceu que possuía uma sombra" e, com isso, "o intelecto se tornou onipotente" e

> a consciência atingiu tamanha autonomia que realmente podia sair da terra e deixar para trás a sombra – imitar uma espécie de homem perfeito com ideias perfeitas – até que todo esse espetáculo fantástico se despedaçasse completamente com a guerra mundial. Mas, para as pessoas daquela época, era uma psicologia válida (Jung, 2023, vol. 1, p. 629).

---

63. "Será possível? Esse velho santo, em sua floresta, ainda não soube que Deus está morto!" (Nietzsche, 2008, prólogo 2).

Se a *hybris* é o caminho mais curto para o manicômio, é compreensível que essa imaginação ativa tenha início numa biblioteca, o lugar das "ambições eruditas" (Jung, 2020, vol. 4, p. 204), do *esse in intellectu solo*. Dentre todos os livros que poderia escolher, Jung optou por um exemplar de *Imitação de Cristo*, de Tomás de Kempis, que é um dos textos mais lidos e reproduzidos da literatura cristã. Ele exerceu influência sobre alguns santos, como Teresa d'Ávila, por exemplo, e foi amplamente lido por autoridades papais, filósofos – como Comte e Voltaire – e até mesmo por hindus e muçulmanos (cf. Freitas, 2019). É uma obra da mística cristã medieval, de cunho devocional, que propõe meditações para seguir o humilde caminho de Jesus. Mas a experiência religiosa proposta nesse livro perde força com o *Zeitgeist* da Era da Razão. A passagem de Jung pela fria biblioteca é breve, o bibliotecário puxa conversa sobre teologia e filosofia, mas fica claro que ele "é incapaz de alcançar a dimensão espiritual do livro" (Boechat, 2014, p. 81). Ele desdenha da obra de Kempis, alegando que não caberia mais nos envolver com a teologia dogmática cristã. Jung respondeu que: "Não chegamos ao fim do cristianismo se simplesmente o deixarmos de lado. Parece-me que há mais nele do que vemos" (Jung, 2020, vol. 4, p. 204).

De posse do livro ele se despede do bibliotecário e vai para a cozinha, um lugar que combina bem com sabedoria, pois a palavra "saber" vem do latim *sapere*, que significa "ter sabor, ter bom paladar, ter cheiro, sentir por meio do gosto". Jung tinha fome de saber (saborear) o que havia no cristianismo para além do que vemos, queria entender o que foi deixado para trás com a transição da era medieval para a moderna. A temática da religião sempre chamou a atenção de Jung, sua motivação era desenvolver uma "psicologia de experiências religiosas" (Shamdasani, 2020, p. 83), por entender que a psicologia só poderia fazer jus ao seu nome se incluísse no seu campo de investigação todos os fenômenos humanos. E, como investigador, incluía-se no material investigado.

Ali, na companhia daquela cozinheira afetuosa, ele encontrou o calor necessário para se entregar às experiências interiores. Levar o livro de Tomás de Kempis para a cozinha teria um duplo sentido: desejava não apenas ler o livro, mas também saboreá-lo. Há uma tônica na psicologia analítica em estabelecer correspondências entre os aspectos individuais e coletivos, e, nessa imaginação ativa, observamos a personificação de aspectos diametralmente opostos. Há um lado de Jung que deseja ler *Imitação de Cristo* e o aprecia por considerar que foi "escrito a partir da alma" (Jung, 2020, vol. 4, p. 204). Ao mesmo tempo, há outro lado, personificado no bibliotecário, que desdenha desse tipo de leitura, considera obsoleta, não quer se envolver com os dogmas cristãos, optando pelo dogma da ciência. Ele faz aqui um movimento de se despir da *persona* científica, do domínio da vontade de verdade a todo custo, e vai em direção à experiência de *estar na alma*. Remetemos ao trecho de uma conferência pronunciada em 1926, em que Jung aponta o que seria a saída para a identificação com essa *persona*:

> Não tenho a pretensão de contestar nem a validez relativa do ponto de vista, a do *esse in re* [do ser real], nem a do ponto de vista idealista, a do *esse in intellectu solo* [do ser apenas no intelecto]; gostaria apenas de unir estes opostos extremos através do ***esse in anima*** [do ser na alma] que é justamente o ponto de vista psicológico. **Vivemos imediatamente apenas no mundo das imagens** (OC 8/2, § 624 – grifos nossos).

A ciência nunca foi capaz de conceituar Deus, mas, se falamos dele há milênios, é porque a alma tem experiências vivas com Ele – "Deus é um dado psíquico da experiência imediata. Se assim não o fosse, nunca se poderia falar de Deus" (OC 8/2, § 624). A virada epistemológica da psicologia analítica é colocar a alma como um lugar de realidade. Talvez seja por isso que, após a passagem pela biblioteca, a imaginação ativa o tenha colocado numa cozinha, um lugar alquímico por excelência, em que o pensar e o fazer estão indissociáveis. Seria uma vivência incompleta e unilateral se tudo girasse apenas em torno da biblioteca, do exemplar de um livro cristão e de um debate teológico e filosófico.

Entrando na cozinha, ele se depara com uma mulher ao fogão bastante atarefada. O livro que Jung tinha em mãos dispara nessa cozinheira memórias afetivas de sua falecida mãe. Mesmo livro, experiências diferentes! Se na biblioteca há verdades empoeiradas e ambições eruditas, na cozinha há afeto e sabor, misturas e transformações, cozinha-se o alimento que sustenta a vida. Essa mudança de ambiente sugere que toda vontade de verdade precisa ser temperada com pitadas de irracionalidade.

Através desse cozimento, Jung propõe uma saída para a neurose moderna. Mas também opera uma transformação naquele jovem estudante de medicina que pegou um livro na biblioteca da faculdade durante o período de exames finais e se depara com o manual de psiquiatria de Krafft-Ebing. Naquela época, a psiquiatria era uma ciência ainda bastante nova e sem prestígio no meio médico. O jovem Jung estudou um livro para o qual a comunidade médica torcia o rosto, e essa leitura mudou o curso de sua vida, motivando a escolha pela psiquiatria. Anos mais tarde, ele vai à biblioteca no mundo imaginal e se vê na mesma situação, onde procura um livro com o qual o mundo científico não queria envolvimento. Seria outro momento de virada? Qual mudança essa leitura operaria?

Bibliotecas são paradas, silenciosas, cinzentas, monótonas, os únicos aromas ali são poeira e bolor. Cozinha é movimento, cores, texturas, sabores, inebria o olfato, a boca saliva. "Somente pela ação é que se torna manifesto quem somos de verdade", disse Jung numa conferência (OC 17, § 290). Ele *sabia* que seu ofício de psiquiatra e psicólogo não se restringiria aos estudos eruditos, deveria incluir a ação, o fazer, o experimentar. A partir de *Os Livros Negros* todo o trabalho posterior de Jung seguiu a máxima alquímica *ora et labora*[64], ou seja, conciliar oração e trabalho, espiritual e material, exatamente o que sustenta o ofício do analista. Sabemos que foi Jung quem concebeu a ideia do tripé analítico que inspirou Freud na formação de psicanalistas.

Em uma tensão de opostos "os extremos devem ser evitados, porque provocam a suspeita do contrário" (OC 7/1, § 18), surgindo a necessidade do terceiro elemento. No mundo imaginal a loucura surge como esse contraponto e "tudo é descaminho a partir de agora" (Jung, 2015, p. 301). Depois de devorar o livro na cozinha, a digestão se dá num outro lugar.

9.3 Sabedoria e loucura estão amigável e perigosamente próximas[65]

Por muito tempo a loucura era o motivo pelo qual muitos eram retirados do convívio em sociedade. A loucura não podia aparecer, não era bem-vinda. Na peça *As bacantes* (2003), de Eurípides, Dioniso é o deus do êxtase, que enlouquecia os habitantes de Tebas, tida como a cidade modelo da Grécia arcaica. Seu culto orgiástico se espalhava "como uma doença contagiosa" (Vernant, 2000, p. 144), e Eurípides nos fala dessa artimanha do filho de Zeus para reivindicar o seu lugar na pólis. E quando não se dá lugar à loucura, a peça nos fala das consequências: perde-se a cabeça, literalmente! O Rei Penteu tem a sua cabeça arrancada pela própria mãe, que não o reconhece por estar em estado de *mania* em meio ao ritual junto às bacantes.

---

64. "*Ora, lege, lege, lege, relege, labora et invenies*" (Reza, lê, lê, lê, relê, trabalha e encontrarás). A expressão consta na lâmina 14 do *Mutus liber – O livro mudo da alquimia* (cf. Carvalho, 1995).

65. Cf. OC 10/3, § 298.

Quando Jung dialoga com o bibliotecário ele entra em contato com um aspecto psíquico seu identificado com a *hybris* do intelecto, sua versão homem da ciência. Esse diálogo apresenta uma polaridade dentro dele que precisa ser digerida, por isso vai para a cozinha. Mas, além da digestão, ele precisa de uma transvaloração[66], o que ocorre num lugar muito distante da consciência unilateralizada na razão: o asilo de loucos. Cabe ressaltar que, nessa trajetória, ele tem em mãos um exemplar de *Imitação de Cristo*, que segue a máxima do Evangelho de João (14,6): "Jesus é o caminho, a verdade e a vida", é o modelo supremo de conduta, a bússola de todo cristão, sendo o livro um guia para alcançá-lo.

No mundo imaginal, da tensão entre os opostos biblioteca-cozinha, surge o manicômio como o terceiro elemento, o que confirma o *thelos*: "Se você entra no mundo da alma, você é semelhante a um louco" (Jung, 2015, p. 136). Se considerarmos *Imitação de Cristo* como um *leitmotiv*, um motivo condutor, seria loucura ler esse livro, pois é exatamente isso que o médico-professor fala durante a anamnese: "Como vês, a imitação de Cristo te leva ao manicômio".

Sobre esse registro, Sonu Shamdasani (2020, p. 92) destaca a crítica que Jung faz à psiquiatria contemporânea[67]. A rapidez com que o médico-professor fecha o diagnóstico denuncia uma não escuta das imagens e das fantasias do paciente. Após a efetivação da internação, deitado em seu leito, Jung reflete sobre o problema da loucura, concluindo que se trata de uma forma

---

66. A expressão *Umwertung aller werthe* é proposta por Nietzsche e pode ser traduzida por "transvaloração de todos os valores". Pode-se considerar que o termo "transvalorar" traz a ideia de ultrapassagem e superação, é mais do que uma simples mudança, implica a adoção de uma nova visão de mundo e de uma nova atitude.

67. Cf. capítulo 15, "Psicologia complexa, *Os Livros Negros* e a loucura: contribuições para a luta contra a medicalização da vida e da sociedade", de Cláudia Elizabete da Costa Moraes Mondini.

elevada de irracionalidade (cf. Jung, 2020, vol. 4, p. 211). Isso nos remete ao que ele escreveu no prefácio ao *I-Ching*, em 1949:

> Quem se dedica à pesquisa do inconsciente, se depara com coisas insólitas [...]. **O lado irracional da vida** ensinou-me a não rejeitar o que quer que seja, mesmo que isto vá de encontro a todas as nossas teorias (aliás de vida tão curta) ou pareça, por outro lado, momentaneamente inexplicável (OC 11/5, § 974 – grifo nosso).

Se a psique tem um outro lado para além da esfera racional, encontramos um grande desafio: Como falar disso usando a linguagem acadêmica? Se a consciência tem a tendência de fazer a distinção dos opostos (função discriminadora) e o inconsciente unifica-os, precisaríamos recorrer a algo que pudesse expressar a dinâmica psíquica como um todo, sem a exclusão desses opostos: "A **imagem** é, portanto, expressão tanto da situação inconsciente quanto da momentânea consciente. Não se pode, pois, interpretar seu sentido só a partir da consciência ou só do inconsciente, mas apenas a partir de sua relação recíproca" (OC 6, § 829).

A loucura como imagem denuncia a dissociação da psique ocidental. Essa alma cindida ficou estarrecida em 1959, quando Jung respondeu à pergunta de John Freeman sobre sua crença em Deus, no canal *BBC*: "É difícil responder. *Eu sei.* Não necessito crer, porque sei" (cf. McGuire, & Hull, 1982, p. 375). O bibliotecário certamente reprovaria essa fala de Jung, mas a cozinheira faria coro a ele. Ele pôde dar essa resposta porque teve uma experiência profunda e singular de encontro com o mistério, e não porque seguiu um passo a passo para imitar um modelo crístico de perfeição. O caminho da individuação não é a imitação, mas sim o de um encontro singular com o numinoso, pois só a partir dele o indivíduo pode tornar-se quem verdadeiramente é. Essa ideia ecoa o pensamento da filosofia de Nietzsche, que é justamente o nome de um dos internos que Jung conhece no manicômio.

9.4 A loucura abre alas para a nova ideia[68]

Para uma melhor compreensão desse encontro imaginal, apresentaremos brevemente o Nietzsche histórico que viveu na Alemanha do século XIX e que, tal como Jung, era filho de pastor protestante. Ele foi admitido na Universidade de Basileia como professor de Filologia Clássica em 1868, com apenas 24 anos, mas aposentou-se precocemente, em 1879, por causa da sua saúde frágil. A partir de então, viveu uma vida errante, mudando-se constantemente pela Itália, pela França e pela Suíça em busca de um clima ameno que lhe propiciasse algum conforto. No início de 1889, Nietzsche teve um colapso nervoso, foi internado e faleceu em 1900. Ele viveu apenas 56 anos e, em menos da metade desse tempo, produziu dezenas de obras, deixando muitos escritos inacabados e cartas que foram publicados postumamente.

Sem dúvida, o que mais se destaca em Nietzsche são suas ideias ácidas e suas críticas cortantes. Ele amargou o silêncio do público com relação às suas publicações, e um dos seus últimos escritos foi uma autobiografia intitulada ironicamente de *Ecce homo*[69], em que se apresenta e tece elogios a si, já que o público nunca o fizera (cf. Nietzsche, 1995, p. 134 – "Posfácio"). Ele intitula alguns capítulos com um tom bastante megalomaníaco: "Por que sou tão sábio", "Por que sou tão inteligente", "Por que escrevo livros tão bons" e "Por que sou um destino". Toda essa autoafirmação lhe rende alguns leitores de natureza diferente da que ele sempre almejou. "Houve uma psiquiatrização de suas obras, da leitura de alguns de seus textos como sintomas de loucura iminente sob a forma de uma megalomania que se autoafirma" (Ferraz, 1994, p. 49). Essa repercussão já havia acontecido em algumas obras anteriores. Seu nome aparece constantemente

---

68. Cf. Nietzsche, 2004, § 14.

69. No Evangelho de João (19,5), Pilatos apresenta Cristo aos judeus dizendo: "Eis o homem" (*Ecce homo*). Cf. Nietzsche (1995, p. 135).

acompanhado de termos como "psiquiátrico" e "patológico", o que o levou ao descrédito.

Em resposta, Nietzsche usa sua tão conhecida ironia, lembrando que o patológico é "todo afastamento apaixonado em relação a um centro, a uma norma" (Ferraz, 1994, p. 51). Esse desvio apaixonado seria o caminho do *tornar-se*, porque não poderia haver vida sem instintos e sem emoções. Como filólogo, ele sabia usar bem as palavras e recolocou no centro da noção de patologia, o *pathos*, a paixão, ao mesmo tempo denunciando a ausência de *pathos* na investigação científica do século XIX. Sua grande tarefa foi colocar no *seu* centro a paixão (os afetos) enquanto força centrípeta de sua personalidade, exatamente o que é expresso no subtítulo da sua autobiografia: "Como alguém se torna o que é". Outro adjetivo comumente a ele atribuído era "excêntrico", cuja etimologia é "fora do centro". Em uma carta ao amigo Karl Fuchs, ele escreve que ninguém sabia onde estava o seu centro e, portanto, não se poderia usar tal adjetivo em relação a ele (Ferraz, 1994, p. 51).

Com um olhar atento a si mesmo e ao mundo, Nietzsche se autointitulava "o primeiro psicólogo", "um psicólogo sem igual", e afirmava que, antes dele, sequer havia psicologia (Nietzsche, 1995, § 5 – "Por que escrevo livros tão bons"). Ele utilizou esses termos numa Europa finissecular, quando a psicologia recém surgia como disciplina independente, porém ainda restrita aos estudos experimentais em laboratórios. É com esse olhar que denuncia a doença do homem ocidental que, na sua concepção, tem uma "personalidade enfraquecida" e "sem subjetividades" (Nietzsche, 1995, § 5 – "Segunda consideração intempestiva"), resultado da exacerbação dos instintos de conhecimento e de verdade. Ele via nesses dois instintos o grande embuste do homem moderno, pois a verdade é um ideal, uma fábula criada pelo socratismo para atrair pensadores ingênuos que se deixam seduzir por conceitos abstratos. O que existe, na verdade, é um instinto de *crença* na verdade, uma fé inabalável em modelos que tornam o viver controlável, prático e fácil.

Como um lema contracorrente, no seu primeiro livro, ele propõe a "arte como a feiticeira da salvação e da cura" (Nietzsche, 1995, § 7 – "O nascimento da tragédia"), pois arte é essencialmente criação, e esse seria o único caminho para *tornar-se* quem se é. Ele reforça o caráter *poiético* da vida ao conceber a vida humana como um constante processo de criação de si, de *tornar-se obra de arte* (Nietzsche, 1995, § 1 – "O nascimento da tragédia"). Ou, nas palavras de Zaratustra – "Que importa a felicidade! Há muito que não viso à felicidade, viso à minha obra" (Nietzsche, 2008, parte IV – "O sacrifício do mel"). O processo de criação de si inclui a transvaloração de todos os valores, e aqui Dioniso ganha destaque por tudo o que representa: dança, música, embriaguez e transformação. São os afetos que nos tornam humanos, não apenas o intelecto.

Na imaginação ativa de Jung, ele fala para o bibliotecário que "a verdade de Nietzsche é inquieta e provocativa demais", e o bibliotecário responde que o filósofo "interioriza o ser humano de modo extraordinário" (Jung, 2020, vol. 4, p. 204). Simbolicamente, Jung teria iniciado uma espécie de digestão do pensamento nietzscheano nesse diálogo com o bibliotecário. A inquietude desse pensamento se deve ao fato de que ela nos obriga a rever nossa visão de mundo e de si mesmo, o que resulta numa mudança de atitude, processo este que não pode ocorrer na esfera do racional. A loucura religiosa pode ser fértil quando recorremos ao deus mais apropriado para esta tarefa – *evoé Baco!*[70]

70. Saudação ritual ao deus Dioniso.

Jung se inspirou nessas ideias e as incorporou ao seu conceito de individuação como ideal de desenvolvimento da personalidade, o que inclui diversos outros conceitos. A noção de *persona*, por exemplo, encontra essas críticas que o filósofo faz ao homem moderno, pois ela é "um complicado sistema de relação entre a consciência individual e a sociedade; é uma máscara destinada, por um lado, a produzir um determinado efeito sobre os outros e, por outro lado, a ocultar a verdadeira natureza do indivíduo" (OC 7/2, § 305). Nesse sentido, a noção de homem se relaciona com as ideias de adaptação, de estar de acordo com o que se considera como padrão de conduta e até mesmo com ideais de felicidade e bem-estar. Esse "agir coletivamente" acarreta uma espécie de "asfixia do ser individual". Quanto mais fortes forem os valores que ditam o modo de ser do indivíduo, maior a tendência do individual ser esmagado, reprimido e cair no inconsciente. Assim, a sociedade

> premia a mediocridade e tudo que se dispõe a vegetar num caminho fácil e irresponsável. É inevitável que todo elemento individual seja encostado na parede. Tal processo se inicia na escola, continua na universidade e é dominante em todos os setores dirigidos pelo Estado (OC 7/2, § 240).

A verdade inquietante de Nietzsche é a constatação de que o que há de mais valioso no homem é a sua tendência à imitação, à sugestionabilidade e ao contágio mental. Do ponto de vista da individuação, a loucura é se encaixar nesse estereótipo. Do ponto de vista da sociedade, a loucura é sair dessa massa e ir ao encontro de sua própria alma. Os registros nos diários de Jung nos mostram qual caminho ele escolheu seguir. Estar no manicômio é estar fora do convívio em sociedade, e, quando tem essa experiência imaginal, ele entra em contato com aquilo que, nele, está à margem. Pela perspectiva dos opostos, a loucura é o ilógico, o absurdo, o irracional, é o contrário de tudo aquilo que faz sentido. Se há algo instituído, loucura é tudo aquilo que foge a isso (cf. Pieri, 2002, p. 298). Em uma conferência de 1932, Jung escreve que

> [...] o desenvolvimento da personalidade [...] é um carisma e ao mesmo tempo uma maldição: como primeira consequência, **o indivíduo se separa da grande massa [...]. Isto significa isolamento** [...]. A personalidade jamais poderá desenvolver-se se a pessoa não escolher seu próprio caminho [...] por uma decisão consciente e moral [...]. Os outros caminhos são as convenções de natureza moral, social, política, filosófica e religiosa. O fato de as convenções de algum modo sempre florescerem prova que **a maioria esmagadora das pessoas não escolhe seu próprio caminho, mas a convenção**; por isso não se desenvolve a si mesma, mas segue um método, que é algo de coletivo, em prejuízo de sua totalidade própria (OC 17, §§ 294-296 – grifo nosso).

As palavras do médico-professor durante a anamnese – "a imitação de Cristo te leva ao manicômio" – colocam a tendência à imitação como sintoma de loucura. Retrocedendo alguns registros de *Os Livros Negros*, encontramos a narrativa de um sonho com o assassinato do herói Siegfried[71], que deixou Jung profundamente abalado: "Depois desse sonho, passei por um tormento mental até a morte" (Jung, 2020, vol. 2, p. 176). Ao refletir sobre tal episódio, conclui que os deuses necessitam de renovação e, no registro seguinte, ele concebe o nascimento de um novo deus. Esse que nasce não é um deus todo-poderoso e bom, que não admite o lado mau do ser humano. Pelo contrário, é um deus que surge dentro da alma do próprio Jung e que abrange todas as polaridades psíquicas, não apenas o bem. Esse novo deus odeia os perfeitos, pois estes são exímios imitadores, uma vez que a imitação foi um caminho de vida quando o ser humano ainda precisava de exem-

---

71. Cf. capítulo 6, "Morre o herói: a experiência com a função sentimento no encontro com a alma", de Claudia Caterina Vieira Brasil e Maria de Fátima Cardoso Coelho.

plos heroicos. O velho deus necessitava de heróis porque isso lhe garantia seguidores que o imitavam. "O novo deus ri da imitação [...]. Ele não precisa de nenhum repetidor e de nenhum discipulado [...]. Mas a medida da imitação está cheia. Nós devemos ser salvos para a solidão em nós" (Jung, 2015, p. 154-156). Jung matou, em seu sonho, o herói, o exemplo que todos seguiam. Sem um modelo, todos ficam como o homem louco que Nietzsche escreve num aforismo em forma de parábola, em que um homem fica em estado de desorientação quando descobre que Deus está morto (cf. Nietzsche, 2012, § 125).

Nesse mundo imaginal, Jung e Nietzsche vão para um manicômio, talvez por ser o único lugar que os acolha. Ali, a ideia de Nietzsche em redimir o mundo[72] parece ser tão plausível quanto a busca de Jung pela experiência crística. "Imitar a vida de Cristo não é coisa fácil, mas é indiscutivelmente mais difícil viver a própria vida no espírito em que Cristo viveu a sua" (OC 11/6, § 522). A *imitatio Christi* é uma inspiração, não um convite para copiar a sua vida. Sua mensagem é um convite ao *mysterium tremendum et fascinans*, que é a experiência do numinoso, a marca da individuação. Com relação ao mundo que precisava ser salvo, seria o próprio mundo de Nietzsche, pois sua doença interferia em sua vida de modo significativo. O manicômio é o local mais favorável, em que ambos podem ouvir a voz do íntimo que os convida para o processo de tornar-se. Poderíamos, inclusive, imaginar outros nomes de pacientes que eles poderiam ter como companhia de internação, cada um na sua loucura íntima. Esses que ousam se descolar da massa e seguir o caminho da individuação.

Como Jung escreveu: "Enlouquecer não é nenhuma arte, mas extrair a sabedoria da loucura, eis a arte. A loucura é a mãe dos

72. "Eu sou Nietzsche, mas rebatizado também sou Cristo, o salvador, designado para redimir o mundo, mas eles não permitem" (Jung, 2020, vol. 4, p. 213).

sábios, jamais a inteligência" (OC 13, § 222). Ele dizia que veio para a psiquiatria muito bem preparado por Nietzsche (OC 7/1, § 199), e podemos pensar que esse preparo incluiria essa passagem pelo manicômio, pois *é a loucura quem abre alas para a nova ideia* (cf. Nietzsche, 2004, § 14).

Estar no manicômio é o despojo de padrões, é sair da *pólis* e ir até os bosques da alma para um encontro com Dioniso, que é o único do panteão grego que tem a loucura como um de seus atributos. O deus grego tem uma dupla natureza, pois, ao mesmo tempo em que provoca a loucura, essa mesma loucura representa a saída, a transformação. O ato criador é muitas vezes descrito como algo que emerge do caos, tal como em muitos mitos de criação. No entanto, a loucura dionisíaca não necessariamente culmina num mundo lógico e ordenado, ela é "uma experiência vital, a partir da qual se produz um renascimento psíquico [...], uma nova consciência" (López-Pedraza, 2002, p. 32).

Nietzsche e Jung foram duas personalidades que conseguiram despertar essa nova consciência. Apesar da doença e das condições em que faleceu, o filósofo deixou uma obra genial, com uma visão clara e lúcida sobre si mesmo e sobre o homem do seu tempo. Sabia que aqueles que lhe compreenderiam seriam os homens de depois de amanhã. Jung foi um dos que conseguiu absorver a sua mensagem e a ampliou numa psicologia comprometida com a plenitude da alma humana.

Referências

Assis, M. de. (2000). *O alienista.* Ática.

Boechat, W. (2014). *O Livro Vermelho de C.G. Jung: jornada para profundidades desconhecidas.* Vozes.

Carvalho, J.J. de (1995). *Mutus liber – O livro mudo da alquimia.* Attar Editorial.

Eurípides (2003). *As bacantes.* Perspectiva.

Ferraz, M.C.F (1994). *Nietzsche: o bufão dos deuses*. Relume Dumará.

Freitas, H.D. de O. (2019). Introdução. In T. de Kempis, *Imitação de Cristo*. Paulus.

Jung, C.G. (1981). *O Eu e o inconsciente* (Obra Completa, Vol. 7/2). Vozes.

Jung, C.G. (1981). *Psicologia do inconsciente* (Obra Completa, Vol. 7/1). Vozes.

Jung, C.G. (1983). *O desenvolvimento da personalidade* (Obra Completa, Vol. 17). Vozes.

Jung, C.G. (1991). *Escritos diversos (dos volumes 10 e 11)* (Obra Completa, Vol. 11/6). Vozes.

Jung, C.G. (1991). *Psicologia e religião oriental* (Obra Completa, Vol. 11/5). Vozes.

Jung, C.G. (1991). *Tipos psicológicos* (Obra Completa, Vol. 6). Vozes.

Jung, C.G. (2000). *A natureza da psique* (Obra Completa, Vol. 8/2). Vozes.

Jung, C.G. (2000). *Civilização em transição* (Obra Completa, Vol. 10/3). Vozes.

Jung, C.G. (2002). *Estudos alquímicos* (Obra Completa, Vol. 13). Vozes.

Jung, C.G. (2006). *Memórias, sonhos, reflexões*. Nova Fronteira.

Jung, C.G. (2014). *Sobre sonhos e transformações*. Vozes.

Jung, C.G. (2015). *O Livro Vermelho - Liber Novus* (edição sem ilustrações). Vozes.

Jung, C.G. (2020). *Os Livros Negros: 1913-1932 - Cadernos de transformação* (7 vol., edição de S. Shamdasani, tradução de M. Hediger). Vozes.

Jung, C.G. (2023). *O Zaratustra de Nietzsche* (Vol. 1). Vozes.

Jung, C.G. (2024). *As palestras de Zofingia*. Vozes.

López-Pedraza, R. (2002). *Dioniso no exílio: sobre a repressão da emoção e do corpo*. Paulus.

McGuire, W., & Hull, R.F.C. (1982). *Jung: entrevistas e encontros*. Cultrix.

Monteiro, D. da M.R. (Org.). (2018). *Assim falaram Nietzsche e Jung*. Juruá.

Nietzsche, F. (2012). *A Gaia Ciência* (tradução de P. C. de Sousa). Companhia de Bolso.

Nietzsche, F.W. (1995). *Ecce homo: como alguém se torna o que é*. Companhia das Letras.

Nietzsche, F.W. (1996). *Obras incompletas* (Coleção Os Pensadores). Nova Cultural.

Nietzsche, F.W. (2003). *O nascimento da tragédia*. Companhia das Letras.

Nietzsche, F.W. (2003). *Segunda consideração intempestiva*. Relume-Dumará.

Nietzsche, F.W. (2004). *Aurora: reflexões sobre os preconceitos morais*. Companhia das Letras.

Nietzsche, F.W. (2008). *Assim falou Zaratustra: um livro para todos e para ninguém*. Civilização Brasileira.

Pieri, P. (2002). *Dicionário junguiano*. Paulus-Vozes.

Shamdasani, S. (2020). Em busca de uma ciência visionária: os cadernos de transformação de Jung. In C.G. Jung, *Os Livros Negros: 1913-1932 – Cadernos de transformação* (Vol. 1, p. 11-112, edição de S. Shamdasani, tradução de M. Hedinger). Vozes.

Vernant, J.-P. (2000). *O Universo, os deuses, os homens*. Companhia das Letras.

Von Franz, M.-L. (2014). *O asno de ouro: o romance de Lúcio Apuleio na perspectiva da psicologia analítica junguiana* (Coleção Reflexões Junguianas). Vozes.

Seção 3

Aspectos simbólicos e mitológicos

10

A **infirmitas** do arquétipo: o adoecimento dos personagens de **Os Livros Negros**

Walter Boechat

> Filêmon tem um pé paralisado, mas é um espírito Alado, enquanto Ka é uma espécie de demônio da terra, ou dos metais. [...] Com o tempo integrei essas duas figuras. O estudo da alquimia ajudou-me a consegui-lo.
>
> (Jung, C.G., 2006, p. 221)

Podemos observar um curioso fenômeno em diversos personagens de *Os Livros Negros*: a presença de feridas, sofrimento e adoecimento. Assim podemos lembrar a cegueira de Salomé; o estado de quase-morte de Izdubar; a perda de um olho do personagem chamado “Um dos degradados”, devido a uma briga por uma mulher; a doença do mago negro Ha, cujo olho é ferido por um fagulha dourada que se desprende da pintura de Jung (2020, vol. 7); o personagem Wotan, a quem falta um olho; Filêmon, que tem um pé aleijado; e até mesmo o “eu” de Jung, que, em certo momento, é ferido no coração pela lança do espírito.

Todas essas doenças, feridas, limitações e impedimentos têm cada um seu simbolismo, para cada personagem, para cada momento em que aparecem. Por isso, o entendimento delas requer a abordagem de cada personagem e de cada ferida em separado, o que faremos adiante. Mas, de modo geral, elas evocam o que Hillman (1992, p. 6) denomina de *patologizar*, ou a tendência natural da psique a produzir patologias, doenças. Esse é o estado natural da psique, e, como lembrou Freud, a *normalidade é uma ficção ideal*. Hillman fala do patologizar baseando-se em Jung, que, em seu comentário ao livro taoista *O segredo da flor de ouro*, lembra: "[...] Os deuses tornaram-se doenças. Zeus não governa mais o Olimpo, mas o plexo solar e produz espécimes curiosos que visitam o consultório médico [...]" (OC 13, § 54).

Realmente, os deuses se tornaram doenças, como lembra Jung, embora, aparentemente, tenham desaparecido no inconsciente. Continuam a agir provocando os mais diversos sintomas neuróticos, exatamente porque foram esquecidos, deixaram de ser propiciados em seus altares. Um deus é uma necessidade arquetípica, um instinto básico, movendo toda a atividade anímica. Embora os personagens de *Os Livros Negros* não sejam rigorosamente deuses – no sentido religioso politeísta –, eles agem como os deuses olimpianos, pois têm seu lado individual, com características bastante pessoais, ligadas ao processo psicológico de Jung, mas sendo personificações de seu próprio inconsciente, pertencendo também ao inconsciente coletivo. A partir da presença numinosa dessas personificações do inconsciente, Jung criou, posteriormente, toda uma categorização de *personalidades* do processo de individuação: a *persona*, a sombra, a Grande Mãe, o Herói, o Velho Sábio. Pelas experiências relatadas em *Os Livros Negros*, a psicologia complexa tornava-se uma psicologia *personificada*. Vejamos, então, cada um desses personagens feridos e o que representam para o processo de individuação de Jung e para a sua teoria.

10.1 Salomé, a *anima* cega[73]

Em sua primeira grande descida ao inconsciente (cf. Jung, 2020, vol. 2), Jung confronta-se com o par Elias e Salomé, num dos encontros mais importantes e comentados de *Os Livros Negros*. Elias aparece primeiro, Salomé emerge aos poucos de um templo de aparência oriental no fundo da cena. Uma serpente negra acompanha Elias. Chama logo nossa atenção que Salomé é cega, tendo seus olhos cobertos por uma venda. Aqui, coloca-se uma primeira questão: Os personagens de *Os Livros Negros* são também históricos ou pertencem somente à subjetividade de Jung? A Salomé histórica, filha de Herodíades, não era certamente cega. Então, se por um lado o "eu" de Jung a trata como a Salomé bíblica, a responsável pela decapitação de João Batista, ela é também um personagem subjetivo, uma personificação da *anima* de Jung, mas tendo ao mesmo tempo um caráter histórico.

Nos *Seminários sobre psicologia analítica (1925)* (cf. Jung, 2010b, p. 129-130), Jung considera que Elias representaria o *Logos*, sua função psicológica mais diferenciada, pensamento, enquanto Salomé seria o Eros, representando também a função inferior, sentimento, daí ser cega, por ser menos desenvolvida. Mas diz, logo a seguir: "Isso é prático para o jogo intelectual; mas como *Logos* e Eros são termos puramente especulativos, não científicos em nenhum sentido, mas irracionais, é muito melhor deixar as figuras como são, a saber, como acontecimentos, experiências" (Jung, 2010b, p. 129-130).

73. Cf. capítulo 7, "Jung e Salomé: o amor que transforma", de Crisstiane Bergmann e Sabina Vanderlei.

Interessante essa ênfase de Jung no fato de que essas figuras de *Os Livros Negros* são mais bem compreendidas se as vermos como *acontecimentos, experiências.* Qualquer categoria teórica aqui é perigosa, seja tipológica, seja a oposição entre *Logos* e Eros. O aparecimento do velho junto à donzela é evento repetido em diversas situações, em contos de fada, com o velho mago que mantém a dama sob encantamento, presa na montanha, ou na alquimia, com o *adepto* alquimista acompanhado de uma *soror mystica.* Jung faz referência também ao misterioso personagem gnóstico semilendário, semi-histórico, Simão Mago, sempre acompanhado de uma bailarina[74]. Essa duplicidade parece apontar para o fato de que o princípio do conhecimento e da sabedoria deve sempre ser acompanhado de um afeto relacional para trazer sentido à existência.

No registro do dia 25 de dezembro de 1913, Salomé é curada de sua cegueira quando diz: "Vejo luz" (Jung, 2020, vol. 2, p. 297). Essa transformação marca toda uma apoteose pelo fogo, em cena que os personagens presentes – Elias, Jung e a própria Salomé – sofrem transformações. A cena parece apontar para uma transformação e uma integração de aspectos da *anima*, que deixa de ser cega, autônoma demais, e começa a exercer seu papel de mediação com o inconsciente. Até esse momento havia uma dissociação da *anima*. Ela poderá, então, aparecer como alma, sendo um psicopompo, um guia fundamental para toda a caminhada do "eu" de Jung pelos caminhos do *entremundo*. As personificações da alma passarão a ter formas diferentes conforme a situação psicológica de Jung. Ela aparecerá como a forma humana Salomé, a subterrânea serpente ou a pomba espiritual, que busca as alturas do espírito.

---

74. Simão Mago, considerado um dos fundadores de importante corrente gnóstica, o simonismo, era narrado como acompanhado por uma bailarina que ele conheceu em um bordel na cidade síria de Tiro (cf. Jung, 2020, vol. 6, p. 245, n. 214).

Nesse momento, Salomé sofre uma maior integração, passando a enxergar. Salomé é um exemplo de uma *infirmitas* que pode ser transformada dentro do processo de individuação.

10.2 Um andarilho e a perda do olho

O cenário é de uma paisagem solitária coberta de neve. O "eu" de Jung caminha por esse local ermo quando aparece ao seu lado um andarilho estranho, de aspecto andrajoso, "um vagabundo" (Jung, 2020, vol. 2, p. 211). Ele tem o rosto coberto de cicatrizes e perdeu um olho "em uma briga, por causa de uma mulher" (Jung, 2020, vol. 2, p. 213, 214). Jung e o andarilho entabulam uma conversação trivial e se aproximam de uma taverna à beira do caminho, onde irão passar a noite. O estranho homem está adoentado, tosse repetidamente, uma tosse que prenuncia já a presença de doença grave e uma fragilidade mortal. Jung decide pagar ao pobre homem seu último jantar. À noite, um tossir repetido anuncia a proximidade de um desenlace: na manhã seguinte, o homem jaz numa poça de sangue; já havia se despedido do mundo dos vivos.

Aqui aparece novamente o simbolismo da *infirmitas* pelo olho, assim como em Salomé e em diversos outros personagens. Mas, nesse caso, a perda do olho tem um sentido bem particular. Em nosso entendimento, o vagabundo representa o homem comum, nosso estado normal, cotidiano, nossos sofrimentos e aprendizados em nosso dia a dia. A perda do olho aqui representa o que os orientais denominam de estado de *Avydia*[75], a ignorância do homem cotidiano. O homem nasce, deseja, tem suas buscas e finalmente morre. O vagabundo deixa em suas experiências no entremundo de Jung. Elas representam os rastros do homem comum

75. Para o conceito em sânscrito de *vydia*, conhecimento, sabedoria (de onde deriva a palavra *veda*), e de *avydia*, ignorância, ausência de conhecimento, cf. Eliade (1962).

e a questão da busca de sentido que marca nossa passagem pela existência, sentido que nunca podemos integrar de forma absoluta.

Essa passagem não muito extensa e pouco explorada de *Os Livros Negros* é importante, pois marca o momento de *um deixar para trás* um conteúdo da sombra, algo que não funciona mais no processo de desenvolvimento da personalidade. De certa maneira, o andarilho degradado tem certos pontos em comum com o herói Siegfried – um personagem também ferido, que deve ser morto e deixado para trás.

10.3 Izdubar, o herói em estado de quase-morte que renasce transformado

Um caminho tortuoso, longo, se estende por paisagem de montanhas e despenhadeiros inóspitos. Ele se perde na distância levando às terras desconhecidas do Oriente. O "eu" de Jung anda por esse caminho em busca de conhecimento, da luz que vem do Oriente. A distância, surge uma figura gigantesca, um herói típico de sociedades pagãs, carregando seu machado. No diálogo que se segue, a figura revela seu nome – Izdubar –, vem do Oriente e quer conhecer o Ocidente, num movimento exatamente oposto ao de Jung. Quer conhecer um universo totalmente desconhecido para ele e pergunta para Jung como é o seu mundo. A resposta enche o gigante de pavor, pois Jung revela que seu mundo é o universo da modernidade, da tecnologia, em que o tempo é medido por relógios de pulso e o transporte dos humanos é feito por navios de vapor e automóveis que percorrem toda a superfície da terra. Izdubar se espanta com essa realidade inteiramente diferente de seu mundo, no qual o tempo é medido pela progressão do sol, os astrólogos procuram prever os acontecimentos futuros pelas estrelas dos céus e os humanos conversam com os deuses nas montanhas e nas árvores. O universo dessacralizado do Ocidente *simplesmente adoece Izdubar*. Essa é sua *infirmitas*. É o mundo da racionalidade do eu consciente que adoece o mundo do imaginal, da fantasia e do pensamento mítico. Essa é a grande *infirmitas* da modernidade, a ferida do Iluminismo, a dissociação da unicidade homem-natureza, a perda desse vínculo nutriz da totalidade em prol da objetividade científica, tão cara à modernidade.

Izdubar adoece progressivamente, amaldiçoa Jung, considerando-o um bruxo, pois, com seu pensamento racional e sua tecnologia, é capaz de reduzir o gigante a um estado deplorável, de quase-morte, tão grave é sua doença. O próprio Jung se desespera e tenta uma saída para evitar a morte de Izdubar. E tem uma intuição salvadora: o caminho de libertação *é pela fantasia*. (Estamos aqui nos movendo do pensamento racional para o pensamento mitológico.) Jung, então, convida o pesado e gigantesco Izdubar a se imaginar levíssimo como uma pluma. Também é possível se imaginar de tamanho muito pequeno, tão pequeno que pode caber *em um Ovo*[76]. Jung o coloca nesse Ovo, para que ali Izdubar entre em processo de incubação simbólica.

Como muitas experiências de *Os Livros Negros*, a metamorfose de Izdubar pelo poder da fantasia servirá para uma formulação psicológica que Jung elaborará posteriormente: "A psique cria a realidade todos os dias. A única expressão que me ocorre para designar essa atividade é fantasia" (OC 6, § 73).

Esse momento de restauração de Izdubar é tão misterioso que ele não pode ser explicado por palavras, foge muito ao pensamento racional. Na cópia caligráfica de *O Livro Vermelho*, em que Jung transcreveu diversas experiências relatadas em *Os Livros Negros*, esse processo é ilustrado por uma série de belís-

---

76. O Ovo cósmico está presente em diversos mitos de criação, como o Ovo dourado do Bramanismo, origem do universo, ou o Ovo prateado do mito órfico de criação. No Orfismo, a ave negra primordial, a noite, nas origens dos tempos, deposita o Ovo prateado, do qual nasce Fanes (do grego, *Phanéin*, que significa "brilhar"), ou Eros protógenes, o primeiro nascido. Cf. Von Franz (1978) e Brandão (1991). O deus Fanes aparece em Jung (2020, vol. 7), exaltado em versos.

simas figuras. Jung abandona sua escrita automática e faz uso de imagens coloridas em têmpera. Todo o processo é assim circunscrito por belas imagens que não podem ser racionalmente explicadas, mas simplesmente aludidas. Nesse processo de restauração do herói mitológico, o "eu" de Jung lança mão de versos dos Upanishads hinduístas com encantamentos para restaurar a virilidade do herói. Esses encantamentos são ilustrados com desenhos rebuscados[77]. O processo de transformação ocorre gradualmente, até que o herói renasce sob a forma do deus Fanes.

A *infirmitas* de Izdubar e sua resolução pelo processo imaginal da fantasia e pelo ritual representam, poeticamente, a incorporação da tradição mitológica antiga, do pensar por analogias em forma psicológica e simbólica. Realmente, a racionalidade da consciência tem o poder de adoecer a forma simbólica e mítica dos processos inconscientes pelo recalque e pela redução. A transformação de Izdubar em Fanes expressa de forma lírica a recuperação da tradição mitológica (Izdubar) em processo psicológico (Fanes) sob a forma de imagens simbólicas.

Podemos lembrar, com relação à metamorfose de Izdubar, de Nietzsche e sua famosa *parábola do homem louco* (Nietzsche, 2012, aforismo 125), em que é proclamada *a morte de Deus*. Nietzsche certamente está certo quanto à morte de Deus, mas o que ele denuncia é a morte do Deus institucional, no novo século XX que se inicia. Essa mesma intuição radical está presente no *pensamento proibido* do jovem Carl Jung de 12 anos, que vê Deus defecando sobre o templo (instituição) que desmorona, tornando-se escombros (cf. Jung, 2006, p. 66ss.). O Deus institucional está morto, mas não a *espiritualidade* e a *experiência de Deus*. A passagem de Izdubar parece indicar esse fato muito importante, a experiência do sagrado sendo levada a um nível

77. Os editores os nomearam poeticamente como *Bordas ornamentais*.

subjetivo, sobrevivendo dentro de um contexto psicológico. Essa perspectiva psicológica do sagrado orientará toda a visão junguiana do fenômeno religioso.

10.4 Filêmon, o guia que tem um pé paralisado

Filêmon, um dos personagens mais significativos de *Os Livros Negros*, personifica *o insight* superior, o espírito que orienta. Jung comenta sobre sua aparição no livro *Memórias, sonhos, reflexões* (2006, p. 218), em um sonho carregado de significado. Nele, Filêmon apareceu voando, tinha asas semelhantes a de um martim-pescador. Dias depois, Jung encontrou um pássaro martim-pescador morto à beira do lago, acontecimento para ele pleno de significado, sincronístico. Filêmon personifica o que Jung chamaria posteriormente de uma figura de Velho Sábio, ou *o princípio da reflexão*. O que se configura inicialmente, no processo de confrontação com o inconsciente, como o espírito das profundezas, a voz que, brotando do interior, se contrapõe ao espírito da época, se personificou, posteriormente, como o Profeta Elias e, ainda depois, como o sábio Filêmon. Temos aqui um constante processo de personificação de emoções, que irão de acordo com o processo de transformação psicológica, adquirindo novos tons e novas imagens.

Jung relata, em *Memórias, sonhos, reflexões* (2006, p. 221), que "Filêmon tem um pé paralisado". Qual é o sentido dessa *infirmitas* tão surpreendente? Ela aparece em um personagem fascinante que personifica uma reflexão diferenciada – ainda assim, a *infirmitas* está presente. Qual é o sentido dela? Se, no caso de Salomé, a cegueira é transformada, na situação de Filêmon ocorre mais um processo de compensação, pelo aparecimento de um novo personagem.

No volume 7 de *Os Livros Negros*, a alma de Jung tem longos diálogos com uma figura nova, não transcrita no texto de *O Livro*

Vermelho, que se apresenta com o nome de Ka, a alma do Faraó na tradição egípcia, ligada à materialidade da múmia. É uma entidade como se fosse um senhor dos metais, um *anthroparion* que trabalha nos metais da terra como alquimista, um filho de Hefesto, diligente na metalurgia[78]. Filêmon tem o sentido espiritual; Ka, a beleza da matéria, a realidade e o mundo da concretude. Há, na relação de Ka com Filêmon, uma força dinâmica de compensação.

O personagem Ka aparece a Jung em uma fantasia como vindo da terra, de um poço profundo (cf. Jung, 2006, p. 220). Nesses momentos mais significativos de confrontação com o inconsciente, como na constelação de Ka, Jung lança mão de técnicas expressivas: pinta um pedestal que descreve assim:

> Bem no alto da imagem aparece uma asa de martim-pescador; entre a última e a cabeça de Ka paira uma nebulosa redonda e luminosa. A expressão de Ka tem algo de demoníaco, mesmo de mefistofélico. Segura em uma das mãos uma forma semelhante a um pagode colorido, ou a um cofre de relíquias; na outra segura um estilete e com este trabalha aquele objeto. O Ka diz sobre si mesmo: "Eu sou aquele que enterra os deuses no ouro e nas pedras preciosas" (Jung, 2006, p. 220).

Essa imagem é por demais significativa de como, no processo de desenrolar dos personagens de *Os Livros Negros*, a *infirmitas* é transformada pelo processo de individuação do próprio Jung. Nesse pedestal está sintetizado todo um processo de vida de Jung dentro dos opostos das funções psicológicas da intuição e da sensação. As asas de pássaro no alto, simbolizando a função intuição, parecem altas demais, pedem um enraizamento maior como compensação. No centro do pedestal está a nebulosa de estrelas. As estrelas normalmente representam a luz da natu-

---

78. Aniela Jaffé explica o sentido do *anthroparion* em nota de rodapé no livro *Memórias, sonhos, reflexões* (Jung, 2006, p. 221).

reza, o potencial da consciência nova presente em latência no inconsciente. A base é dominada pela poderosa figura de Ka, "aquele que enterra os deuses no ouro e nas pedras preciosas". Isto é, aquela disposição psicológica que leva à concretização, à manifestação no mundo físico dos ideais planejados e imaginados. A pintura explica o porquê de Jung ter se dedicado tanto a atividades manuais – escultura em pedra, pintura – e outras atividades físicas, procurando compensar, assim, as unilateralidades de sua poderosa intuição.

10.5 O mago negro Ha, sua ferida e a sabedoria das runas

Em registro do dia 7 de outubro de 1917, no início do volume 7 de *Os Livros Negros*, há o seguinte diálogo de Jung com sua alma:

> Mas agora o que é? Alguém esteve no canto à noite, o que queria e quem era?
> A: "Um espírito sombrio, um espírito de enganação, um feiticeiro de Satanás, um praticante da mais negra magia".
> [...]
> Eu: O que ele deseja? O que ele traz?
> A: "Provavelmente artes diabólicas – inofensivo".
> [...]
> Eu: Então, deixe-o falar.
> [...]
>
> Ha: Aqui estou – certamente não vistes ninguém igual a mim. Parece que sou necessário – Filêmon, é provável que meu filho seja fraco demais. Devo ajudar? O que pagais? (Jung, 2020, vol. 7, p. 148-149).

Após essa apresentação um tanto ritualística do mago Ha, a alma lhe dirige a palavra, admoestando-o de que ele não pode fazer mal, apenas veio a eles com um pedido.

> Alma: [...] algo te queima. Devo dizer-te o que: O grão de ouro que caiu em teu olho. Por isso queres a noite,

> para que ninguém veja. Sim, revira-te, velho mentiroso e enganador. Tua ameaça não tem poder. Pedes que sejas misericordiosamente livrado do grão de ouro. Dize, não é verdade? (Jung, 2020, vol. 7, p. 149).

Segundo Shamdasani (cf. Jung, 2020, vol. 7, p. 149, n. 5), Jung relatou o episódio do grão de ouro no olho de Ha para sua secretária, Aniela Jaffé, da seguinte forma:

> Eu tive que pensar em meus primeiros desenhos de mandalas. Havia sementes de ferro magnético pretas e sementes de ouro misturadas que precisavam ser colocadas no recipiente, onde formavam o corpo central, o si-mesmo. E então a história com meu mago, que apareceu quando pintei essas sementes, e então ele gritou porque tinham entrado em seu olho. Isto é, ele recebeu uma projeção minha e ela lhe causava dor. Isso era algo que eu não aceitava ou não podia aceitar, ou seja, a figura do mago, o xamã dentro de mim mesmo. É por isso que essa figura me apareceu. Apenas quando percebo que eu sou o xamã é que ele é curado. Ele é, por assim dizer, um precursor meu, e é por isso que a semente caiu no lugar certo: em seu olho, que significa o consciente. Ela teve que ser removida dali. Eu me poupei a dor, por assim dizer, de me ver como um xamã; então eu também teria sido colocado no mesmo nível dos animais, por exemplo, dos leões, que me rondam de maneira amigável. O xamã tem animais auxiliadores ou – poderíamos dizer – ele fica no nível dos animais, mas eu não conseguia entender isso na época, quando a figura do mago me apareceu.

Esses relatos são profundamente significativos. Ha se apresenta como pai de Filêmon, e isso nos parece, de início, totalmente incompreensível. Mas, quando Jung, em seu diálogo com Jaffé, considera Ha "um precursor seu", seu xamã ou mago interior que tinha dificuldade em aceitar, essa precedência de Ha em relação a Filêmon começa a fazer um sentido simbólico. O personagem Ha coloca Jung em contato com sua ferida, *o olho ferido de Ha é o olho ferido de Jung*, como vidente e intuitivo que era. Um olho voltado para a realidade concreta, outro olho para o mundo do inconsciente coletivo.

Jung faz referência ao seu xamã interior não reconhecido e que se manifesta em Ha. O xamã é também um curador-ferido, a vocação xamânica se manifesta pela chamada *doença iniciatória*, como lembra Mircea Eliade (1974, p. 33ss.) quando o candidato a xamã é visitado por seu espírito tutelar. Novamente, o simbolismo da ferida simbólica se manifesta aqui.

A temática do sacrifício do olho remete diretamente ao mitologema do deus nórdico Wotan, que sacrifica seu olho dependurado na árvore mítica Yggdrasil, o eixo do mundo. Pelo sacrifício do olho, Wotan obtém a sabedoria das runas, passa a dominar um método divinatório. Ha negociará a cura de seu olho ferido pela revelação da linguagem de runas, um dos mais fascinantes conteúdos de *Os Livros Negros*. Ha tem importantes aproximações com Wotan: a questão da ferida ou perda do olho e o conhecimento das runas. Mas há também diferenças importantes. Wotan tem diversas características que não estão presentes em Ha. Aliás, o próprio Wotan se manifesta em outro momento de *Os Livros Negros*, trazendo ao "eu" de Jung mensagens do mundo dos mortos.

10.6 As origens míticas de Ha e do ser humano

No volume 7 de *Os Livros Negros*, Ha explica suas origens cosmogônicas para a alma de Jung. Ha nasceu de uma estrela, sua mãe é como um cone: lindo e pontudo para cima e, embaixo, totalmente redondo. Foi da ponta desse cone que Ha saiu. Seu pai é outro cone, que desce sobre o primeiro, as duas pontas se aproximam, mas não se tocam. O pai de Ha é o fogo, a quem ele odeia, porque deve servir sem cessar (cf. Jung, 2020, vol. 7, p. 151).

Esse fascinante mito cosmogônico de criação narrado por Ha está associado à pintura que Jung fazia quando se desprendeu a partícula dourada que se alojou no olho de Ha. Ela também aparece na imagem 72 de *O Livro Vermelho* (2010a).

O esquema de dois cones que quase se tocam foi utilizado por Jung na descrição do arquétipo psicoide em sua obra de 1946, *Considerações teóricas sobre a natureza do psíquico* (OC 8). O arquétipo psicoide é quase psíquico (cone superior), quase material (cone inferior), é um espaço virtual entre os dois cones da natureza e do espírito. Como diz Jung:

> Os fenômenos de sincronicidade [...] nos mostram que o não psíquico pode se comportar como o psíquico e vice-versa, sem a presença de um nexo causal entre eles. Nossos conhecimentos atuais, porém, não nos permitem senão comparar a relação entre o mundo psíquico e o mundo material *a dois cones cujos vértices se tocam e não se tocam em um ponto sem extensão, um verdadeiro ponto zero* (OC 8, § 418).

Considero fascinante perceber em *Os Livros Negros* a emergência de imagens e conceitos intuitivos que posteriormente serão registrados como conceitos teóricos da psicologia complexa. Assim foi com o homenzinho moreno que ajuda o "eu" de Jung no assassinato de Siegfried[79], muito depois, em 1954, conceitualizado como a imagem arquetípica do *trickster*; assim é agora, quando o mito cosmogônico de Ha serve de base estrutural para a ideia do psicoide, conceito tardio de 1946.

Outro aspecto não menos fascinante desse mito de criação de Ha é que ele fala da origem do próprio ser humano. Ainda sobre o espaço virtual entre os dois cones, no registro de 7 de outubro de 1917, Ha diz para a alma de Jung:

> Por que o cone que meu pai inventou deve tocar com sua ponta a ponta da minha mãe? Algo torto funcionaria igualmente bem. Por isso, coloquei um grão de areia entre eles, um grão que a mãe não consegue pulverizar e que

---

79. O episódio do assassinato de Siegfried está descrito no registro de 18 de dezembro de 1913 (cf. Jung, 2020, vol. 2, p. 175).

> o fogo do meu pai não consegue derreter. Não encontrei nada igual na terra, mas eu o peguei quando caiu das estrelas. Era uma matéria boa, que sempre perturba – eu não deveria dizer isso em voz alta – é o ser humano. Ele não deveria saber que se encontra entre as pontas de dois cones que querem se encontrar (Jung, 2020, vol. 7, p. 151-152).

10.7 A sabedoria das runas

Como lembram os tradutores da obra para o inglês – Martin Liebscher, John Peck e Sonu Shamdasani –, as runas de Ha são o maior desafio de tradução em *Os Livros Negros*, pois sua semântica é inteiramente original. Diferenciam-se das runas druídicas ou de hieróglifos egípcios. Emergem do inconsciente, são originais, uma linguagem inteiramente nova que se expressa de forma diferente mesmo da comunicação de Jung em fases anteriores de *Os Livros Negros*. Poderiam ser descritas aproximadamente como formas de ioga rúnica, devido à presença de linhas muito semelhantes a posições corporais significativas[80].

No volume 7 de *Os Livros Negros*, a alma de Jung negocia com Ha a retirada do grão dourado de seu olho direito, que queima, arde e o faz sofrer. A alma de Jung diz que só retirará o grão se Ha revelar todos os seus segredos, sua ciência. Após grande resistência, Ha revela aos poucos seu segredo das runas.

No registro de 7 de outubro de 1917, Ha mostra a primeira runa e comenta sobre ela:

> Vede, as duas diagonais levam ao redondo. Uma linha reta está junto à ponte e dá um passo para baixo e, como serpente, se arrasta sobre dois sóis. Então desce e se enrola, imita o cone superior e tem o sol na barriga. Isso é sublinhado duas vezes, pois é importante, e atrás

---

80. Sobre a tradução das runas e seu aspecto como "formas de ioga rúnica", cf. as observações de Liebscher, Peck e Shamdasani em "Traduzindo as runas de Jung" (Jung, 2020, vol. 1, p. 115).

> disso há uma parada reta. Depois, estende dois braços e gostaria de permanecer firme, reto e puxar para si os dois sóis. Isso é sujo, não é? Mas o cone inferior tem o sol escuro na barriga, e alguém se escandaliza com isso. Se fosse uma roda que contém em si a cruz, ele permaneceria firme e, mesmo assim, seguiria o caminho tortuoso em torno dos dois sóis. É isso que diz (Jung, 2020, vol. 7, p. 152).

Aparece aqui, nessa criptografia simbólica e original, um tema repetido em todas as runas e no mito cosmogônico de Ha: a presença dos dois cones. Nas runas, os dois cones são sempre acompanhados de dois sóis, os símbolos arquetípicos de energia psíquica. Um tema constante das runas: a busca de integração dos dois sóis, da libido espiritual com a libido instintiva.

Com a insistência da alma, ainda no registro de 7 de outubro de 1917, outras runas são mostradas e comentadas por Ha, como uma delas, a qual Ha descreve da seguinte maneira:

> Visto que já tendes vos tornado um ali, o cone superior vem e pega seu sol, o engole, e ele desaparece. Cais e continuais a avançar. Embaixo, fazeis uma prisão grande para os dois sóis ou para vós dois e para um terceiro, mas então desce poderosamente o fogo superior e atrai o cone inferior para o alto. Isso vos puxa para trás, mesmo assim ansiais pelo avanço, isto é, pela serpente, que sempre vos agradou tanto. Por causa do cone inferior, ansiais pela serpente no alto, ela se arrasta pelo céu por cima do sol inferior, que está em contato com a terra. Mas deveis olhar mais à frente. O superior deve descer, e o inferior deve subir e, mesmo assim, estar separado. Então o cone superior deixa sair seu sol escuro. Vós ansiais para trás pelo sol inferior, mas ele está sob o chão. Visto que ansiais para trás, uma corcunda vos cresce para a frente. Fazeis um solo firme embaixo e vos enrolais no centro (Jung, 2020, vol. 7, p. 155).

Há sempre o dinamismo dos dois cones, o movimento de dois sóis, desenhos simbólicos de prisões, portas, braços e mãos para frente e muitos outros. Ha utiliza, em sua comunicação, um linguajar abstruso, quase incompreensível, porém, com o auxílio dos desenhos simbólicos, algo dessa comunicação pode, aos poucos, ser inferido. Pode-se perceber nas runas um movimento de centralização e busca de integração de opostos de maneira rudimentar. Comparando-se o discurso obscuro de Ha com as claras alegorias gnósticas de Filêmon, vamos compreendendo Filêmon como um aspecto mais diferenciado de Ha. Nesse sentido, Ha "é o pai de Filêmon", pai como antecessor e manifestação menos diferenciada.

Após um primeiro contato com as runas, percebemos que sua mensagem não pode ser compreendida imediatamente. As runas são criptogramas do inconsciente profundo absolutamente originais, que demandam de nós muita reflexão, meditação e processo associativo para perceber aos poucos seu conteúdo. Cones, sóis, serpentes e posturas de ioga são chaves para uma linguagem onírica de verdades universais ainda pouco conhecidas.

10.8 As transformações do eu consciente pelas feridas do espírito

A *infirmitas* do próprio "eu" de Jung aparece na ilustração 109, no capítulo denominado "Nox Tertia" do *Liber Secundus* de *O Livro Vermelho* (2010a). A legenda da ilustração diz: "Essa pessoa feita de matéria subiu demais para dentro do mundo do espírito, mas lá o espírito perfurou-lhe o coração com o raio de ouro. Ela entrou em êxtase e desagregou. A serpente, que é o mal, não podia permanecer no mundo do espírito" (Jung, 2010a, p. 310, n. 193). Aqui está ilustrada uma experiência mística em sua culminância. A ferida feita no coração, o órgão da memória e da identidade, lembra os estigmas comuns à experiência mística profunda. Uma transformação psicológica radical tem lugar. A serpente, representante da vida orgânica, parece ter sido esquecida, nessa experiência radical do espírito. Aqui, parece haver um chamado compensatório para a realidade do instinto e do corpo material.

Mas a serpente tem sempre um sentido múltiplo escapando a qualquer interpretação fixa. Segundo lemos na inscrição ao lado da ilustração 111 de *O Livro Vermelho*: "A serpente tombou morta sobre a terra. E esse foi o cordão umbilical de seu novo nascimento" (Jung, 2010a, p. 313, n. 201). Fica clara, na representação da serpente como um cordão umbilical, a preparação para a encarnação em nova vida. Presenciamos, aqui nessa leitura das feridas do "eu", um contínuo processo de mortes e ressurreições sucessivas, necessária para a transformação da personalidade.

10.9 Wotan, profeta ferido e transformador

A presença de Wotan em *Os Livros Negros* é importante como conexão com o mundo dos mortos. No volume 7 há sucessivos encontros com Wotan. "Ele estivera com os mortos de Jung, seus cachorros e seu pai. Afirmou que era um andarilho e que mudava de forma em que aparecia" (Shamdasani, 2020, p. 78).

Ser andarilho e mudar de forma são duas características de Wotan[81]. Na verdade, o deus das tempestades tem uma aproximação forte com Jung desde seu nascimento. Jung nascera em casa, e, quando a mãe quis levá-lo à igreja para o batismo, abateu-se sobre o local fortíssima e inesperada tempestade. Houve, então, grande preocupação com a segurança da criança. A família esqueceu-se desse fato, até que o jovem Carl, aos 15 anos, de-

---

81. Essas características de ser andarilho, mudar de forma e perder um olho nos permitem visualizar a presença de Wotan já em outros personagens de *Os Livros Negros*, como o vagabundo chamado "Um dos degradados" e no mago negro Ha. A constelação de Wotan estaria acontecendo em momentos diferentes do percurso iniciatório de Jung. (Agradeço a Renato Escudero, componente de nosso Grupo de Pesquisas sobre *Os Livros Negros*, que chamou a minha atenção para a ligação entre Wotan e "Um dos degradados".)

dicou um poema à sua mãe descrevendo a tempestade[82]. Talvez essa tenha sido a primeira manifestação de Wotan, intimamente associado ao destino futuro de Jung.

O simbolismo do olho como *infirmitas* aparece de novo em Wotan, como já estivera presente em Salomé, no Degradado e no mago negro Ha, mas em cada caso com significado diferente. Nesse caso, Wotan sacrificou seu olho ao ser dependurado na árvore cósmica Yggdrasil, o eixo do mundo, durante nove dias. O olho é sacrificado na fonte do anão Mimir. Nesse caso, a perda do olho leva ao dom da profecia pela atividade mântica com as runas. Como lembra Jung no Seminário Zaratustra (1988) (cf. Shamdasani, 2020, p. 80):

> Ele é o deus dos oráculos, do conhecimento secreto, da feitiçaria, e ele é também o equivalente do Hermes psicopompo [...], como Osíris ele só tem um olho, e outro olho é sacrificado ao submundo. Portanto é um símbolo perfeitamente adequado para nosso mundo moderno em que o inconsciente se manifesta como um rio e nos força a voltar um olho para dentro [...]. Wotan expressa o espírito do tempo em uma medida que é misteriosa e cuja sabedoria e conhecimento são relativamente selvagens [...]. Wotan não é o deus dos seres civilizados, mas uma condição da natureza.

Podemos considerar Wotan como estando muito presente no mundo contemporâneo, assim como esteve presente às vésperas da Segunda Guerra Mundial, quando Jung pronunciou as palavras anteriores em seu Seminário Zaratustra, dado de 1934 a 1939. Dependurado em sua árvore cósmica, oferecendo seu olho em sacrifício, ele é um verdadeiro portal para os tempos de transição em que vivemos, quando a sociedade e o indivíduo são submetidos a rápidas mudanças. São tempos muitíssimo semelhantes aos da escrita de *Os Livros Negros*, quando Jung presenciava a guerra e a pandemia de gripe espanhola transformando a Europa, e, ao

82. Cf. Shamdasani (2020, p. 79, n. 247), citando biografia de Jung por Lucy Heyer Grote.

mesmo tempo, era desafiado a confrontar todo seu universo interior, sob o poderoso chamado do espírito das profundezas.

Referências

Brandão, J. (1991). *Dicionário mítico-etimológico da mitologia grega*. Vozes.

Eliade, M. (1962). *Patanjali et le Yoga*. Seuil.

Eliade, M. (1974). *Shamanism: archaic techniques of ecstasy*. Princeton.

Hillman, J. (1992). *O código do ser: Uma busca do caráter e da vocação pessoal*. Objetiva.

Jung, C.G. (1988). *Nietzsche's Zarathustra. Notes of the seminar given in 1934-1939* (edited by J. L. Jarrett). Bollingen Series. Princeton.

Jung, C.G. (2006). *Memórias, sonhos, reflexões* (prefácio de S. Britto). Nova Fronteira.

Jung, C.G. (2010a). *O Livro Vermelho – Liber Novus*. Vozes.

Jung, C.G. (2010b). *Seminários sobre psicologia analítica (1925)*. Vozes.

Jung, C.G. (2011). *A natureza da psique* (Obra Completa, Vol. 8/2). Vozes.

Jung, C.G. (2011). *Comentário a "O segredo da flor de ouro"* (Obra Completa, Vol. 13). Vozes.

Jung, C.G. (2011). *O problema psíquico do homem moderno* (Obra Completa, Vol. 10). Vozes.

Jung, C.G. (2011). *Tipos psicológicos* (Obra Completa, Vol. 06) (4a ed., tradução de L.M.E. Orth). Vozes.

Jung, C.G. (2020). *Os Livros Negros: 1913-1932 – Cadernos de transformação* (7 vol., edição de S. Shamdasani, tradução de M. Hediger). Vozes.

Kerényi, M.K. (1980). *The Gods of the Greeks*. Thames & Hudson.

Nietzsche, F. (2012). *A Gaia Ciência* (tradução de P. C. de Sousa). Companhia de Bolso.

Shamdasani, S. (2020). Em busca de uma ciência visionária: os cadernos de transformação de Jung. In C.G. Jung, *Os Livros Negros: 1913-1932 – Cadernos de transformação* (Vol. 1, p. 11-112, edição de S. Shamdasani, tradução de M. Hedinger). Vozes.

Von Franz, M.-L. (1978). *Creation Myths*. Spring Publications.

Anexo de ilustrações

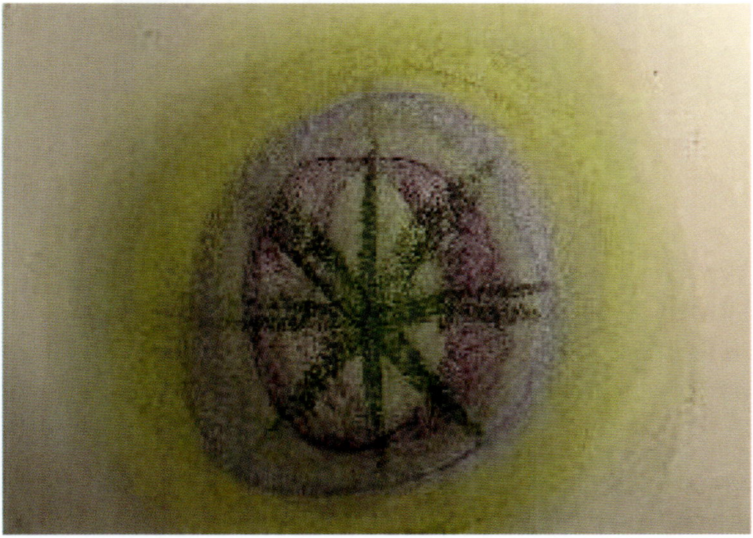

FIGURA 1

Representação bidimensional de um cone tridimensional e/ou corte sagital de uma árvore

Referente ao capítulo 4, "Imaginação ativa: uma experiência no mundo imaginal", de Heloisa Longo.

FIGURA 2

Atriz: Natália Solorzano. Tenda da terra, espetáculo Sonhares. *A personagem, envolta na noite, ergue o tambor xamânico sobre a cabeça e evoca o círculo como potência de vida. A imagem nos remete ao círculo lunar, à ancestralidade, aos rituais de fertilidade, ao feminino, à mãe terra, à sabedoria das* abuelas. *Do escuro de suas vestes, um tênue tom de azul parece sugerir o arquétipo da serpente.*

Espetáculo Sonhares, *do Coletivo Teatro do Instante*
Direção: Rita de Almeida Castro
Codireção: William Ferreira
Fotografia: Diego Bresani

Referente ao capítulo 16, "Sonhares possíveis: Jung, uma dramaturgia simbólica", de Adriana Dantas de Mariz e Rita de Almeida Castro.

FIGURA 3

Atriz: Deborah Dodd. Tenda da água, espetáculo Sonhares.
A figura se apresenta nua, de costas, curvada sobre ela mesma. Com sua mão direita segura uma coluna feita de gelo sobre a sua própria coluna vertebral. O objeto traz uma pedra, também de gelo, amarrada em sua ponta. A espinha dorsal é, ao mesmo tempo, eixo e corrente; peso e leveza; osso e água. O gelo, ao se derreter aos poucos, pode nos trazer a dimensão da efemeridade da vida. O tempo em suas diversas manifestações.

Espetáculo Sonhares, *do Coletivo Teatro do Instante*
Direção: Rita de Almeida Castro
Codireção: William Ferreira
Fotografia: Diego Bresani

Referente ao capítulo 16, "Sonhares possíveis: Jung, uma dramaturgia simbólica", de Adriana Dantas de Mariz e Rita de Almeida Castro.

FIGURA 4

Atriz: Alice Stefânia. Tenda do fogo, espetáculo Sonhares.
A imagem apresenta a personagem no instante de um grito, com a boca bem aberta e os dedos repletos de anéis. O símbolo do grito, com o gesto expressionista das mãos e a boca escancarada, parece remeter à simbologia da vulva e da vagina; à potência do verbo, da criação. A fala emitida como labareda de fogo, com o poder de incendiar e transformar.

Espetáculo Sonhares, *do Coletivo Teatro do Instante*
Direção: Rita de Almeida Castro
Codireção: William Ferreira
Fotografia: Diego Bresani

Referente ao capítulo 16, "Sonhares possíveis: Jung, uma dramaturgia simbólica", de Adriana Dantas de Mariz e Rita de Almeida Castro.

FIGURA 5

Atriz: Carmen Mee. Tenda do vento, espetáculo Sonhares.
Uma figura enigmática dança ao redor do fogo. Suas vestes brancas evocam a leveza do vento, seu poder, sua mutabilidade. O sopro original, o alento. Podemos vislumbrar com a imagem a presença da impermanência e a fugacidade do instante.

Espetáculo Sonhares, *do Coletivo Teatro do Instante*
Direção: Rita de Almeida Castro
Codireção: William Ferreira
Fotografia: Diego Bresani

Referente ao capítulo 16, "Sonhares possíveis: Jung, uma dramaturgia simbólica", de Adriana Dantas de Mariz e Rita de Almeida Castro.

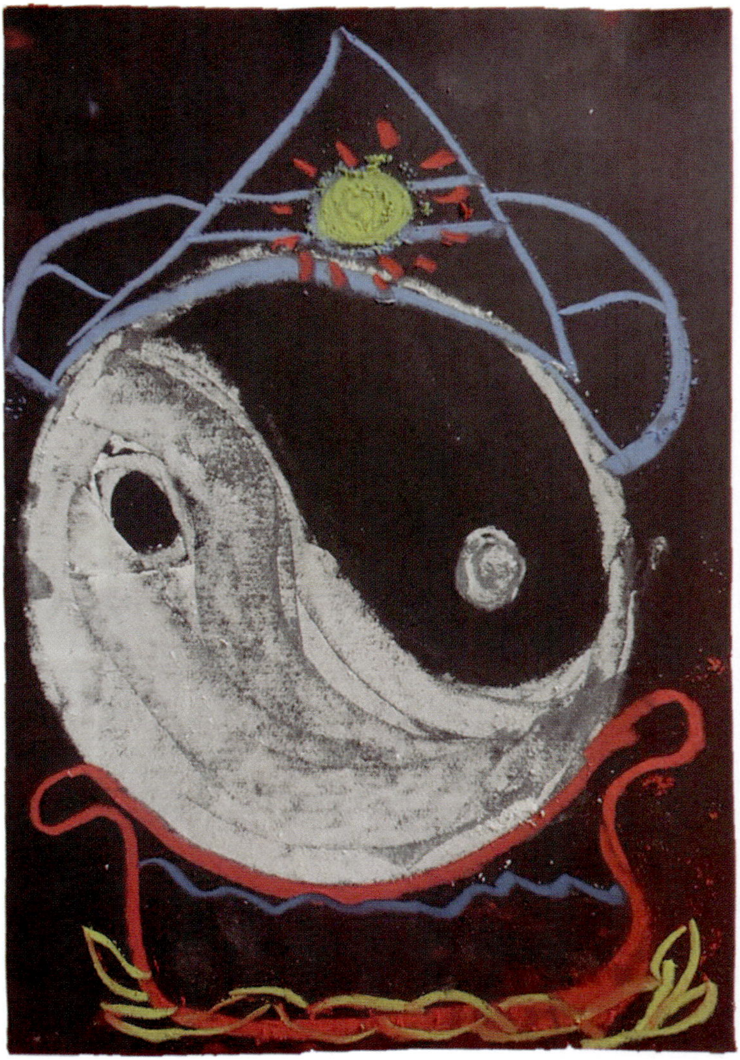

FIGURA 6

Versão colorida do desenho de Silvia Renata Medina da Rocha intitulado "Jornada do Tao", feito durante processo de imaginação ativa realizado em um encontro on-line do Grupo de Pesquisa "Os Livros Negros de C.G. Jung"*. Imagem gentilmente cedida pela autora.*

Referente ao capítulo 17, "Do surgimento dos grupos de pesquisa sobre Os Livros Negros *e sua dinâmica", de Walter Boechat.*

FIGURA 7

Imagem de Eugenia Cordeiro Curvelo intitulada "Abraxas", feita durante o encontro on-line do Grupo de Pesquisa "Os Livros Negros de C.G. Jung", em 14 de agosto de 2024.

FIGURA 8

Imagem de Eugenia Cordeiro Curvelo intitulada "A cura do caminho sagrado", feita durante o encontro on-line do Grupo de Pesquisa "Os Livros Negros *de C.G. Jung", em 3 de abril de 2024.*

11

Jung mítico

Rhodys Sigrist

> Deus não é solene, ele é terrível. Solenidade pertence a ti, é humana, não de Deus. Deus não precisa de teatro. Eu sou o supremo dos mortos e ressuscitados. Eu estava morto, tu me dás vida, tua vida.
>
> (Jung, C.G., *Os Livros Negros*, vol. 5, p. 252)

Minha proposta com este capítulo não é reafirmar a importância histórica da obra de Jung, tampouco é uma tentativa de "catalogar miticamente" os conceitos que Jung trabalha em seu pensamento científico. Aqui, busquei adentrar no que Jung, como alguém que nunca conheci pessoalmente – e nunca conhecerei –, estimulou em mim quando comecei a estudar seus cadernos mais confidenciais. Anos de estudos e reflexões solitárias e grupais formaram um Jung que despertou em mim imagens carregadas de emoções, dúvidas, curiosidades, como ocorre com uma boa ficção. *Os Livros Negros*, como pura fantasia, são um tipo de interpretação da vida, que pode ser mais real do que a própria vida. Nisso tentei ao máximo, dentro da construção deste capítulo, trazer em minha fala mais o impacto que experienciei de

Os Livros Negros do que dizer o que eles são e sua necessidade de leitura. Isso, eles mesmos dirão por si para cada leitor sensível, que verá personagens que tomam emprestados aspectos de seres reais para falar embebidos de vitalidade sobre coisas profundamente verdadeiras, no sentido mitológico da palavra "verdade".

Carl Gustav Jung (1875-1961) foi um dos pioneiros da psicologia profunda, tendo dedicado sua vida e obra a mergulhar na psique, em como ela se apresenta em suas mais diversas camadas de percepção sobre a realidade. O campo da psicologia profunda – que, além de Jung, contou com autores como Sigmund Freud e Eugen Bleuler como referências investigativas sobre a manifestação de atividades autônomas transpessoais (por exemplo, a psicopatologia) como forças que atravessam o campo da volição – busca refletir sobre a relação entre fenômenos conscientes e inconscientes, a partir do ponto de vista de que um tipo de olhar, sentimento e lógica costumam ser caracteristicamente mais determinados por fatores que não são percebidos primariamente pela consciência. Se há, então, uma premissa da existência de um tipo de percepção que antecede todo e qualquer fenômeno, o que em nós capta essa noção de sentido é a psique. Mas o que, afinal, é psique?

Em *Tipos psicológicos* (OC 6) Jung traz uma declaração introdutória dentro da psicologia profunda sobre a natureza da psique e a dificuldade dessa linguagem dentro do campo científico positivista. Jung descreve que:

> A psique cria a realidade todos os dias. A única expressão que me ocorre para designar esta atividade é fantasia. A fantasia é tanto sentimento quanto pensamento, é tanto intuição quanto sensação. Não há função psíquica que não esteja inseparavelmente ligada pela fantasia com as outras funções psíquicas. [...] Para o campo da ciência, a fantasia é tabu, tanto quanto o sentimento. Uma vez, porém, reconhecida a oposição subjacente como psicológica, a psicolo-

> gia será obrigada a reconhecer não só o ponto de vista do sentimento, mas também o ponto de vista intermediário da fantasia. É aqui que surge a grande dificuldade: a fantasia é, em sua maior parte, produto do inconsciente. Ainda que inclua elementos conscientes, sua característica especial é ser essencialmente involuntária e estranha ao conteúdo da consciência (OC 6, §§ 73-74).

Jung indica aqui o que é natureza psíquica e sua principal função: ela é o que em nós está fantasiando (ou imaginando) o tempo todo. Qualquer que seja o tipo de apreensão sobre algum acontecimento, é o que em nós fantasia que está intermediando esse contato, isto é, seja qual for a forma como algo está sendo compreendido (racional, sentimental etc.), ele está sendo captado por meio de uma atividade imaginal, e aquilo que em nós cria fantasias o tempo todo é a psique (ou alma). Fantasias, em minha interpretação sobre o que diz Jung, são uma criação independente da consciência; não são uma meditação direcionada, mas um "olhar invisível", em que o indivíduo está sendo percebido antes de perceber, por algo (ou alguém) que até então lhe era alheio, desconhecido, estranho, e, ao mesmo tempo, fala intimamente sobre ele. Tudo o que descrevi aqui acontece constantemente em todo *Os Livros Negros*.

Com o advento da publicação de *O Livro Vermelho - Liber Novus* em 2010 e, posteriormente, com a publicação de *Os Livros Negros* em 2020, é possível notar, nessas obras de caráter fantasioso, escritos em forma de diário (que não foram feitos para serem publicados, ou seja, não têm exatamente uma pretensão de serem um discurso metodológico formal, e sim uma preocupação em chegar o mais próximo possível de uma linguagem que sustente o interesse da fantasia em narrar-se), um Jung menos conceitual, que está em busca de uma dialética entre o mundo da alma (ou psique) e sua consciência habitual, e, ao estar nesse "outro lado", confronta-se com personagens psíquicos que produzem um efeito reflexivo.

Outro detalhe importante da citação direta de *Tipos psicológicos* (OC 6) é onde a imaginação se origina. Jung nos indica que ela é fundamentalmente advinda do inconsciente, ou seja, não é totalmente cognoscível, não é fruto de um querer experienciar algo daquela primeira forma que foi apresentada. Fantasiar tem sua principal gênese na inconsciência, pois sua origem não é passível de ser totalmente (re)conhecida. Além disso, Jung destaca o termo "involuntária", que remete a uma autonomia do próprio fantasiar sobre a consciência. Entendo que estamos falando então de um campo em que algo em mim age por conta própria, um "Outro", que está constantemente atuante, e esse Outro é tão ele próprio que não pede passagem, atravessa minha percepção habitual e vê outra coisa além da que eu percebi. Se, então, "psique é imagem", determinar o que uma imagem é seria "limpar" as imagens de suas incertezas, eliminando todo o desconhecido e o contato da consciência com a inconsciência. É um contato angustiante para o Ego, pois ele sofre por não saber o que fazer, e, ao mesmo tempo, é sustentando essa angústia que a imagem opera na transformação da consciência retirando-a do centro do saber. O risco de perder a complexidade da imagem é de também perder a percepção da própria inconsciência de que há um Outro em mim, que antecede minha história porque ele tem a sua própria. É algo ou alguém que está lá antes de mim, como um *background* de uma potencialidade.

O Jung de *Os Livros Negros* personifica seu *páthos*, suas experiências mais mobilizantes, em forma de mitos. Porém, esses mitos não servem a Jung, no sentido de ensinarem uma lição pela qual ele deve passar, até sair dela. Esse tipo de direcionamento citado anteriormente está, na verdade, servindo a uma fantasia que busca continuar promovendo a si mesma como Eu, com o agravante de entender que toda e qualquer estranheza deve ser eliminada. Nessa colocação, estamos entrando dentro da fantasia do herói que deseja derrotar seus inimigos ou que imagina que haja inimigos a serem derrotados. Todavia, esse tipo de herói não se dá conta de que estamos lidando com um fator que não depende de uma materialidade física para se manifestar, ele volta a se apresentar de formas invisivelmente criativas, e que geralmente vêm como sofrimento e urgência. A atitude apresentada em *Os Livros Negros* é outra: manter o máximo possível a tensão Eu-Outro para que esse Outro continue interessado em mim, em falar mais sobre ele, e que até mesmo ensine sobre sua própria forma de ser, pensar, sentir, articular e agir. Quanto mais a percepção de que se está nos domínios de um Outro é mantida, mais a transferência de significados de um sujeito particular para outro sujeito particular vai transformando dialeticamente ambos em seus próprios destinos.

Há passagens em que Jung percebe o risco do olhar mono e autocentrado, buscando uma resolução que elimina angústias (trazidas pelo contato com o diferente, o estrangeiro), como o exemplo a seguir:

> Ele [Elias] diz:
> "Estás temeroso? Por que tens medo? Tua ignorância é culpada por tua má consciência. O não saber age como culpa. Tu acreditas que o anseio por conhecimento proibido é a língua primordial de teu sentimento de culpa. Tu te enganas, mas especialmente sobre ti mesmo. Por que achas que estás aqui?"
> Eu não sei. Eu afundei neste lugar quando, ignorante, ansiava pelo não sabido. Assim, estou aqui, surpreso e perdido, como um tolo ignorante. Descubro coisas estranhas em tua casa, coisas que me assustam, e não sei o que significam.
> "Então ouve. Se não fosse tua lei estar aqui, como estarias aqui?"
> Sou acometido de fraqueza fatal, meu pai –
> "Tu te esquivas. Não podes fugir de tua lei."

> O que dizes? Como posso fugir daquilo que desconheço, daquilo que não posso alcançar com sentimento nem pensamento?
> "Tu mentes – não sabes que tu mesmo reconheceste o que significa Salomé te amar?"
> Tens razão. Por um instante, um pensamento duvidoso e incerto surgiu dentro de mim, mas voltei a esquecê-lo.
> "Tu não o esqueceste. Ele ardia nas profundezas do teu íntimo. Mas tu tens medo da megalomania. És tão covarde? Ou não consegues discernir este pensamento de ti mesmo, de tua humanidade, de modo que querias reivindicá-lo para ti mesmo?"
> O pensamento ia longe demais para mim, e eu temo ideias que voam longe. Elas são perigosas, pois também sou um ser humano, e tu sabes o quanto as pessoas estão acostumadas a ver pensamentos como propriedade sua, como seu mais íntimo, de modo que finalmente os confundem consigo mesmas (Jung, 2020, vol. 2, p. 188-189).

Nessa conversa com Elias, que é um ser mítico com ares de profeta das chamas, Jung reconhece que está no campo da fantasia, nos domínios de Elias. Durante o diálogo, percebe a facilidade de cair na confusão entre Eu-Outro ("Ou não consegues discernir este pensamento de ti mesmo, de tua humanidade, de modo que querias reivindicá-lo para ti mesmo?"), na mesma medida em que há uma percepção de haver um Outro no Eu ("[...] tu sabes o quanto as pessoas estão acostumadas a ver pensamentos como propriedade sua, como seu mais íntimo, de modo que finalmente os confundem consigo mesmas").

Minha insistência em realçar a importância da perspectiva imagética é por ela ser a alma do pensamento mítico proporcionado em *Os Livros Negros*. Diferentemente do pensamento conceitual, preocupado em revelar, explicitar, categorizar e determinar o que não está devidamente claro, o pensamento mítico busca uma ponte de permanência entre o claro e o escuro, conservando-se em um lugar intermediário. É um tipo de pensamento feito por imagens, que sugere outra atitude em relação ao mistério, ao desconhecido, o estranho, que seja mais harmoniosa em relação à forma como o desconhecido deseja expressar sobre si próprio – isso se ele desejar se expressar.

Os Livros Negros são datados (cada escrito tem dia e ano marcados), mas – assim como o *Metamorfoses*, de Ovídio – podem ser lidos em uma sequência cronológica ou serem abertos randomicamente. Como um bom livro mitopoético, as imagens vertem como um fluxo inesgotável. Em *Os Livros Negros* (na edição que a Editora Vozes trouxe ao Brasil) há, além da tradução, os escritos originais grafados a lápis no início de cada um dos sete livros. Nesses originais é possível ver a energia impressa nos escritos a lápis, os tons emocionados, o autor vivendo a obra e a obra ganhando vida própria. A pessoa de Jung não está mais viva, mas sua obra sim, e, através dela, Jung torna-se um ser "mítico".

Uma curiosidade importante sobre as figuras personificadas que aparecem em *Os Livros Negros* é que elas geralmente têm uma ferida (por exemplo, Salomé é cega e Filêmon é manco), o que indica o caráter de quem está em pauta[83]. Caráter como cicatriz, daquele que é reconhecido pela sua marca. Cada personagem é uma ferida, e cada ferida é como um tandem; faz com que outra imagem apareça e se articule dentro da narrativa ficcional – por exemplo, o coxo que sabe de seu estado de sofrimento também sabe da importância de seu cajado e que, sem seu cajado, não andará bem. O cajado é, então, um símbolo de sabedoria por estar diretamente relacionado à sua própria limitação e, ao mesmo tempo, à expansão de sua vontade.

Em uma das transformações mais notórias de *Os Livros Negros*, em que Elias e Salomé vão aos poucos dando espaço ao aparecimento da imagem de Filêmon, como uma reação he-

---

83. Cf. capítulo 10, "A *infirmitas* do arquétipo: o adoecimento dos personagens de *Os Livros Negros*", de Walter Boechat.

morrágica da alma, um fluxo incontrolável em que as mudanças qualitativas estão sempre acontecendo, (de)formando-se (ou no rio, como diria Heráclito), ou deixando de ser apenas de uma só forma. Na medida em que os personagens de Jung se transformam, Jung se transforma junto. A força motriz da mudança não se inicia de uma vontade consciente de Jung, mas da necessidade de entrar em contato com o que está constantemente atravessando o ser de Jung, algo que está nele e ele não sabe até encontrar uma narrativa que traga uma possibilidade de contato com o que lhe aflige. Quanto mais atento se está a cada personagem mítico, mantendo a tensão entre Ser e Não Ser, mais livre ele está para dizer quem ele é, e, assim, deixa de ser preciso levar os requerimentos das próprias aflições ao pé da letra. Pensar miticamente é pensar por imagens, através delas, sobre o que mostram a respeito de si (e não o que supostamente escondem, pois isso levaria a outro tipo de *logos*). E imagens não são conceitos, mas sim tipos de provocações.

Podemos, por meio da perspectiva mítica, ver *Os Livros Negros* como uma catábase, uma descida ao que é invisível aos olhos comuns. O importante a ressaltar aqui é a necessidade e a intencionalidade que Jung tem ao fazer essa descida em direção às suas fantasias:

> Quando tive, em outubro de 1913, a visão do dilúvio, isto aconteceu numa época que foi muito importante para mim como pessoa. Naquele tempo, por volta dos meus 40 anos de vida, havia alcançado tudo o que eu desejara. Havia conseguido fama, poder, riqueza, saber e toda a felicidade humana. Cessou minha ambição de aumentar esses bens, a ambição retrocedeu em mim, e o pavor se apoderou de mim (Jung, 2015, p. 115-116).

Nessa passagem, Jung aponta um momento de mudança de interesse: Seus desejos externos estavam realizados, o que restava? Sua libido regride, e ele adoece. Walter Boechat, em sua obra *O Livro Vermelho de C.G. Jung – Jornada para profundidades desconhecidas*, ressalta que, nessa época, Jung havia acabado de romper com Freud, o que também é um marco de mudança de paradigmas de Jung, que rompe com a visão psicanalítica tradicional (sendo essa, na época, um movimento de análise interpretativa conceitual sobre os processos psíquicos), para ir em busca de um viés que conversasse de outra forma com os fenômenos psicológicos. Além da ruptura com Freud, Jung encerra, em 1909, seu trabalho no Hospital Burghölzli. Uma época de finalizações dos vínculos institucionais.

De acordo com Boechat (2020, p. 27-28):

> Essas fortes mudanças ganham expressão metafórica no *Liber Novus* naquilo que Jung denominou o confronto entre o **espírito do tempo** e o **espírito das profundezas**. São duas vozes que se contrapõem apontando caminhos diversos. Fica evidente que o **espírito do tempo** representa a perspectiva das instituições, a aquiescência aos grupos sociais, a fácil adaptação aos valores impostos de fora, os envolvimentos superficiais com os valores da **persona**. Já o **espírito das profundezas** personifica uma nova voz, algo renovador que brota do mais profundo, a voz poderosa do *vocatio*, impele a um salto para o desconhecido interior e o trilhar pela longuíssima via nunca antes trilhada. Essa voz é algo irresistível que impele quem a ouve a caminhar por caminhos novos.

Duas vozes diferentes apontando para diversos caminhos de uma questão. Uma encruzilhada. A vida de Jung fora percebida, nesse momento, como mais complexa do que só obter conquistas materiais. Ele havia percebido que, em outro plano, esse tipo de sucesso era uma perda de sentido íntimo[84].

Algo importante a ser destacado aqui são as figuras que se apresentam para Jung em *Os Livros Negros*: várias delas são ima-

---

84. Cf. capítulo 5, "Jung – Libertação e individuação: 'abandona o que possuis e receberás'", de Helena Saldanha de Azevedo Santos.

gens provindas da cultura, da história, seja a história da humanidade, seja a história de vida de Jung. Mas essas figuras não são históricas, não estão contando histórias, elas são fantasias. Há aí uma percepção profunda: as figuras históricas são reais, em seu sentido psicológico; elas estão apresentando a realidade psíquica a Jung. Elas são específicas, dizem ao sonhador quem elas são, ou seja, algo/alguém que sou e não sei. Portanto, essas figuras "históricas" não são produzidas por causa de uma percepção externa – isso seria negar sua interioridade e profundidade –, mas são facilitadores para entrar em um campo incomum sobre algo em mim que desconheço. É como se essas figuras históricas emprestassem a Jung um óculos para que outra realidade fosse apresentada. Apenas um radicalmente Não Eu pode mostrar o que em mim eu não sei.

Não são as histórias factuais que produzem mito, é o *logos* mítico que (re)produz suas próprias histórias. A partir do momento em que um mito é usado para uma classificação diagnóstica, perde seu caráter mítico. James Hillman, em seu livro *Re-vendo a psicologia*, nos ajuda a compreender melhor essa perspectiva intermediária que o mitologizar oferece. Segundo o autor:

> [...] O pensamento mítico não é um pensamento prático, direto. As metáforas míticas não são etiologias, explicações causais ou crachás. Elas são perspectivas sobre os eventos que deslocam a experiência dos eventos; mas não são, em si mesmas, eventos. Elas são semelhanças de acontecimentos, tornando-os inteligíveis; mas elas mesmas não acontecem. Elas relatam a história arquetípica na história de caso, o mito na confusão. A reversão também fornece um novo acesso aos mitos: se estão diretamente conectados aos nossos complexos, podem ser percebidos através de nossas aflições. Não são mais histórias num livro ilustrado. Nós somos aquelas histórias, e nós as ilustramos com as nossas vidas (Hillman, 2010, p. 213-214).

O pensamento mítico não é direto, nem busca ser uma lição de moral, pois ele não está interessado em educar a vida cotidiana. Seu caminho é indireto, busca "indireções", ou seja, vai para lugares que costumo não ir. É um caminho intermediário, reflexivo, não preocupado em como me sinto (e há diversos momentos em *Os Livros Negros* em que Jung, ao indagar a alma, recebe respostas "frias", no sentido de ela não estar preocupada com as aflições dele, mas puramente com o que ela tem a apresentar de diferente a ele).

É a nossa vida que dá sangue aos mitos, e, em troca, eles nos dizem quem somos. Como Odisseu no Hades, oferecemos em sacrifício aquilo que alimenta nosso ser e assim nos nutrimos de sentido, do sabor verdadeiro do próprio vazio. O mar já não é apenas mar, mas uma força própria que me joga para longe de casa. Agora é um deus furioso, que fora continuamente desonrado. O mito nos abandona se nosso interesse for "desmistificá-lo" (ou seja, traduzi-lo como uma verdade factual absoluta, como um evento palpável passível de ser comprovado). Em vários momentos de *Os Livros Negros*, Jung encontra essa dificuldade. Sua consciência habitual teima e teme o que o mito sugere, muito por conta da postura prática que ele toma diante do desconhecido. Reversão aqui não se torna um ato causal, ir ao fato em si para corrigi-lo; Jung, ao dialogar com as figuras míticas, está "regredindo", não está contando os fatos de sua vida para personagens que ele resolveu nomear para que lhe dessem conselhos sobre o que fazer e o que não fazer. Jung faz o caminho reverso: pergunta quem é aquela imagem e qual é o seu nome, descreve sua aparência, percebe quem está sonhando-o enquanto ele está acordado. Os personagens míticos não existem, de fato, mas são eles que "desmistificam" os fatos (ou seja, liberam um acontecimento de um tipo de olhar pragmático); deixam de ser consequências causais para tornarem-se uma das diversas formas de se experienciar determinado fato como um fator. A pergunta "O que realmente aconteceu?" dá espaço para "Quem foi que entendeu isso dessa maneira?"

Se estamos trazendo o fantasiar, o imaginar, como algo autônomo, criador, um tipo de "órgão perceptivo", há duas considerações que entendo que merecerem destaque: a primeira é a proposta bachelardiana a respeito da radicalização da imaginação como uma experiência puramente fenomenológica; e a segunda é que esse fenômeno traz consigo diversas perspectivas simultaneamente.

Trago Gaston Bachelard (1884-1962) como uma das mais importantes referências sobre a revisão do pensamento junguiano. Grande parte da obra "noturna" de Bachelard – que são os livros sobre devaneios, poética e imaginação – teve Jung como autor-base sobre a lógica da imagem – e imagem como algo que imagina em mim, que tem seu próprio "metabolismo", tem seu próprio objetivo, independentemente do que eu quero. O filósofo francês comenta, em seu livro *A poética do devaneio* (Bachelard, 2018, p. 78), que: "O homem é um ser a imaginar. Pois, afinal, a função do irreal se dá tanto diante do homem como diante do cosmos. O que é que conheceríamos do outro se não o imaginássemos?" Bachelard está colocando a imaginação no lugar do saber objetivo, de que o mundo só é acessível se ele for imaginável. Enquanto o subjetivo faz correlações com elementos visíveis (minha tristeza, minha ansiedade etc.), e com isso costuma trazer o inconsciente para o consciente, os personagens míticos estão no nível objetivo (psique objetiva); eles acentuam, destacam, pré-posicionam – como preposições, em que cada um se situa, e também como uma posição que já está lá antes da minha percepção – o invisível daquilo que é visível. A diferença é que, enquanto o subjetivo luta para entender (deixar ainda mais claro aquilo que já está sendo vivido), o nível objetivo interrompe o fluxo comum (como se estivesse andando no escuro; a pessoa do mito é alguém que é *como* uma pessoa comum, mas não é ela própria, a da vida diurna, histórica).

Para Bachelard a imaginação é antecessora à percepção, o que nos indica que, antes mesmo de percebermos o que estamos experimentando, algo dentro dessa experiência já está nela mesma, que se não percebermos que tudo dentro do nosso contato com o mundo é uma fantasia, corremos o risco de ficarmos presos dentro dessa lente; um excesso de foco em uma coisa só.

A segunda consideração é o que entendo quando Jung diz que "a psique cria realidade todos os dias", de que a atividade psíquica está constantemente **transformando** aquilo que chamamos de realidade. A frequência dessa transformação é constante, diária. Assim como em nosso mundo, em que acontecimentos diurnos ocorrem em uma parte e, ao mesmo tempo, em outro lugar do planeta, acontecem fenômenos noturnos. É o mesmo mundo, mas, quando é apreendido psicologicamente, a luz habitual é perdida. A imagem do *Sol Niger* aparece, a consciência de minha inconsciência e a consciência de que, dentro de cada luz, há tantas outras coisas não sendo percebidas. Jung chamou esse evento de sincronicidade, de "fenômenos psicoides", quando aspectos arquetípicos se aproximam do pessoal, interconectando-se. Mas isso também é exatamente como o nosso mundo chamado Planeta Terra. Dia e noite não se separam, eles se movimentam e dançam pelo mundo variando dia e noite concomitantemente. Tem coisas acontecendo no dia e na noite ao mesmo tempo, mas uma não está servindo à outra, elas coincidem, aparecem juntas (como em uma Gestalt). Se psique é imagem, então todo acesso a uma determinada realidade é feito através de uma fantasia que dá base para que ela exista. Esse ato de criar nos joga para o campo mítico, para a qualidade da geração. Compartilho do entendimento de Mircea Eliade em *Mito e realidade* (1963, p. 11) sobre o que é um mito. Nesse sentido, o autor define que

> o mito conta uma história sagrada; ele relata um acontecimento ocorrido no tempo primordial, o tempo fabuloso do

> "princípio". Em outros termos, o mito narra como, graças às façanhas de Entes Sobrenaturais, uma realidade passou a existir, seja uma realidade total, o Cosmo, ou apenas um fragmento: uma ilha, uma espécie vegetal, um comportamento humano, uma instituição. É sempre, portanto, a narrativa de uma "criação": ele relata de que modo algo foi produzido e começou a **ser**. O mito fala apenas do que realmente ocorreu, do que se manifestou plenamente.

O mito aqui não é entendido como algo mentiroso (no sentido de oposto a um acontecimento histórico factual), de caráter ludibrioso; a concepção que as sociedades arcaicas tinham sobre o mito era de que "o mito designa [...] uma 'história verdadeira' e, ademais, extremamente preciosa por seu caráter sagrado" (Eliade, 1963, p. 7). Mitos são pedras angulares sagradas, fundam a existência. O mito está interessado na realidade; para ser mais exato, a realidade concreta. Gustavo Barcellos (2022, p. 30) comenta que "a concretude que está no pensamento mítico tem uma base sensorial; ela é a própria expressão da sensorialidade. A literalidade puxa pelas formulações mais abstratas. Concretude quer dizer a visualidade das formas, sua importância". O mito é concreto, interessado não no sentido do que tal coisa quer dizer, mas na sensação, sensação como um lugar, como o ponto em que aquele tipo específico de natureza nasce e com o que ela se relaciona. Os mitos então não estão à mercê de uma verdade factual, e sim de uma complicação, instigação, curiosidade sobre os mistérios da vida.

O pensamento mítico é um sentir profundamente a ação do não saber o que acontece comigo, porque algo que parece tão simples causa um barulho enorme, que frequentemente vem por meio de uma angústia, um sofrimento psíquico. O que aquele personagem sente, sente em mim. Ele existe porque eu existo, um dá condição de existência ao outro, o ser mítico é aquele que traz a condição de mais consciência, sobre os mistérios da vida (a morte, o envelhecer etc.) como condições que atravessam a existência, que todo e qualquer ser humano passa, e, ao mesmo tempo, como esses fatores grandiosos e arquetípicos atingem a mim de forma particular. A coragem de Jung em *Os Livros Negros* não foi de escrever histórias inventadas para si, mas de deixar os personagens transformá-lo. Isso é, de certa forma, sustentar o sofrimento da imagem. A loucura mais sábia e arriscada de quem entra em si para localizar e escutar o que lhe atravessa, não para resolver e solucionar questões íntimas, pois aqui resolver toma a posição de calar a imaginação sobre a interioridade e a profundidade que ela direciona, para o desconhecido em nós.

Jung percebeu que quanto mais ele "colasse" nesses personagens fantasiosos, dando-lhes credibilidade, quanto mais tempo passasse "mitando", mais as diversas figuras míticas que apareciam levavam-no para o que ele chamou de Si-mesmo. Um Si-mesmo não como uma linha de chegada vitoriosa, após passar pelas etapas do processo de individuação (olha o mito do herói aqui de novo!), mas como uma consciência guardada e protegida sobre a infinitude da inadaptação. "Mitar", ou estar dentro da atividade mítica, é descer, é sonhar, é deixar os olhos e a boca fechados para que o Si-mesmo fale sem erros, nos mostre o que somos e não sabemos, onde devemos estar não como uma tarefa, mas como atender a um despertar profundo, torna o Ego mais poroso, sensível, que sai da perspectiva de ver a viagem como destino e vê o próprio destino como uma viagem.

Viver o próprio destino é o que nos torna mais humanos. Para isso, quanto mais conhecermos outros destinos, mais o nosso próprio destino conseguirá se diferenciar e destacar. Individuação como diferenciação; conhecer os diversos diferentes em mim para que digam o que estou sendo, e não o que sou. Esse lugar sensível e fugidio que nenhuma verdade absoluta consegue alcançar.

O mito diz sobre o que profundamente não sei. Profundamente, pois todo e qualquer mito fala por imagens, e as imagens não dependem da minha história de vida para existir, elas são antecessoras à minha existência e continuarão além da minha existência. O sentido do pensamento mítico é de interioridade, de que há algo ali além do que vejo normalmente sobre os eventos, a pulga atrás da orelha, o além de mim. Esse além como estar profundamente em casa. É o que encontramos ao ler *Os Livros Negros* em algum momento, uma sensação de estarmos lendo algo sobre nós mesmos a partir de alguém que nasceu antes de nós, através de um Jung que é puramente imagem.

Referências

Bachelard, G. (2018). *A poética do devaneio*. WMF Martins Fontes.

Barcellos, G. (2022). *Zeus: fabulação do mundo e paternidade arquetípica*. Vozes.

Boechat, W. (2020). *O Livro Vermelho de C.G. Jung – Jornada para profundidades desconhecidas*. Vozes.

Eliade, M. (1963). *Mito e realidade*. Perspectiva.

Hillman, J. (2010). *Re-vendo a psicologia*. Vozes.

Jung, C.G. (2013). *Tipos psicológicos* (Obra Completa, Vol. 6). Vozes.

Jung, C.G. (2015). *O Livro Vermelho – Liber Novus* (edição sem ilustrações). Vozes.

Jung, C.G. (2020). *Os Livros Negros: 1913-1932 – Cadernos de transformação* (7 vol., edição de S. Shamdasani, tradução de M. Hediger). Vozes.

PARTE III

Os Livros Negros e as transformações culturais

Todas essas coisas me afastaram tanto da minha ciência, com a qual eu acreditava ter um compromisso firme. Através dela eu quis servir à humanidade, e agora, minh'alma, me levas a estas coisas novas.

(Jung, C.G., *Os Livros Negros*, vol. 3, p. 99)

12

A crise de paradigma e o futuro da psicologia complexa

Walter Boechat

> De Locke a Spinoza, de Hume a Kant, para citar exemplos polares, existe sempre essa oscilação que estará presente entre racionalismo e empirismo. Oscilação que alimentará não só a filosofia da ciência, como também as teorias científicas e a própria prática científica como produção de conhecimento.
>
> (Madel T. Luz)

O *corpus* teórico da psicologia junguiana se formou acompanhando os câmbios culturais sucessivos durante a vida de seu fundador. É importante lembrar que Jung viveu longos anos, tendo nascido em 1875, antes, portanto, de algumas grandes invenções do início do século XX que marcaram de forma definitiva a vida do homem moderno, tendo falecido somente em 1961, aos 86 anos, após presenciar duas guerras mundiais e os inícios da chamada corrida espacial. Portanto, durante sua longa vida, Jung sofreu as mais variadas influências culturais, tendo também interagido com diversos agentes sociais em diversas épocas. Exerceu, ainda, marcante influência nos mais variados campos do saber. *Os Livros Negros* se situam em um período fundamental de transição paradigmática das ciências, e esse momento cultural tem grande importância na futura construção da psicologia complexa. Procuraremos sintetizar os diversos momentos da vida de Jung e sua interação com os câmbios culturais da época para melhor entender o papel de *Os Livros Negros* em seu pensamento.

12.1 As palestras da Zofingia: o brilho de uma estrela em ascensão

Ao iniciar seus estudos de medicina, ainda bastante jovem, Jung entrou no clube estudantil Zofingia, uma associação de estudantes universitários suíços[85]. Lá, proferiu palestras que têm certa importância histórica por revelarem sua percepção do mundo no fim do século XIX; sua posição frente à ciência, à filosofia e à teologia da época; bem como alguns germes de seu pensamento psicológico futuro. Causa-nos bastante surpresa perceber no jovem Carl de apenas 21 anos uma cultura geral bastante avançada em diversos assuntos, desde a filosofia e a teologia até um bom conhecimento a respeito das ciências naturais da época. Além disso, talvez nos surpreenda mais ainda percebermos que os rudimentos de muitas de suas ideias futuras, eixos fundamentais de sua psicologia complexa, aparecerão aqui e ali em suas palestras da Zofingia.

---

85. Devido à importância histórica das palestras de Jung no Clube Zofingia, elas foram publicadas em forma adicional à Coleção das Obras Coligidas de Jung (Collected Works), como o volume A. Estamos utilizando, para este trabalho, o volume da editora estadunidense Princeton University Press (cf. Jung, 1983). A obra foi recentemente traduzida por Markus Hediger e publicada pela Editora Vozes (cf. Jung, 2024).

Na palestra "The Borders Zones of Exact Science" (As zonas limítrofes da ciência exata) (cf. Jung, 1983, p. 1ss.), de 1896, Jung ataca a ciência positivista materialista, julgando-a unilateral, *um gigante com pés de barro*, como diz. De forma bastante interessante, critica a crença da época na existência do éter, hipótese então necessária para explicar o deslocamento da luz no vácuo (cf. Jung, 1983, p. 11). (Como se sabe, a teoria do século XIX do éter foi posteriormente afastada de forma definitiva pela teoria da relatividade restrita de Einstein, proposta em 1905.) Mas também o jovem Jung incorre em alguns erros especulativos, quando procura atribuir qualidades metafísicas à gravitação, à época também bastante menos conhecida em ciência do que hoje.

Ainda assim, o que fica patente nesses inícios teóricos do estudante Jung é a sua enorme inteligência, uma chama interior, um grande desejo de saber e sua busca de conhecimento. Nessa primeira palestra e na segunda, "Some thoughts on Psychology" (Alguns pensamentos sobre psicologia) (cf. Jung, 1983, p. 21ss.), de 1897, fica patente uma atitude ambivalente em relação à ciência que o acompanharia durante toda a vida. Se, por um lado, há um desejo de pertencer às correntes científicas da época, há também um inconformismo com a unilateralidade da ciência moderna, na ênfase exagerada no materialismo científico. Veremos, adiante, que sua experiência com *Os Livros Negros* lhe dá o caminho para superar a dicotomia "materialismo científico-espiritualidade", com o conceito de realidade da alma e a importância da fantasia na dinâmica psicológica.

Nessa segunda palestra, Jung busca enfatizar o lado obscuro da mente humana, explorar possibilidades desconhecidas. Freud estava apenas começando a fazer suas pesquisas com Breuer sobre a natureza do inconsciente e sua importância para a psicologia e para a psicopatologia, tendo apenas publicado pouco antes a obra *Estudos sobre a histeria*, em 1893-1895. A obra de referência teórica de Freud, *A interpretação dos sonhos*, seria publicada pouco depois, em 1900[86]. Sem o estabelecimento do conceito de inconsciente, com sua importância para a psicologia e a psicopatologia estabelecida, para demonstrar a existência de uma camada irracional da psique, Jung vai lançar mão de estudiosos dos fenômenos anômalos. Já em Zofingia, cita Justinus Kerner, médico do século XVIII interessado em fenômenos anômalos, com seus estudos sobre a vidente de Prévost, ou o médico e místico sueco Swedenborg. Além disso, lançou mão das ideias de Kant, que defendia que tempo e espaço são fenômenos *a priori* da consciência, isto é, a realidade seria uma construção da consciência.

Os fenômenos anômalos sempre acompanharam Swedenborg, o que o tornou uma personalidade mítica e com seguidores. Certa vez, um incêndio grassou junto à sua casa. Ele pôde relatar o fenômeno a distância, em tempo real, para diversas testemunhas que o acompanharam. Também Jung conviveu desde sempre com esses fenômenos anômalos, percebendo a presença do irracional como importante manifestação da psique. Ele observou esses fenômenos nas pesquisas com a médium S. W., descritas em sua tese de doutoramento, e também com as ricas imagens poéticas da Srta. Miller, com as quais nos deteremos posteriormente. Mas somente com a experiência pessoal com *Os Livros Negros* esse universo irracional poderá encontrar guarida em sua teoria psicológica de forma coerente.

---

86. Jung, em obras posteriores, lembra a noção de inconsciente presentes já em obras do século XIX, como *Filosofia do inconsciente*, de Edouard Von Hartmann. No entanto, Freud tem o mérito de ter demonstrado a importância do inconsciente para a psicologia e a psicopatologia.

12.2 Tese de doutoramento em Medicina: a espiritualidade tornada conceito científico

Essa busca de uma camada mais profunda da psique que fugisse aos cânones cartesianos do pensamento materialista acompanhou Jung em toda sua obra. Ela reapareceu no próprio tema de sua tese de graduação em Medicina: "Sobre a psicologia e a patologia dos fenômenos chamados ocultos" (OC 1, p. 11ss.). Nesse trabalho, Jung exerce o papel de observador participante de sessões mediúnicas da jovem espírita S. W. (que hoje sabemos ser sua prima Hélene Preiswerk). Diversos *espíritos* se manifestaram nessas sessões, e Jung pôde fazer um estudo dessas manifestações considerando-as *fragmentos psíquicos*. Ele desenvolveu, então, um modelo de abordagem psicopatológica na qual a *fragmentação* seria um processo básico: a psique teria uma capacidade básica de, sob certas condições específicas de um *abaixamento de nível mental* (Janet), sofrer um processo de fragmentação, manifestando-se sob a forma de fragmentos autônomos. Mais tarde, Jung sistematizou esse modelo dentro de uma teoria dos complexos afetivos. É bastante interessante perceber aqui a teoria do abaixamento de nível mental e de fragmentação psíquica como precursora de sua teoria dos complexos afetivos.

A tese de doutoramento de Jung revela uma forte influência da escola francesa Charcot – especialmente de Pierre Janet e Alfred Binet, sendo fortemente citados. Logo depois de seu doutoramento, Jung passou um período estudando com Janet em Paris, em 1902[87].

Shamdasani chama a atenção para o fato de que os experimentos com médiuns e fenômenos anômalos foram importantes precursores da psicologia do inconsciente. Jung não estava só nesses experimentos:

---

87. Shamdasani (2005, p. 26-27) considera bem importante esse período de Jung "antes de Freud", por considerá-lo um indicativo da independência de Jung da psicanálise para a gênese do seu pensamento.

> Ao fim do século XIX, muitos dos psicólogos mais proeminentes –Freud, Jung, Ferenczi, Bleuler, James, Meyers, Janet, Bergson, Stanley Hall, Schrenck-Nutzing, Moll, Dessoir, Richet e Flournoy – frequentaram os médiuns. Hoje, é difícil imaginar que algumas das questões mais cruciais da "nova" psicologia fossem expressas nas sessões, ou como tais pessoas pudessem ser fascinadas pelos espíritos (Shamdasani, 1994, p. xi – tradução livre)[88].

12.3 O período Burghölzli: testes de associação de palavras e medições rigorosas

Durante todo o período de psiquiatra no Hospital Cantonal de Burghölzli, como médico assistente do Professor Eugen Bleuler, o trabalho de Jung ficou fortemente dominado pelo paradigma cartesiano. A busca da causalidade, da objetividade científica era fundamental; esse era (e ainda é, em certa medida) o paradigma dominante em ciência. A psicanálise começava a ser conhecida através das ideias revolucionárias de Freud, que acabara de publicar sua obra seminal, *A interpretação dos sonhos* (1900), e procurava introduzir o conceito de inconsciente na academia. Bleuler pautava suas pesquisas por uma abordagem psicológica da *Dementia Praecox* (nome da esquizofrenia na época) e procurava ver as possibilidades de aplicação das novas ideias da psicanálise no tratamento das psicoses. Ele encarregou Jung e sua equipe de aplicar testes de associação de palavras em esquizofrênicos, procurando encontrar nesses pacientes distúrbios específicos nas associações. A equipe não encontrou esses sintomas específicos.

---

88. No original: "*At the end of the nineteenth century, many of the leading psychologists – Freud, Jung, Ferenczi, Bleuler, James, Myers, Janet, Bergson, Stanley Hall, Schrenck--Notzing, Moll, Dessoir, Richet and Flournoy – frequented mediums. It is hard today to imagine that some of the most crucial questions of the "new" psychology were played out in the séance, nor how such men could have been so fascinated by the spirits*".

Claudia Vater[89], baseando-se em ideias dos filósofos da ciência pós-khunianos Karl Popper e Imre Lakatos, procurou demonstrar, recentemente, uma virada epistemológica importante quando Jung, juntamente com Franz Ricklin, realizou seus testes de associação de palavras em indivíduos "normais", não esquizofrênicos.

> A primeira inovação de método feita por Jung foi estabelecer estudos de caso não mais em pacientes que apresentavam sintomas psiquiátricos, mas em indivíduos considerados "normais" como uma forma de parâmetro de controle de pesquisa. [...] Dois pontos importantes devem ser destacados, para nosso objetivo: primeiro Jung descreve o método empírico utilizado para a construção da observação de casos e para análise de seus dados, estando portanto dentro dos cânones científicos estabelecidos; segundo, ao tratar os dados que normalmente seriam considerados *outliers*, sua postura acadêmica foi capaz de identificar a "heurística negativa capaz de falsificar aquelas conjecturas estruturais" que sustentavam o programa de pesquisa da psiquiatria do século XIX, estruturada dentro das bases do paradigma biomédico. Esse foi um passo epistemológico original de Jung [...] (Vater, 2024, p. 31-32).

Jung pôde sistematizar os testes de associação de palavras, em que uma série de cem palavras-estímulo era fornecida ao paciente, o qual deveria reagir com a primeira palavra associada que lhe viesse à mente, a chamada palavra-resposta. Uma série de indicadores de perturbação de associações foi listada, sendo o mais importante o atraso do tempo de reação. Mas havia diversos outrosa-resposta com mais de uma palavra; mudez; reação em rima; reações físicas, como sudorese, agitação física ou taquipneia; respiração acelerada; e diversos outros. Jung chegou à conclusão de que essas associações eram perturbadas devido ao

---

89. Maria Claudia da Silva Vater da Costa Fiori apresentou a monografia de conclusão de formação no Instituto Junguiano do Rio de Janeiro em dezembro de 2024, intitulada "Psicologia complexa: um programa de pesquisa científica", em que defendeu a proposta de uma quebra de paradigma científico pelo teste de associações de Jung.

importante *fenômeno de atenção.* O indivíduo, ao ouvir certas palavras-estímulo, tinha sua atenção desviada para um complexo afetivo emocionalmente carregado associado a essa palavra. Daí as perturbações das associações. Os testes de associação de palavras desenvolvidos por Jung têm uma grande importância histórica, pois, através deles, Jung chegou à descoberta experimental da existência dos complexos afetivos.

Ellenberger (1974) destacou as diferenças entre os caminhos de Jung e Freud em suas pesquisas, tanto no método quanto no foco de investigação. Enquanto Freud realizava suas descobertas sobre a realidade do inconsciente a partir do estudo de casos clínicos paradigmáticos (Anna O, Elizabeth Von Ritter, o Homem dos Lobos, o Caso Joãozinho), Jung seguia um caminho experimental, o teste de associação de palavras, um caminho bem diferente. Esse caminhar demonstra uma independência de Jung em relação a Freud, ele não seria propriamente um discípulo de Freud; embora muito mais novo, seria mais um colaborador que, mais tarde, se afastaria por divergências irreconciliáveis.

Mas o que queremos demonstrar aqui, do ponto de vista da crise de paradigma na evolução do pensamento de Jung, é que, nesse momento do teste de associação de palavras, *Jung estava fortemente inserido no paradigma da modernidade*[90]. Realizava um experimento de laboratório. De certa forma, conseguiu demonstrar experimentalmente a existência do inconsciente de Freud, um pressuposto teórico que o pai da psicanálise procurava teorizar através do estudo de casos clínicos. Já Jung trilhava nesses princípios de sua caminhada profissional o ambiente do laboratório experimental. Todo o teste de associação de palavras se baseava em medições rigorosas com a utilização de uma parafernália de

---

90. Embora, como Claudia Vater observou, a partir de suas medições, Jung tenha incluído os indivíduos "normais" como objeto de sua pesquisa, contrariando o paradigma biomédico do século XIX.

aparelhos. O cronômetro de 1/5 de segundo era utilizado para uma medição acurada do tempo de reação, entre a palavra-estímulo e a palavra-resposta; o galvanômetro, instrumento inserido na pele do paciente, detectava o aumento de corrente elétrica devido à sudorese da pele, produto da ansiedade pelo complexo afetivo ativado. Essa ativação era chamada de *fenômeno psicogalvânico*. Um outro instrumento era o *pneumógrafo*, que media um aumento da quantidade de gás carbônico expirado devido à taquipneia (aumento do ritmo respiratório) quando da ativação de um complexo afetivo. Em todo esse processo experimental, *a medição é fator fundamental*. É como se Jung conseguisse, por assim dizer, *medir o inconsciente de Freud, medir os complexos afetivos*. E, como já disse o filósofo de ciências português Boaventura de Sousa Santos (2000), a *medida é a essência da modernidade*. Só o que pode ser *medido* é considerado científico.

Muito se fala que a psicanálise de Freud escandalizou a pudica Viena *Fin de siècle* com sua teoria da sexualidade infantil e por isso não foi aceita na academia. Embora isso seja verdade, a noção de inconsciente também era algo incompatível com a modernidade, *pois o inconsciente não é mensurável*. Os analistas do inconsciente trabalham com sonhos e com o imaginal, em que o passado e o futuro se fundem, as leis do tempo e espaço necessárias para qualquer experimento das ciências naturais não têm lugar. Jung, ao medir os complexos afetivos com seu teste de associação de palavras, de certa maneira, deu uma base científica moderna para a psicanálise, que, por essa época, dava seus primeiros passos.

12.4 Transformações e símbolos da libido: mitologemas, pensamento analógico, amplificações

Mas, apesar da amizade e da admiração mútua, desde o início de sua colaboração com Freud, Jung já afirmava ter uma dúvida essencial, um *reservatio mentalis* em relação à ênfase dada pelo pai da psicanálise ao papel da sexualidade na economia psíquica[91]. E com a publicação de sua obra *Psychology of the Unconscious: a Study of the Transformations and Symbolisms of the Libido*[92] (*Transformações e símbolos da libido*) (cf. Jung, 1991), de 1911/1912, o rompimento entre os dois pioneiros se torna inevitável. Houve uma discordância quanto à teoria da libido: para Freud, a libido é estritamente ligada à sexualidade; para Jung, a libido já é antevista como uma energia psíquica mais geral. Muito se fala desse desencontro teórico, sem dúvida presente, mas envolvendo outras questões que procurarei desenvolver a seguir. Elas envolvem uma autêntica virada epistemológica de Jung, uma transição para o novo paradigma emergente, chamado por Edgar Morin (2002) de *paradigma da complexidade*.

Estudando as fantasias e as produções poéticas de uma viajante estadunidense, a Srta. Miller, uma ex-aluna de seu amigo, o já citado Théodore Flournoy, professor de Psicologia na Universidade de Genebra[93], procura interpretá-la através de suas produções poéticas. Jung recorre ao *método analógico*, buscando analogias mitológicas ao material simbólico presente nas poesias e nas anotações de viagem da Srta. Miller. Nessa obra, estudando os mitologemas presentes em vários povos nos mais diferentes continentes, Jung lança suas hipóteses originais de um inconsciente filogenético, comum a toda a humanidade e da presença de imagens primordiais, autóctones aos mais diversos povos, que

---

91. Sobre essa crítica a Freud já em 1906, cf. prefácio da 1ª edição de *Psicogênese das doenças mentais* (OC 3, p. 11-12).

92. Obra ainda não traduzida no Brasil. A obra original foi depois revista e ampliada como *Símbolos da transformação: análise dos prelúdios de uma esquizofrenia* (OC 5).

93. Houve um engano em algumas pesquisas que dizem ter sido Flournoy um psiquiatra, e a Srta. Miller sua paciente. O próprio William McGuire comete esse engano em sua introdução – aliás, excelente – da obra *Psychology of the Unconscious* (cf. Jung, 1991). Shamdasani (1990) desfaz esse equívoco em "A Woman called Frank".

não seriam dependentes de migração. Inconsciente filogenético e imagens primordiais são as primeiras formulações teóricas do que seria desenvolvido posteriormente como as hipóteses do inconsciente coletivo e do arquétipo.

O conceito de mitologema merece uma explicação particular por sua importância na construção de uma epistemologia junguiana. O mitologema se refere a núcleos míticos particulares que se repetem em diversos mitos nos mais diferentes povos. A descrição de diversos mitologemas (o nascimento do herói de uma Virgem, o duplo nascimento, a criança mágica, O Velho que traz o sábio conselho, entre diversos outros) serviu de pista para Jung fundamentar seu conceito de um inconsciente coletivo. Esse inconsciente comum a toda a humanidade se manifestaria nessas imagens primordiais, que representam situações típicas de vida pelas quais todas as pessoas tendem a vivenciar.

Em 1925, Jung comentaria o impacto que as fantasias da Srta. Miller tiveram sobre seu pensamento à época:

> Em minha consciência eu era um pensador ativo, acostumado a sujeitar meus pensamentos ao tipo mais rigoroso de direção e, por isso, o fantasiar era um processo mental que me causava repugnância direta. Como forma de pensamento eu considerava a fantasia totalmente impura, uma espécie de relação sexual incestuosa completamente imoral do ponto de vista intelectual (Jung, 2014, p. 67).

A obra *Transformações e símbolos da libido* marca um momento de transição paradigmática na obra de Jung. Este chega mesmo a considerar a Srta. Miller como uma *figura de anima* significativa:

> Considerei as fantasias da Srta. Miller em si como uma forma autônoma de pensamento, mas não me dei conta que ela simbolizava essa forma de pensamento em mim mesmo. Ela tomou conta de minha fantasia e tornou-se sua diretora de palco, se interpretarmos o livro subjetivamente. Em outras palavras, ela tornou-se uma imagem de *anima*,

> portadora de uma função inferior da qual eu tinha muito pouca consciência (Jung, 2014, p. 67).

Com a descoberta a respeito da importância da fantasia, Jung está fazendo uma importante ultrapassagem, passando do paradigma da modernidade cartesiano em ciência ao qual estava vinculado a um novo paradigma emergente.

Essa descoberta sobre a importância da fantasia através dos poemas da Srta. Miller aparecerá elaborada no início do livro *Transformações e símbolos da libido*. Jung propõe, então, a existência de dois tipos de pensamento: o pensamento dirigido, adaptativo; e o pensamento onírico, circular, de fantasia (cf. Jung, 1991, § 15ss.). O primeiro tipo visa à adaptação na realidade e às atividades pragmáticas; o segundo, ao domínio do sonho, da fantasia e do imaginal, sendo tão importante quanto o primeiro. Na verdade, não se pode fazer uma separação rigorosa entre os dois tipos de pensamento, pois, em certos momentos, como na *metáfora* e na *parábola* eles caminham lado a lado. O psicanalista Wilfred Bion chega a propor que é imprescindível que o analista seja capaz de estar aberto ao pensamento metafórico, pois só assim poderá compreender bem seu paciente. O inconsciente está realmente todo o tempo presente na comunicação no vaso analítico, no qual o pensamento onírico e circular se faz todo o tempo presente, aliado ao pensamento dirigido ou adaptativo.

Analisando o material poético da Srta. Miller, Jung adotou uma hermenêutica original: no lugar da explicação redutivo-causal pela interpretação dos fenômenos psicológicos, propôs o *método de amplificação*. As narrativas míticas descreveriam situações típicas de vida, pois os mitologemas expressam imagens arquetípicas. Jung chega ao método de amplificação pelas analogias do mito.

Sendo mais rigorosos, não poderíamos dizer que Jung *descobriu* o método de amplificação, mas antes que ele resgatou para a psicologia moderna um arcaico método terapêutico dos xamãs, que desde sempre usaram mitos típicos de seu arsenal cultural para tratar certas doenças. Nossos pajés usam esse procedimento com frequência. Lévi-Strauss (2017, p. 186ss.) cita o caso do xamã Cuna do Panamá, que usa certos cânticos mitológicos para facilitar partos difíceis. O xamã, dançando com seu maracá, conta à parturiente a história mítica do espírito Muu, considerado a força responsável pela formação do feto. Com seus espíritos assistentes, o xamã vai até a morada de Muu. A explicação dada para o parto difícil é que Muu se apossou do Purba, alma da parturiente. Muu será ajudado a descer por caminho tortuoso, "O caminho de Muu", "incontestavelmente, a vagina da paciente" (Lévi-Strauss, 2017, p. 190). Ao fim dos cânticos o difícil parto é bem-sucedido. Para Lévi-Strauss, o cântico e seu ritmo são terapêuticos e facilitam o parto, pois ele, em seu ritmo, narra a própria história do nascimento do feto. Em nossa percepção, um autêntico trabalho de amplificação mítica psicossomática.

12.5 *Os Livros Negros* e o mito do significado

Enquanto o método científico moderno se organiza em torno da causa eficiente, a psicologia complexa de Jung vai dar ênfase à *causa finalis*[94]. O indivíduo tem em seu inconsciente, latente em seu si-mesmo, seu *mito do significado*, que tende a atualizar-se durante toda a vida no eu consciente. O eu consciente não é apenas um instrumento de reflexão, mas torna-se, assim, também um órgão espiritual de expressão do processo ao qual Jung denominou processo de individuação.

---

94. É interessante observar que essa ênfase da psicologia complexa à finalidade está bastante sintônica com o pensamento complexo contemporâneo. Diversos fenômenos naturais já são explicados de forma teleológica – por exemplo, o patinho nasce com suas patas em forma de nadadeiras *com a finalidade* de nadar na água. Esse é apenas um pequeno exemplo de causa eficiente sendo relativizada pela causa final.

Como já lembramos na apresentação deste livro, essa expressão do mito do significado está belamente exposta em seu livro de memórias, na frase de abertura do prólogo: "Minha vida é a história de um inconsciente que se realizou" (Jung, 2006, p. 31). O autor não fala aqui que sua vida é a história *do inconsciente* que se realizou, *mas de um inconsciente*, isto é, do inconsciente dele, Jung, seu processo único de individuação.

Nesse momento, Jung está se descolando radicalmente do paradigma da modernidade, tornando-se, assim, um dos grandes pioneiros do novo paradigma emergente, ou paradigma da complexidade. Mas esse descolamento envolve mais elementos, que detalharemos a seguir. Jung chegará à importância do método teleológico, da *causa finalis* e do processo de individuação somente através de *seu experimento mais difícil*, como o chamou: a escrita de *Os Livros Negros* e o posterior registro em *O Livro Vermelho*.

Os Livros Negros começam a ser escritos logo um ano após a publicação da segunda parte de *Transformações e símbolos da libido*, isto é, em outubro de 1913. Como mencionamos na nossa apresentação a esse volume, sua escrita é precipitada por uma visão da Europa sendo invadida por uma inundação de um oceano de sangue, coberto de cadáveres decepados. Segundo Shamdasani (2020, p. 38), não seria exagero dizer que, sem a guerra, talvez *Os Livros Negros* não tivessem sido escritos. É essa visão aterradora que leva Jung a retomar o antigo caderno de anotação de sonhos e experiências e ali anotar fantasias e imagens que passaram a fluir intensamente em seu campo consciente. Ao fim de dezembro de 1913, todo um volume de *Os Livros Negros* já havia sido preenchido, contendo diversas imagens de significado e personagens com variadas roupagens de diversas religiões.

Esse desfile de personagens que habitam o mundo interno de Jung e com ele interagem tem, por vezes, uma forte coloração mitológica. Mitos, símbolos e situações que estavam presentes em *Transformações e símbolos da libido* reaparecem em *Os Livros Negros* como personagens internos, subjetivos. Uma verdadeira mitologia interior se configura. *Podemos considerar, sob esse aspecto,* Os Livros Negros *como uma busca do mito pessoal de C.G. Jung.* Shamdasani (2020, p. 14-15) comenta essa transição mitológica de uma obra a outra e cita o prefácio de Jung à edição de 1952 de *Transformações*:

> Fui levado a perguntar com toda a seriedade: "Qual o mito que você está vivendo?" Não encontrei nenhuma resposta a essa pergunta e tive de admitir que eu não estava vivendo em um mito [...]. Assim, de maneira mais natural, assumi a tarefa de conhecer "meu" mito, e eu considerei isso a tarefa das tarefas [...].

O mito na epistemologia junguiana tem, assim, um papel central e segue a seguinte evolução: de base para o processo terapêutico da amplificação, passa à fundamentação para o pensamento analógico comparativo descolado do pensamento causal cartesiano e, daí, para *Os Livros Negros*, ao eixo da busca pelo mito pessoal, ou mito do significado, substrato do processo teleológico da individuação.

12.6 Adentrando o mundo do imaginal por um ritual: desafiando paradigmas

A aproximação do mundo das imagens internas pela escrita de *Os Livros Negros* foi feita de forma ritualística. O ritual é sempre necessário na interação com os representantes míticos do inconsciente devido à sua carga energética. Esse ritual protetor obedecia a horários específicos: durante o dia, a escrita de obras científicas; o preparo e a realização de conferências; o cuidado com a família, os filhos e as obrigações sociais; e, durante a noite, as conversações internas, às quais Jung conceituou, posteriormente, como *o método da imaginação ativa.* Nesses encontros com seus personagens internos, eles se revelam como tendo uma *qualidade objetiva*, isto é, uma realidade própria, não sendo epifenômenos da consciência. Essa autêntica virada epistemológica aparece no diálogo em imaginação ativa com o personagem do Profeta Elias:

> [Jung] Vós sois símbolos, e Maria é um símbolo – estou apenas confuso demais para vos compreender agora.
> O velho [Elias] diz:
> "Tu ousas chamar-nos símbolos com o mesmo direito com que podes chamar símbolos os teus próximos, se assim o quiseres. No entanto existimos [sublinhado no original do autor] e somos tão reais quanto teus próximos. Mas tu não invalidas nada e solucionas nada se tu também nos chamares símbolos".
> [Jung] Tu me lanças numa confusão terrível. Pretendeis ser realidades?
> O velho sorri:
> "Certamente somos os que chamas realidades. Aqui estamos e deves aceitar – tens a escolha" (Jung, 2020, vol. 2, p. 190-191).

Nessa passagem, toda uma tradição do paradigma moderno é desafiada. Diversos filósofos da ciência – como Boaventura de Sousa Santos (2000), Madel Luz (1998), entre outros – denunciam o beco sem saída em que a cultura ocidental se encontra. A visão de mundo do homem moderno é pautada por dicotomias, sendo a primeira delas a dicotomia homem-natureza, desde que a humanidade ocidental entrou em processo de dissociação dos instintos e suas raízes naturais, uma autêntica *expulsão do paraíso*. A essa primeira polarização se segue uma série de outras – espírito-matéria, mente-corpo, mundo interno-mundo externo, colonizador-colonizado, conhecimento acadêmico-cultura popular, homem-mulher –, inclusive a polarização que mais nos interessa aqui: o par consciente-inconsciente.

O inconsciente sempre foi julgado inferior, *la partie inférieure* (Pierre Janet) do psiquismo, em que estariam os automatismos mentais. A parte mais diferenciada da psique sempre coube à consciência. O inconsciente consegue ser reconhecido pela modernidade, tendo um lugar na academia para ser discutido, somente pela psicopatologia, a histeria em Freud, e, em Jung, a princípio, pela esquizofrenia. Nessa passagem do diálogo com o Profeta Elias e sua companheira Salomé, toda uma inversão do papel do inconsciente é colocada. Seus personagens se apresentam *como reais*, o inconsciente passa a ser visto não como um epifenômeno da consciência, mas como sede da criatividade, torna-se uma instância com autonomia que dita processos psicológicos futuros do vir a ser. Essa primazia do inconsciente sobre os processos conscientes expressa o fato de que a consciência deriva de um vasto repositório de processos inconscientes, a criança ao nascer não é uma tábula rasa, como viria a colocar o próprio Jung. Em outro momento, Jung retornaria a essa realidade do inconsciente de uma forma poética em sua famosa afirmação: "A psique cria realidades todos os dias. A única expressão que me ocorre para designar essa atividade é fantasia" (OC 6, § 73).

12.7 Roupagens medievais para superar dicotomias

A escrita de *Os Livros Negros* começa no início do século XX, quando o paradigma da modernidade está se esgotando[95]. O materialismo científico está em seu auge com as novas descobertas e invenções da cultura ocidental, a *deusa razão* iluminista domina com o seu culto a objetividade científica, derivado da dicotomia sujeito-objeto[96].

---

95. Isso porque a física newtoniana, *núcleo duro* da modernidade, já não dá conta de diversos fenômenos naturais, pelos achados da mecânica quântica da Escola de Copenhague, pela teoria da relatividade de Einstein, pela lei da negentropia de Prigogine e outros desenvolvimentos teóricos.

96. Na medicina contemporânea, a questão da objetividade científica volta com toda a força no conceito de *medicina baseada em evidência*.

É necessário notar que não se está fazendo aqui uma crítica à razão, ou aos processos racionais conscientes, o que seria um absurdo. A aquisição da razão foi um processo fundamental na produção da cultura; sem a razão, a humanidade estaria mergulhada nas obscuridades instintivas sem chegar a um processo consciente diferenciado. O que se critica aqui *é o culto dissociado à razão unilateral.* Nesse aspecto, podemos considerar um dos aspectos da Primeira Guerra Mundial como processos irracionais coletivos precipitando-se em avalanche sobre a cultura europeia de então, num *processo compensatório*, um autêntico *retorno do recalcado*, como o chamou Freud. A uma consciência coletiva dominada pela razão e pela *persona*, um furor destruidor irracional impensável, se precipita produzindo milhões de mortos. A psique é composta por pares de opostos, como Jung descobrirá no aprendizado com sua alma, nos diálogos em seus *Cadernos de transformação*. Se um oposto é negligenciado, ele retorna de forma avassaladora e destrutiva. Isso é válido tanto nas neuroses individuais quanto na psique coletiva, nos fenômenos de massa.

Jung percebeu, de forma crítica, essas unilateralidades e dicotomias da cultura moderna, o que o faria escrever mais tarde: "O homem moderno perdeu todas as certezas metafísicas da Idade Média, trocando-as pelo ideal de segurança material, de bem-estar geral e do humanitarianismo" (OC 10/3, § 163).

Jung foi levado por sua alma a fazer um retorno à Idade Média para superar a crise do paradigma moderno. Valores medievais que brotaram de forma espontânea em suas experiências em *Os Livros Negros* deram a chave para a superação da forte dicotomia mundo externo-mundo interno que domina a modernidade. Dentro de uma perspectiva pré-moderna, Jung descobriu as bases para transcender as dicotomias modernas que aprisionam o homem atual. Em seu livro de memórias, Jung descreve diversos sonhos em que a Idade Média aparece de forma marcante, bem como a alquimia medieval como referência significativa. A importância dos referenciais medievais está presente nas próprias roupagens do *Liber Novus*. Sua aparência como um verdadeiro manuscrito medieval, em suas próprias dimensões alargadas, a caligrafia em letra gótica, o uso de têmpera – tinta usada na decoração dos altares medievais, anteriormente à criação da tinta a óleo –, as belíssimas iluminuras etc., é como se Jung, no momento da transcrição de *Os Livros Negros* para o *Liber Novus*, vestisse o hábito de um copista medieval e escrevesse solitário, recolhido nos aposentos de um mosteiro.

Ao revisitar seus escritos em *Os Livros Negros* e ao construir suas belíssimas ilustrações no *Liber Novus*, Jung estaria novamente percorrendo seus devaneios, caminhando entre suas imagens, refazendo seus encontros nos espaços do imaginal. Isto é, o ato de ilustrar se torna um novo momento para o devanear.

O paradigma medieval forneceu a Jung elementos para superar a dicotomia mundo interno-mundo externo e psique-matéria do paradigma atual. Voltando a Gerard Dorneus, um discípulo de Paracelso do início do século XVI, Jung resgatou a ideia do *Unus Mundus*, ou Mundo Único, em que o mundo subjetivo e o mundo externo são um só. Essa cosmovisão rompe com toda a dissociação moderna homem-natureza; a objetividade científica tão cara à ciência moderna parece ruir por terra. Mas, para superar as dissociações e as polarizações contemporâneas, é necessário construir uma nova epistemologia que resgate a unidade subjacente à diversidade.

12.8 *Os Livros Negros* e o futuro: construindo pontes adiante

As experiências de profundidade nos *Cadernos de transformação* apontam para um futuro ainda não imaginado. Quando Jung transcreve suas experiências iniciais de descida no registro do dia 12 de dezembro de 1913 do volume 2 de *Os Livros Negros* para o capítulo V do *Liber Primus*[97] de *O Livro Vermelho*, ele o chamará: "Descida ao inferno no futuro" (Jung, 2013, p. 133). O título abrange a junção de uma referência espacial (descida, verticalidade) com outra temporal (futuro). Parece estar implicado aqui que as experiências de profundidade trazem os germes da futuridade.

Em publicação anterior, denominei o *Liber Novus* de *um livro de Janus* (cf. Boechat, 2014, p. 168ss.). Janus é o antigo deus romano dos portais, guarda as entradas e as saídas, assim como o mês do calendário de janeiro, que ainda tem os resíduos do ano anterior e aponta para o ano seguinte. Também o *Liber Novus*, permeado de referências do passado, de figuras mitológicas, personagens do Antigo Testamento e tradições passadas, guarda, ao mesmo tempo, as sementes futuras para uma nova abordagem da teoria e da prática da psicologia complexa.

Com o recuo até o paradigma medieval, Jung realizará, com a escrita de *Os Livros Negros*, um autêntico *réculer pour mieux sauter* (recuar para saltar melhor), para usar a expressão de Janet, tão cara a Jung. Isto é, o homem moderno está tão sem saída, tão perdido em suas dicotomias, que *a referência medieval e seus valores da alquimia darão a Jung um caminho para ir além da modernidade e apontar caminhos para a complexidade.* A ideia de *Unus Mundus* reaparece na mandala por ele pintada, à qual dá o nome de *Systema Munditotius*, sistema da totalidade do mundo, em que os mundos interno e externo funcionam como um espelho um do outro. O homem torna-se um portal, o macrocosmo externo adentra o mundo das subjetividades e reflete-se de forma especular no microcosmo.

Através dessa proposta de uma nova epistemologia que poderíamos chamar de *alquímica*[98], as dicotomias sujeito-objeto

---

97. A primeira parte do *Liber Novus*.

98. A Associação Junguiana do Brasil (AJB) tem um Departamento de Epistemologia. Em algumas de suas publicações, o termo "epistemologia alquímica" tem sido utilizado para a epistemologia junguiana.

e psique-matéria ficam superadas. Só após as experiências de *Os Livros Negros* Jung pôde chegar às suas formulações tardias de *psicoide* (superação da dicotomia mente-matéria) e *sincronicidade* (superação da dicotomia mundo interno-mundo externo). Naturalmente, essas formulações tomaram forma em conceitos teóricos muito tempo depois ("psicoide", em 1943 [OC 8/2]; "sincronicidade", em 1952 [OC 8/3]), através de tortuosos caminhos, assim como outros conceitos elaborados a partir da experiência direta das fontes do inconsciente de *Os Livros Negros*. Esta é uma das mais fascinantes experiências na pesquisa de *Os Livros Negros*: acompanhar a gradual emergência das experiências imaginais diretas nele relatadas em conceitos psicológicos coerentes durante o processo criativo de Jung.

Referências

Boechat, W. (2014). *O Livro Vermelho de C.G. Jung: jornada para profundidades desconhecidas*. Vozes.

Ellenberger, H. (1974). *À la découverte de l'inconscient. Histoire de la psychiatrie dynamique*. Simep.

Fiori, M.C.S.V.C. (2024). *Psicologia complexa: um programa de pesquisa científica* [Monografia apresentada para obtenção do título de analista junguiano, Instituto Junguiano do Rio de Janeiro]. Orientadora: Sigrid Haikel.

Jung, C.G. (1983). *The Zofingia Lectures* (Collected Works, Vol. A). Princeton University Press.

Jung, C.G. (1991). *Psychology of the Unconscious: a Study of the Transformations and Symbolisms of the Libido* (Collected Works, Vol. B, ed. W. McGuire). Princeton University Press.

Jung, C.G. (2006). *Memórias, sonhos, reflexões* (organização e edição de A. Jaffé, apresentação de S. Britto). Nova Fronteira.

Jung, C.G. (2011). *A natureza da psique* (Obra Completa, Vol. 8/2). Vozes.

Jung, C.G. (2011). *Civilização em transição* (Obra Completa, Vol. 10/3). Vozes.

Jung, C.G. (2011). *Estudos psiquiátricos* (Obra Completa, Vol. 1). Vozes.

Jung, C.G. (2011). *Psicogênese das doenças mentais* (Obra Completa, Vol. 3). Vozes.

Jung, C.G. (2011). *Símbolos da transformação: análise dos prelúdios de uma esquizofrenia* (Obra Completa, Vol. 5). Vozes.

Jung, C.G. (2011). *Sincronicidade* (Obra Completa, Vol. 8/3). Vozes.

Jung, C.G. (2012). *Tipos psicológicos* (Obra Completa, Vol. 6). Vozes.

Jung, C.G. (2013). *O Livro Vermelho – Liber Novus* (edição sem ilustrações; edição e introdução de S. Shamdasani, prefácio de U. Hoerni). Vozes.

Jung, C.G. (2014). *Seminários sobre psicologia analítica (1925)* (edição original de W. McGuire, edição revista e introdução de S. Shamdasani). Vozes.

Jung, C.G. (2024). *As palestras da Zofingia: 1896-1899* (tradução de M. Hediger). Vozes.

Lévi-Strauss, C. (2017). *Antropologia estrutural.* Ubu Editora.

Luz, M.T. (1977). *Natural, Racional, Social. Razón Médica y Racionalidad Científica Moderna.* Lugar Editorial.

Morin, E. (2002). *A religação dos saberes. O desafio do século XXI* (2a ed.). Bertrand.

Shamdasani, S. (1990, primavera). A Woman called Frank. *Revista Spring*, 70, 26-56 (Consultada na Biblioteca do Instituto Junguiano do Rio de Janeiro).

Shamdasani, S. (1994). Encountering Hélène: Théodore Flournoy and the Genesis of Subliminal Psychology. In T. Flournoy, *From India to planet Mars. A Case of Multiple Personalities with Imaginary Languages.* Princeton.

Shamdasani, S. (2005). *Jung e a construção da psicologia moderna: o sonho de uma ciência.* Ideias & Letras.

Shamdasani, S. (2014). Introdução. In C.G. Jung, *Seminários sobre psicologia analítica (1925).* Vozes.

Shamdasani, S. (2020). Em busca de uma ciência visionária: os cadernos de transformação de Jung. In C.G. Jung, *Os Livros Negros: 1913-1932 – Cadernos de transformação* (Vol. 1, p. 11-112, edição de S. Shamdasani, tradução de M. Hedinger). Vozes.

Sousa Santos, B. (2000). *A crise da razão indolente: por um elogio da experiência.* Cortez.

13

A dialética de um homem com sua alma e seu tempo: **Os Livros Negros** como um guia para a crise civilizacional

Duarte Antônio Guerra
Walter Boechat

Os Livros Negros dão testemunho da dialética de um homem consigo mesmo e com o seu tempo, o processo de transformação de um indivíduo inserido no coletivo e da coletividade refletida no indivíduo. Uma profunda jornada interior em que o corajoso confronto de um grande homem com sua alma é amalgamado por um período de profundas transformações sociais.

A catábase de Jung ocorre, pois, síncrona ao mergulho da Europa na devastadora crise que fez eclodir a Primeira Guerra Mundial, que, seguida da gripe espanhola, ceifa milhares de vidas humanas e marca o fim da Modernidade com trágicas tinturas. Assim é que o prenúncio de um novo milênio, iniciados os primeiros anos do século XX, parece catalisar uma verdadeira efervescência do inconsciente, que se manifesta em diferentes áreas do conhecimento científico, nas artes e também no comportamento humano, obviamente perceptível no coletivo e no indivíduo.

No Brasil, como em diversas partes do mundo, dentre outros exemplos, essa mobilização também se dá e conflui no que seria conhecido como a Semana da Arte Moderna de 1922, ao mesmo tempo em que autores brasileiros dão vazão às penas em rica efusão literária, a exemplo de inúmeros textos ditos psicografados, na literatura espírita de então, expressão desse contato com o inconsciente em jorro. A Europa, por sua vez, parece viver sua antiga fragmentação em cores mais nítidas e dores mais vivas, e Jung, sincronamente a isso, teme a emergência de uma psicose em si próprio, chegando a regozijar-se, posteriormente, ao perceber tratar-se de algo externo que nele ressoava: a guerra que emergia.

É nessas singulares circunstâncias, em que a consciência coletiva se debatia e o indivíduo buscava seu caminho, que o até então colaborador dileto de Freud e agora recém-egresso de um corajoso ato de desatar amarras, rompendo com o *Zeitgeist* para atender ao chamado do espírito das profundeza e deixando, ao longo de poucos anos (1909-1914), os cargos de assistente de Eugene Bleuler no Burghölzli, de redator-chefe do periódico *Jahrbuch*, de professor da Universidade de Zurique e da presidência da Associação Psicanalítica Internacional, sob o transfundo maior da ruptura com aquele que o havia considerado seu "príncipe herdeiro".

Tal atitude propicia, então, as condições ideais para um *abaissement* da consciência, que, por sua vez, permite o aflorar da linguagem do inconsciente presente em *Os Livros Negros*, em que o imaginal se apresenta por meio de riquíssimas metáforas que dão vazão a uma religiosidade de conteúdos bíblicos e, ao mesmo tempo, pagã, a serviço de uma profunda expressão psicológica. O fruto dos escritos feitos por Jung de 1913 a 1932 é por ele denominado "Livro Negro", no singular, em alusão à cor da maior parte dos cadernos de anotação que se prestaram a esse registro e denotando sua integralidade enquanto obra, relato que é de sua autoexperimentação (cf. Shamdasani, 2005).

A visão antecipatória registrada em suas páginas, naquele momento em que o inconsciente cultural vive uma crise de grandes dimensões, mostra-se pertinente não somente àquele período, mas também ao que se daria após, como a Segunda Guerra Mundial e o seu subproduto, a Guerra Fria, e suas expressões mais emblemáticas, o Muro de Berlim e as guerras da Coreia e do Vietnã.

É então nessa esteira que o século XXI traz consigo marcadores traumáticos para a consciência coletiva, como as convulsões ocorridas na Europa no fim dos anos de 1990 e no início de 2000, e o ataque terrorista às Torres Gêmeas, em 2001. E ainda, mais recentemente, a pandemia de covid-19 também tem sido considerada o verdadeiro marco deste novo tempo em que nos encontramos.

O desafio de viver no mundo atual, com esses nada auspiciosos contornos, coloca uma vez mais o indivíduo e o espírito da época tocando-se um ao outro. As condições vigentes parecem favorecer um enrobustecer da *persona* e um minguar da alma (cf. Werres, 2019), traduzidas em um aumento do adoecer psíquico já previsto pela régua da ciência desde 1999, no trabalho realizado pela Organização Mundial de Saúde (OMS) em conjunto com a Escola de Saúde Pública da Universidade de Harvard, denominado *The Global Burden of Disease*.

O referido estudo confirmou que a carga de incapacitação provocada por transtornos mentais como depressão, dependência ao álcool e esquizofrenia, entre outros, foi subestimada por anos, e que tais quadros são responsáveis por parcelas consideráveis de anos vividos com incapacidade e consequente deterioração da qualidade de vida e morte prematura. Além disso, previu que, até 2020, haveria um aumento exponencial na prevalência dos transtornos mentais na população, fato que hoje, nos consultórios, tristemente constatamos ser realidade.

Em busca de compreender que elementos podem ser considerados contribuintes para tal estado das coisas, um conjunto de pensadores argumenta estarmos vivendo um momento histórico caracterizado por uma crise civilizatória de alcance global e sistêmica. Essa crise abarca diferentes aspectos, como se diversas crises interligadas fossem atuando de forma sinérgica, sob o paradigma cultural da Modernidade.

No bojo de tal paradigma está a dissociação entre humanidade e natureza, configurando uma verdadeira pane de modelo de desenvolvimento da organização das sociedades modernas, uma crise civilizacional que faz adoecer o indivíduo e ameaça a coletividade (cf. Artaxo, 2014).

O desequilíbrio engendrado pelas atitudes descuidadas da humanidade – como se não bastassem consequências como a superpopulação, a violência crescente e o aumento da pobreza (cf. Werres, 2019) – adiciona um importante partícipe das dimensões desta denominada crise sistêmica: o emergente tema das mudanças climáticas. Atrelada ao desmatamento e à perda da biodiversidade a crise climática aponta para o iminente risco de falta de água potável e nos faz questionar como chegamos à situação de colocar em risco o futuro de nosso planeta (cf. Moran, 2008). Diante desse cenário, somos confrontados com questões a respeito do desafio ecológico, que nos convida a pensar não apenas o destino do planeta, mas também o futuro da nossa própria espécie (cf. Morin, & Viveret, 2013).

A equação que se nos é colocada, portanto, é complexa e nos faz voltar os olhos para o saber ancestral dos povos originários. Seu profundo respeito pela natureza se forjou ao longo de milênios de coexistência sinérgica e pacífica, e a complexidade disfarçada na simplicidade externa do modo de viver dos povos originários finalmente ganha o respeito que se manifesta em crescente visibilidade.

A recente valorização desses saberes tem ganhado expressão no interesse por obras de escritores pertencentes aos povos originários, como Ailton Krenak, Davi Kopenawa, Kaka Werá Jecupé e Daniel Munduruku. Destaca-se, ainda, na construção de arcabouços teóricos a respeito de formas de se estar no mundo, a teoria do *Bem Viver* (*Sumak Kawsay*, *Good Living*, *Buen Vivir*), merecedora de espaço crescente na literatura especializada.

Nesse sentido, cabe ressaltar o pioneirismo de Jung, que buscou conhecer e compreender o ser humano para além de seu próprio continente natal, inclusive valorizando a psicologia dos povos à época denominados primitivos pela antropologia. Ele buscou construir uma psicologia não somente europeia, mas planetária, sendo que *Os Livros Negros* trazem o contato reverente com a ancestralidade como integrante do processo de individuação (cf. Jung, 2020). Seu espírito investigativo intuía, à frente de seu tempo, a importância de tudo isso para os tempos que viriam, tendo ele asseverado mais de uma vez a finíssima relação entre a psique humana e o destino do mundo (cf. OC 8/2, § 423).

Este capítulo pretende seguir tal fio, em um eixo que une o indivíduo, a coletividade e o planeta que os abriga, utilizando o diálogo de Jung com sua alma e seu tempo descrito em *Os Livros Negros* como guia. Em um traço de conexões com teorias que grassam sobre a atual crise civilizacional e, particularmente, com o papel do indivíduo nessa realidade tão singular que nos chama à individuação enquanto seres humanos, agentes portanto do destino da humanidade.

A apresentação de *Os Livros Negros* ao público, em meio à pandemia de covid-19, concomitante também ao acirramento da polarização política mundial que se antecipa às recentes projeções da sombra coletiva manifestas nas guerras da Ucrânia e em Gaza, bem como às discussões em torno das mudanças climáticas, remete à apresentação de *Memórias, sonhos, reflexões* (cf. Jung, 2019). Essa apresentação ocorreu na década de 1960, em plena vigência da Guerra do Vietnã, com todas as mudanças sociais que à época ocorriam, parecendo estar a serviço da sincronicidade, a oferecer renovada oportunidade para uma melhor compreensão de nosso papel no planeta.

13.1 A descida aos ínferos e seu mapa

Carl Gustav Jung nasceu em 1875, em Kesswill, Cantão da Turgóvia, filho do pastor protestante Jean Paul Jung e de Emile Preiswerk. No ano de 1879 muda-se com a família para próximo de Basileia, onde passaria o restante de sua infância e adolescência. Os acontecimentos desse período da vida do futuro criador da psicologia analítica são extensivamente descritos em obras biográficas, e aqui não nos deteremos em descrevê-los em detalhes.

Cabe, porém, ao escopo deste capítulo, assinalar que o jovem Carl decide, por fatores vários, cursar a escola médica, concluída em 1900, quando opta, para espanto de colegas, por dedicar-se ao estudo da psiquiatria, após o que pode ser considerado um chamado de sua essência. Ao folhear o antigo tratado de psiquiatria de Krafft-Ebing para os exames finais do curso, vislumbrou a possibilidade de convergir dois filões de seu interesse: as experiências dos dados biológicos e as dos dados espirituais. Se o curso e a clínica não haviam deixado no quase egresso Carl qualquer impressão, agora, ele, enfim, chegara ao lugar onde o encontro da natureza e do espírito se torna realidade (cf. Jung, 2019).

Após essa decisão, sentiu-se arrastado por dois rios reunidos em uma poderosa corrente, os quais ele intuía que o levariam para metas longínquas (cf. Jung, 2019). Atendendo, portanto, a um chamado interior, o destino o coloca em um centro de referência de atendimento de pacientes psiquiátricos da Europa, o progressista Hospital Burghölzli, no qual passa a trabalhar e residir como segundo assistente de Eugen Bleuler, psiquiatra suíço que cunhou o termo "esquizofrenia" para o quadro que antes se denominava *dementia praecox*.

É durante esse período – mais precisamente no ano de 1906 – que ocorre aquela que seria uma aproximação crucial em sua jornada e que passa a constituir um desenovelar dos aspectos mais importantes de seu viver nos próximos anos, um verdadeiro encontro de almas entre o maduro neurologista vienense Sigmund Freud e o jovem e arguto psiquiatra suíço Carl Jung. O mútuo fascínio serviu, então, como catalisador para que ambos seguissem juntos, na árdua missão de perscrutar o inconsciente do ser humano, até o ano de 1913, quando diferenças nodais na forma de compreender o universo sobre o qual se debruçavam (cujas sementes já estavam presentes desde o primeiro encontro) exigiram que Jung se expressasse, o que ele fez de forma mais veemente em um livro que hoje conhecemos como *Símbolos da transformação* (OC 5).

Nessa obra, que seria revisitada por Jung nos 40 anos seguintes, a discordância em torno da teoria freudiana da sexualidade e, de forma especial, quanto ao conceito de energia psíquica é expressa de modo tão claro que não seria mais possível seguirem lado a lado, e assim estava configurado o maior trauma da psicanálise. A sorte estava lançada, e, a partir daquele momento, cada um seguiria seu caminho, cada qual cumprindo com sua jornada.

Em 1913, aos 38 anos de idade, Jung era considerado um destaque da psiquiatria europeia, gozava de estabilidade familiar e econômica e sentia cessada a ambição de possuir ainda mais bens materiais ou obter maior prestígio acadêmico, percebendo, porém, essa ambição retroceder a si como poderosa torrente que dele se apodera, chegando a causar-lhe o pavor de uma dissociação iminente de sua personalidade, que passa a exigir, de sua parte, um vigoroso esforço de autoexperimentação.

Consoante com a proposta deste capítulo, cabe aqui emoldurar esse movimento ao interior de Jung, com uma breve contextualização do que se passava na Europa àquela época, quando pairava uma expectativa de novos tempos que viriam com a entrada no novo século, pois é nesse contexto, em que o espírito da época convulsiona singularmente, que a busca da psicologia e da psiquiatria pelo inconsciente se faz síncrona à busca de Jung, chamado pelo espírito da profundeza.

A transição entre os séculos XIX e XX de fato trazia consigo uma convergência de fatores que emprestava singularidade de dimensões que não alcançaremos aqui delinear, mas que passamos a descrever de forma muito resumida em alguns aspectos mais diretamente relacionados com a jornada de Jung, descrita em *Os Livros Negros*, uma vez que, em suas linhas, habita a simbólica transformação de Jung, em meio às intensas experiências do coletivo em que se encontrava imerso.

O mundo de então vivia o declínio da era vitoriana e os reflexos de mudanças radicais ocorridas, tais como a Revolução Francesa e as guerras napoleônicas. Havia também a Revolução Industrial, com suas repercussões no comércio e na economia, a ascensão de novos estados nacionais e a exploração de áreas ainda praticamente desconhecidas no mundo, além de um admirável progresso da ciência. Tratava-se, obviamente, de uma sociedade patriarcal, em que o masculino era fortemente comemorado através dos costumes, o lazer era desfrutado pelas classes aristocráticas e celebrado na literatura atrelado a um fino erotismo e, paralelo a isso, havia um súbito interesse pelas filosofias do inconsciente de Carus, Von Hartmann e Schopenhauer, depois por Nietzsche, pelos neorromânticos e simbolistas (cf. Ellenberger, 2023).

Esse panorama produz a ambiência para um crescente interesse nas ciências humanas, com notáveis progressos da sociologia, da antropologia e da psicologia, talvez fruto da necessidade de o ser humano compreender melhor seu papel diante de tantas transformações. O novo século traz consigo as experiências com hipnose de Charcot e Pierre Janet em Salpetriêre, os textos de Théodore Flournoy e a publicação de *A interpretação dos sonhos*, de Freud, que movia um crescente interesse pela psicologia e pela psicoterapia, ao mesmo tempo que arejava a psiquiatria meramente descritiva de então (consolidando-se a psicanálise entre os anos de 1901 a 1906), ao passo que as revolucionárias descobertas no campo da física davam o tom do avanço científico de então. Por outro lado, a Europa vivia uma delicada situação caracterizada por uma "paz armada", em que embates por interesses coloniais e pela hegemonia econômica, cultural e política provocavam ameaças, quando não guerras localizadas, e faziam prever que um conflito de maiores proporções que tomava contornos de uma guerra mundial se avizinhava (cf. Ellenberger, 2023).

É inserido nesse prenhe cenário que Jung se vê com uma enorme tarefa diante de si, que se lhe apresenta como gigantesca e traz consigo um valor e um sentido até então esquivos, mas que talvez por isso o impeliram a tatear na escuridão e seguir sua trilha, conduzindo-o para dentro e para baixo (cf. Jung, 2020). E assim ele se prostra frente à sua alma, reverente, indagando:

> Minha alma, onde estás? Tu me escutas? Eu falo e clamo a ti – estás aqui? Eu voltei, estou novamente aqui – eu sacudi de meus pés o pó de todos os países e vim a ti, estou contigo; após muitos anos de longa peregrinação voltei novamente a ti (Jung, 2020, vol. 2, p. 149).

O reencontro é, assim, comemorado com a magnitude de quem encontra um bálsamo, após anos de árida jornada. Um ombro para acostar a cabeça fadigada pela busca, que, a partir de agora, seria não mais cobiçosa e impaciente, muito menos solitária. Uma nova jornada de mãos dadas à própria alma, antes renegada e agora alçada ao devido lugar de guia.

Ao perceber o próprio agrisalhar dos cabelos, Jung reconhece que não será às pressas nem sem a entrega necessária ao chamado do Espírito da Profundeza que ele poderá seguir, mas sim com a escuta paciente da voz que o chama e a coragem para enfrentar o medo do seu destino, advertindo-o para a seriedade da tarefa a ser realizada: "Não te deixes distrair daquilo que precisas fazer" (Jung, 2020, vol. 2, p. 160).

Um processo delineia-se, portanto, no qual mortos, fantasmas e ancestrais que habitam o próprio ser serão despertados na busca do reencontro da paz perdida, ao mesmo tempo que vozes zombeteiras tentarão demover o peregrino da travessia.

Nesses primeiros atos do chamado da própria alma e da pronta e obediente resposta que Jung desenha em suas anotações, podemos ver uma real instrução de tomada de postura frente ao chamado do Espírito da Profundeza para a atualização do Si-mesmo. Essa postura caracteriza-se como o processo de individuação de cada um, com os desafios que este nos coloca, a fim de vencermos o "dragão de cem cabeças", com o prestimoso e por vezes também desafiador auxílio de nosso *daimon*, que, tal qual o gênio das mil e uma noites, exige que sejam decifrados os enigmas (da vida) para que possa a jornada se cumprir.

Como parte do ferramental necessário para a empreitada, Jung aponta também, a essa altura, para os sonhos, mensageiros de tantas eras, relatando um em que um cavaleiro do século XII, que lhe parece firme e impenetrável em armadura ornada pela Cruz de Malta, passa por um aduaneiro austríaco que não se decompusera após morto há mais de três décadas. O sonho, que ocorre um dia após ter proferido um seminário sobre os *Símbolos de transformação da libido*, faz sentido com seu momento de doloroso rompimento com Freud. Esse é o aduaneiro austríaco, Jung, o cavaleiro, e a aduana – passagem – mostra que o antigo mestre havia morrido para ele, ao tempo que a figura arquetípica do cruzado lhe aponta a contemporaneidade de milênios que nele habitava e habita em nós. O sonho evocava, pois, o mundo dos cavaleiros do Graal e sua busca. E esse era o mundo de Jung, do símbolo vivo do cruzado em sua busca (cf. Jung, 2020).

Ao compartilhar reflexões a partir das experiências mais íntimas, Jung coloca sua própria jornada de vida a serviço de quem dela possa se interessar, fazendo circulambulações em torno de lugares sagrados, arquétipos, mitos e memórias, e apontando para o vislumbre de uma realidade para além da comum, em que haverá encontros com o numinoso e com o transcendente, prenhes de símbolos e de imagens arquetípicas.

É, dessa maneira, a sua jornada de descida aos ínferos e à profundeza, da qual tantas riquezas recolhe, à custa de muito esforço e sacrifício, que trará sentido e significado para sua vida e também apontará um caminho o qual, se trilhado, servirá a quem corajosamente também o fizer. É no inconsciente que ele encontra a própria criatividade luminosa e fascinante, a potência fálica, arquetípica e criadora. E é ali que podemos também disso nos acercarmos.

O mundo das imagens descortina-se, portanto, diante dele, que é levado por sua alma ao "deserto árido, quente, empoeirado e sem refresco" de seu próprio eu e o faz indagar se seria esse o motivo que levava os antigos a procurarem nas ermas solitudes a alma (cf. Jung, 2020). As experiências visionárias seguem então em profusão, mostrando símbolos de nascimento, transformação, do herói que precisa ser morto (Siegfried) e do que deve viver, renascido (Izdubar), a solidão do deserto e as serpentes, a necessária coragem de um cavaleiro medieval e a direção de um princípio ordenador interno, que toma as figuras compensatórias da razão como Elias e da *anima* como Salomé e que, mais tarde, se coagulará mais nitidamente na imagem sábia e transcendente do mundo interior de Jung, sob a forma de Filêmon, o tempo todo a apontar para a necessidade de se dar a devida atenção ao *daimon* e segui-lo sem hesitação. É Filêmon que o ensina o necessário disciplinar-se para seguir seu caminho de forma solitária, pois a individuação pressupõe um vínculo diferenciado com a consciência coletiva e se faz no mundo intermediário e escuro do inconsciente profundo, do qual emergirão os símbolos (cf. Jung, 2020). Em *Os Livros Negros*, essa dialética entre a psique coletiva da Europa, que vivia uma crise no inconsciente cultural, e a psique individual de Jung, que intuitivamente a captou, constitui-se em pano de fundo a ser levado em consideração para uma melhor compreensão da obra e do que ela propõe.

Em meio à jornada, Jung se vê assaltado por emoções muito arcaicas, que lhe trazem inclusive repetidas visões, como a de milhares de mortos no oceano, por exemplo, e a voz que lhe diz que aquilo se tornaria realidade, que inicialmente lhe parece ser o prenúncio de uma psicose, mas que ele, depois, folga em saber ser uma realidade literal, a guerra que se iniciava. Em meio a tantas imagens que emergem, Jung perceberá depois só não ter sido destruído por tê-las conseguido personificar, colocando-se receptivo ao que a alma lhe trazia.

Para a tarefa, a certa altura, ele curva-se para receber o primeiro presente que o inconsciente lhe oferece, a vara cujo significado ainda desconhece, símbolo do *Logos* discriminador, que necessitará dali em diante, na peregrinação em curso, em que encontrará fantasmas e abissais desafios, sem que possa ceder ao medo que ameaçava paralisá-lo. A aproximação com Filêmon, o "velho mestre dos bruxos" (cf. Jung, 2020), era a aproximação com a arte da magia que provém do *Self*. Em contrapartida ao movimento faustiano de formação do ego que até ali vigorara em sua vida, mesmo que em tão profícua jornada interior, ele conseguia com sacrifício preservar o pragmatismo, mantendo sua vida familiar e atendendo a pacientes durante os dias, proferindo palestras e escrevendo o que viriam a ser volumes de sua obra.

Os Livros Negros, ainda que se perceba em suas linhas uma modificação da atitude consciente de Jung, não se constituem em livros do ego, do eu consciente, mas sim em um guia para a individuação que tem como premissa o curvar-se diante da alma e às mensagens dela se abrir, com a genuína disposição de segui-la. Assim, Jung procedeu, deixando um exemplo vivo para as gerações que se seguem, pois sabia estar sua própria experiência ligada à coletividade e seria este um fio condutor no cumprimento da tarefa (cf. Jung, 2019).

13.2 Crise civilizacional – O espírito de nossa época

> Estamos vivendo num tempo inacreditavelmente infernal [...], é como se o próprio ar estivesse infectado com os vapores fétidos do inferno.
>
> (C.G. Jung)

Desde sua origem, há cerca de 4,5 bilhões de anos, a Terra passou por importantes transformações em sua crosta e atmosfera, determinadas por movimentos e forças geológicas (cf. Artaxo, 2014), e é dentro dessa longa trajetória planetária que, há aproximadamente 200 mil anos, o *homo sapiens* começa a desenvolver a sua própria jornada, desde as formações nômades de caçadores-coletores às grandes civilizações antigas, chegando ao atual estágio de modernidade globalizada (cf. Artaxo, 2014; Danowski, & Viveiros de Castro, 2017). Em seu último encontro com Marie-Louise von Franz, Jung relata uma visão de grandes extensões da Terra devastadas e dá graças a Deus por não ser o planeta inteiro (cf. Bojunga, 2019), e é na perspectiva de compreender nosso lugar no presente e modificar o futuro que nos aguarda que, a seguir, delineamos algo sobre o *Zeitgeist* em que estamos inseridos.

O momento histórico em que nos encontramos caracteriza-se por uma crise civilizatória de alcance global, considerada sistêmica por abarcar diferentes fatores, fundamentada no paradigma cultural da modernidade, que traz em seu bojo uma visão instrumental da natureza, norteada por sua vez pela lógica de expansão do capital (cf. Svampa, 2019). A ruptura entre economia e sociedade, em que a primeira deixa de ser "serva" para tornar-se "senhora", é apontada como um ponto nodal da origem dessa crise, que tem em sua essência a alteração do modo de produzir e do modo de consumir, levando o planeta ao esgotamento de recursos naturais, desde o advento do capitalismo moderno no século XIX (cf. Sanson, 2017). Evidencia-se em tal ruptura outra característica fundamental do paradigma cultural da modernidade: a dissociação entre humanidade e natureza e, por extensão, entre economia e ambiente (cf. Gudynas, 2014; Sanson, 2017).

Trata-se de uma crise estrutural, e não conjuntural, uma crise de modelo de desenvolvimento, portanto civilizacional, que opera interligada e se retroalimenta pelo padrão desenfreado de consumo, apontado como elemento central no fenômeno do aquecimento global e que marca nosso momento histórico (cf. Sanson, 2017).

Nessa mesma esteira, o consumo como base da sociedade é um dos principais referenciais históricos da civilização moderna, constituindo-se em sinalizador do ponto em que o futuro da humanidade sobre o planeta começa a ser estrangulado. De fato, nos últimos 50 anos, o ato de consumir passou a compor o nosso imaginário sobre o que significa dar sentido à vida, em contraste significativo com a maneira de ser de nossos antepassados, passando a ser a maneira como as pessoas se veem, moldada sobremaneira pelo que possuem (cf. Bilibio, 2010; Moran, 2008).

O excesso, além de estar implicado na desregulação das relações com a natureza, na crise climática e nos ataques à biodiversidade, relaciona-se diretamente com a origem e o agravamento das desigualdades sociais, fazendo com que apenas três pessoas no mundo tenham a renda conjunta dos 48 países mais pobres do planeta e que a fortuna de 225 pessoas seja equivalente aos parcos rendimentos de 2,5 bilhões de seres humanos (cf. Morin, & Viveret, 2013).

Por ser este um trabalho que tem como escopo o ser humano e a responsabilidade que carrega consigo de fazer consciência, importa a nós trazer a resultante dos aspectos supracitados para o nível do indivíduo, que é, em última instância, afetado por toda essa dinâmica, ao mesmo tempo que é também agente de continuísmo ou de modificação do que está em curso. A crise atual, além das facetas socioambiental e política, tem uma dimensão psíquica – em que a devastação presente também se manifesta, rasgando o tecido social sob diferentes contornos –, sendo a forma de gozo do sujeito moderno, em muito atrelada ao consumo e à satisfação imediata de desejos, tida como uma das perpetuadoras da desigualdade, que, por sua vez, alimenta o sofrimento psíquico e mesmo físico de muitos.

Por uma perspectiva da psicologia profunda pode-se dizer que o caminhar de nossa cultura tem mostrado violência, sofrimento e destruição, com um paradoxal aumento de riquezas e benesses, por um lado, e, por outro, o manifestar do componente primitivo das pulsões que desnudam o que há de sombrio no ser humano: a miséria, a falta de humanidade e a barbárie (cf. Farias, & Knechel, 2018). Ao nos afastarmos da alma do mundo, passamos a depredar, extrair e matar em verdadeira *hýbris* (cf. Werres, 2019) que a mitopoese do fim dos tempos Yanomami descreve como elementos partícipes da "queda do céu" (cf. Kopenawa, & Albert, 2015).

Assim, diante também da denominada era das catástrofes que a sociedade viu florescer e hoje grassa, essa perspectiva se apresenta como proposta para compreender o que atualmente se denomina "as novas doenças da alma", considerando essas imbricações entre questões de âmbito sociocultural e a presença cada vez mais proeminente de sofrimentos psíquicos, frutos do intercâmbio entre a cultura e a psique individual (cf. Maroni, 2008). Acerca disso, Jung, ao se debruçar para compreender a alma humana, também apontava como risco – e que passaria a preocupar a OMS – o aumento da incidência de transtornos mentais na população mundial a partir da Segunda Guerra Mundial, com um previsto (e hoje confirmado) crescimento exponencial nos primeiros 20 anos do século XXI (cf. Alvarenga, & Andrade, 2008).

Inserido no movimento de olhar para o ser humano e o mundo em que ele vive, Jung aponta que a psicologia necessitava da antropologia para atingir a universalidade transcultural e trans-histórica, enquanto essa última precisava da psicologia para lastrear-se em uma compreensão mais ampla da natureza humana, nascendo dessa mútua conjugação a teoria junguiana da civilização (cf. Shamdasani, 2005).

Antecipando-se ao que hoje vemos ganhar visibilidade cada vez maior, Jung preocupou-se com os efeitos do colapso das tradições, considerando a perda do contato com os instintos humanos primitivos um sintoma do que denominou como patologia da modernidade. Uma vez que os instintos, que considerava um elemento conservador do homem e que se expressava e se mantinha através de convicções e costumes muito antigos com os quais estava profundamente conectado, protegia o indivíduo da desconexão, um dos maiores perigos psíquicos (cf. OC 10/2; OC 10/3).

Frente a esse paradigma, Jung apresentava como tarefa de sua psicologia fornecer meios para que o homem moderno superasse sua alienação em relação à natureza, reencontrando orientação e regulação através do contato com o primordial que habita em si mesmo e que dá arcabouço à sua psique, transmitidas através de incontáveis gerações (cf. Shamdasani, 2005).

O conceito de Bem Viver (*Buen Vivir*, ou *Sumak-Kawsay*, em quéchua) se apresenta como contraponto a essa alienação que descrevemos. Baseado na observação de povos originários dos altiplanos andinos, essa corrente propõe um modo de vida pautado no respeito à natureza, ao indivíduo e à comunidade, um relacionar-se mais equilibrado com a produção e o consumo, e a precedência do bem comum ao interesse individual (cf. Sanson, 2017).

Na mesma direção de valorizar-se o que antes era apócrifo, autores indígenas ganham espaço na literatura brasileira, como Davi Kopenawa e Ailton Krenak, entre outros, que aqui cito na direção dessa busca por nossa ancestralidade como futuro possível:

> Nesta invocação do tempo ancestral, vejo um grupo de sete ou oito meninos remando numa canoa: os meninos remavam de maneira compassada, todos tocavam o remo na superfície da água com muita calma e harmonia: estavam exercitando a infância deles no sentido do que o seu povo, os Yudjá, chamam de se aproximar da antiguidade. Um deles, mais velho, que estava verbalizando a experiência, falou: "Nossos pais dizem que nós já estamos chegando perto de como era antigamente" (Krenak, 2022, p. 41).

Como não poderíamos nos furtar de mencionar, aqui Jung, mais uma vez, deu mostras de sua pioneira antevisão, quando buscou conhecer o ser humano não europeu e empreendeu viagens para tal, em uma época em que isso exigia esforços bem maiores do que hoje. Para citar uma delas, o profícuo encontro com o líder Navajo Ochwiay Biano (Lago da Montanha), no Novo México, em 1924, em que este coloca Jung em duradoura e profunda reflexão, mostrando-lhe, por suas palavras, a cruel face do colonizador e compartilhando sua percepção de que eram os homens brancos loucos, porque criam pensar com a cabeça, e não como seu povo fazia, com o coração. De fato, Jung valoriza esse saber do coração, em contrapartida ao saber cortical do Ocidente, propondo uma verdadeira virada epistemológica no conhecimento da psique, e, após suas experiências com povos originários e de outras culturas, ele descreve algumas das ferramentas que aqueles povos e mesmo o homem medieval tinham à sua disposição para estar no mundo e das quais o homem europeu moderno abrira mão.

Em *Os Livros Negros*, o Espírito das Profundezas nos mostra os mortos, antepassados dentro de nós, que apontam o futuro, o agora. Os mortos são nosso futuro, não nosso passado, assim como os povos originários e seu saber ancestral podem constituir-se em nosso futuro. A alma testa Jung, pois, se estaria ele disposto a aceitar o que encontraria nas escavações, rumo às profundezas: velhas armaduras carcomidas pela ferrugem, hastes de lanças comidas pelos vermes, flechas quebradas, escudos apodrecidos, caveiras, ossos de homens e cavalos, pontas e clavas de pedra, ossos afiados e dentes pontudos para flechas – tudo o que as batalhas de outrora e uma aldeia pré-histórica jogaram fora e perderam (cf. Jung, 2020).

Tal proposta de contato com os antepassados, que é levada a cabo em *Os Livros Negros* até o seu núcleo, constituído pelos Sete Sermões aos Mortos, se concretizada, pode nos conduzir ao encontro, em cada um de nós, com o que o mestre Câmara Cascudo (1954) disse nos constituir: "Uma contemporaneidade de milênios".

13.3 Conclusão – *Os Livros Negros* como guia

> Não podes fugir à tua lei.
> (C.G. Jung)

O espírito da época não se enquadra nas categorias da razão humana, sendo antes uma propensão que, por motivos inconscientes, age com soberana força de sugestão sobre todos os espíritos mais frágeis de nossa época e os arrasta atrás de si (cf. OC 6).

Foi durante os estertores finais da Modernidade que se deu o desafio da individuação descrito por Jung, e, tal como ocorreu com ele, a tarefa da individuação se dá em meio a essa grande crise a nós, indivíduos pós-modernos. A recente apresentação dos íntimos registros da jornada de Jung, contemporâneos ao início e ao desenrolar da Primeira Guerra Mundial e a todo o contexto então vigente, justamente no singular atual período que ora vivemos, parece estar a serviço da sincronicidade, oferecendo-nos uma espécie de guiança, para parafrasear Guimarães Rosa, tão necessária que se faz nesta época de tantas transformações.

Os Livros Negros, como hoje conhecemos, são produto do registro íntimo desse período revestido de especial importância, de sua profícua jornada, em que que um homem se vê – por vezes, de forma assustadora (inclusive ameaçado por uma psicose) – convidado por sua alma a mergulhar em busca de respostas que só poderiam ser encontradas nos fluidos das profundezas. Tal qual um livro de anotações de sonhos com as datações de sua ocorrência, a obra descreve vívida, rica e honestamente o contato do autor com suas experiências mais profundas, quando passa a analisar de forma detida suas próprias fantasias, que se lhe afiguravam como forma de prospectar a própria camada mitopoética da psique. Logo ele percebe ser um empreendimento não somente seu, mas comum a todos os seres humanos.

Desenha-se, então, em suas linhas, a rica e corajosa jornada de um homem premido pelo que ele mesmo, posteriormente, denominaria de *principium individuatonis*, quando o destino apresenta o confronto com sua alma como único recurso de enfrentamento às dimensões da situação que o deixa à beira de uma psicose. Assim é que, fiel a esse princípio – e, portanto, ao chamado de sua alma –, Jung percorre uma descida meticulosa e incansável, degrau a degrau, até encontrar o que buscava, vivendo intensamente a partir daí o *turning point* de sua vida e obra, indissolúveis que são uma da outra.

A jornada às profundezas da alma propõe que o ser humano se reconecte ao sagrado, à natureza e à sua natureza. O mundo imaginal elencado por Jung descreve a *opus contra natura* por ele empreendida, em atendimento ao espírito da profundeza que o chama com a força de um instinto, para a atualização de seu ser, a individuação. O enorme desafio que se lhe coloca é, pois, enfrentado, em observância aos preceitos de uma verdadeira busca, que não é racional, não deve ser apressada nem é diurna, mas se faz em estado crepuscular, quando a alma está a sós com ela mesma – como na viagem noturna do místico – e são encontrados os mortos que estão dentro de nós, nossos antepassados e nossas fantasias.

Como um autêntico mapa, *Os Livros Negros* se colocam como guia de viagem a nós, indivíduos da pós-modernidade, aproximando-nos uns dos outros, de todas as criaturas de nosso planeta, de nossa ancestralidade e, em última instância, de nós mesmos, necessário que se faz para não sermos arrastados pelas torrentes do espírito de nossa época e seus efeitos na consciência coletiva, mas sim cumprirmos com o que propôs Jung, de que necessitamos saber mais sobre a natureza humana, pois sabemos ainda muito pouco sobre o homem, único perigo real existente. Precisamos estudar nossa Psique, pois a Psique é o eixo do mundo.

Referências

Alvarenga, P.G., & Andrade, A.G. (2008). *Fundamentos em psiquiatria*. Editora Manole.

Artaxo, P. (2014). Uma nova era geológica em nosso planeta: o Antropoceno? *Revista USP*, 103, 12.

Bilibio, M.A. (2010). Uma perspectiva antropológica da crise ecológica e civilizacional. *História, ciências, saúde*, *17*(4), 1.035-1.037.

Bojunga, F. (2020). *Entrevistas com Marie-Louise Von Franz*. Paulus.

Cascudo, L. da C. (1954). *Contos tradicionais do Brasil* (3a ed.). Rio de Janeiro: Ediouro.

Danowski, D., & Viveiros de Castro, E. (2017). *Há mundo por vir? – Ensaio sobre os medos e os fins*. Instituto Socioambiental.

Ellenberger, H.F. (2023). *A descoberta do inconsciente: história e evolução da psiquiatria analítica*. Editora Perspectiva.

Farias, A.L., & Knechel, M. (2018). Uma perspectiva psicanalítica para a educação ambiental. *Ambiente & Educação: Revista de Educação Ambiental*, *23*(2), 322-338.

Gudynas, E. (2014). *Derechos de la naturaleza: ética biocéntrica y políticas ambientales*. Argentina: Programa Democracia y Transformación Global.

Jung, C.G. (2011). *Aspectos do drama contemporâneo* (Obra Completa, Vol. 10/2). Vozes.

Jung, C.G. (2011). *Civilização em transição* (Obra Completa, Vol. 10/3). Vozes.

Jung, C.G. (2011). *Símbolos da transformação: análise dos prelúdios de uma esquizofrenia* (Obra Completa, Vol. 5). Vozes.

Jung, C.G. (2012). *A natureza da psique* (Obra Completa, Vol. 8/2). Vozes.

Jung, C.G. (2019). *Memórias, sonhos, reflexões*. Nova Fronteira.

Jung, C.G. (2020). *Os Livros Negros: 1913-1932 – Cadernos de transformação* (7 vol., edição de S. Shamdasani, tradução de M. Hediger). Vozes.

Kopenawa, D., & Albert, B. (2015). *A queda do céu: palavras de um xamã yanomami*. Companhia das Letras.

Krenak, A. (2022). *Futuro ancestral*. Companhia das Letras.

Latour, B. (2014). Para distinguir amigos e inimigos no tempo do Antropoceno. *Revista de Antropologia*, *57*(1), 11-31.

Leff, E. (2011). *Saber ambiental: sustentabilidade, racionalidade, complexidade, poder*. Vozes.

Maroni, A. (2008). *Eros na passagem: uma interpretação de Jung a partir de Bion*. Ideia & Letras.

Moran, E. (2008). *Nós e a natureza: uma introdução às relações homem ambiente*. Senac.

Morin, E., & Viveret, P. (2013). *Como viver em tempo de crise?* Bertrand Brasil.

Quijano, A. (2005). Colonialidade do poder, eurocentrismo e América Latina. In E. Lander (Org.), *A colonialidade do saber: eurocentrismo e ciências sociais – Perspectivas latino-americanas*. Clacso – Consejo Latinoamericano de Ciencias Sociales.

Sanson, C. (2017). O "bem-viver": uma resposta à crise civilizacional. *Trilhas Filosóficas*, *10*(1), 107-130.

Shamdasani, S. (2005). *Jung e a construção da psicologia moderna: o sonho de uma ciência*. Ideias e Letras.

Silva, C., & Arbilla, G. (2018). Antropoceno: os desafios de um novo mundo. *Revista Virtual de Química*, *10*(6), 1.619-1.647.

Svampa, M. (2019). *Las fronteiras del neoextrativisno en América Latina: conflitos socioambientales, giro ecoterritorial y nuevas dependencias*. Editora Universidad de Costa Rica.

Veiga, J. E. (2017). A primeira utopia do Antropoceno. *Ambiente & Sociedade*, *20*(2), 227-246.

Vilches, A., & Gil-Pérez, D. (2008). O Antropoceno: entre o risco e a oportunidade. *Educação: Temas e Problemas*, *5*(3), 41-66.

Werres, J. (2019). *Jung e os desafios contemporâneos*. Vozes.

14

Além da psique: diálogo entre Corbin e Jung sobre espiritualidade e imaginação

Eugenia Cordeiro Curvelo

> Necessitas dele – Glorificado seja – para consagrar-te completamente a Ele sem que te preocupes em pedir-lhe qualquer coisa, de modo que estejas absorvido nele mesmo, não pelo que Ele te dá.
>
> (Ibn Arabi)

A crescente fascinação pela obra de Henry Corbin e Carl Gustav Jung decorre de uma intersecção profunda e intrigante entre suas teorias, especialmente no que concerne à imaginação ativa, ao simbolismo e à espiritualidade. Ao estudar visceralmente *O Livro Vermelho* (2010) e *Os Livros Negros* (2020) de Jung, percebeu-se a necessidade de explorar mais intimamente o pensamento de Corbin, um filósofo islâmico místico e estudioso das tradições esotéricas. Esse estudo revelou uma nova dimensão da obra de Jung, que transcende a psicologia tradicional e mergulha nas profundezas do simbolismo e do mito.

Henry Corbin (1903-1978) foi um filósofo, teólogo francês, renomado por seus estudos sobre o Irã e por suas contribuições à filosofia islâmica, ao misticismo sufi e à espiritualidade comparada. Cheetham (2023) relata que Henry Corbin nasceu em Paris, onde estudou na Sorbonne, instituição em que lecionava até 1978, ano de seu falecimento. Inicialmente, ele concentrou-se na filosofia cristã, demonstrando interesse por pensadores como Kierkegaard e Meister Eckhart. Posteriormente, voltou sua atenção para a filosofia islâmica e persa, sobretudo após sua viagem ao Irã, em 1933. Essa visita foi o marco de seu fascínio pela cultura persa, especialmente em relação à obra do místico e filósofo Suhrawardi, a quem Corbin adotou como mestre pessoal, dedicando-se ao estudo e à tradução de seus ensinamentos. Durante a Segunda Guerra Mundial trabalhou no Institut Français de Damas, na Síria, antes de retornar a Paris, onde assumiu o cargo de diretor de estudos na École Pratique des Hautes Études.

Henry Corbin, uma figura central no estudo do esoterismo islâmico, que contribuiu significativamente para a compreensão ocidental das tradições espirituais do Oriente Médio, faleceu em 7 de outubro de 1978, em Paris, aos 75 anos. Ele foi sepultado no cemitério de Montmorency, nos arredores de Paris, onde muitos outros estudiosos e intelectuais proeminentes também foram enterrados. Sua obra continua a influenciar estudiosos de diversas áreas, incluindo filosofia, teologia e estudos islâmicos.

Carl Gustav Jung (1875-1961), psiquiatra suíço e fundador da psicologia analítica, foi uma das figuras mais proeminentes do século XX no campo da psicologia. Sua abordagem inovadora destacou-se por explorar os aspectos simbólicos e espirituais da mente humana, oferecendo uma perspectiva que diverge da psicanálise freudiana.

Formado em medicina pela Universidade de Basileia em 1900, Jung, sob a orientação de Eugen Bleuler, iniciou sua trajetória profissional no Hospital Burghölzli, em Zurique, onde aprofundou seus estudos sobre o inconsciente por meio da análise de sonhos, mitos e símbolos. Esse trabalho culminou em conceitos centrais de sua teoria, como os arquétipos e o inconsciente coletivo.

Inicialmente, Jung colaborou estreitamente com Sigmund Freud, sendo considerado por este como um possível sucessor. No entanto, diferenças teóricas – especialmente quanto à concepção da libido e à relevância da espiritualidade na psique – levaram ao rompimento dessa parceria.

Jung faleceu em 6 de junho de 1961, em Küsnacht, Suíça. Seu legado, marcado por uma obra vasta e complexa, continua a exercer uma profunda influência sobre a psicologia, a psiquiatria e a cultura contemporânea.

Jung e Corbin dedicaram suas vidas ao estudo profundo da psique e da espiritualidade, embora de perspectivas e contextos culturais diferentes. Jung foi um pioneiro na integração dos aspectos espirituais à psicologia ocidental, enquanto Corbin fez o mesmo no campo da filosofia religiosa, conectando o Ocidente ao Oriente.

Assim, o estudo de Henry Corbin e Carl Jung, especialmente através de suas obras, não só aprofunda o entendimento da psique humana, mas também alimenta uma exploração contínua dos mistérios[99] do ser e do universo. Antes de explorar as teorias de Henry Corbin e Carl Gustav Jung, é fundamental contextualizar a relação e a interação entre esses dois importantes pensadores, que, além de serem contemporâneos, se conheceram no Círculo de Eranos (cf. Eranos Foundation, 2024). O projeto Eranos foi iniciado por Olga Fröbe-Kapteyn (1881-1962) e situado às margens do Lago Maggiore, em Ascona. O nome "Eranos" – que, em grego, significa "banquete" – simboliza um local e uma ocasião

99. Segredo, enigma, reserva. Do latim, *mystérium*: fechar, estar fechado.

em que os participantes contribuíam generosamente com suas ideias e experiências. O projeto tinha como objetivo criar um "lugar de encontro e experiência" e um "espaço livre para o espírito", promovendo o diálogo entre os pensamentos oriental e ocidental. Eranos estruturou a Conferência Internacional Anual Interdisciplinar (Eranos Tagung), inspirando-se no estilo renascentista italiano, nos círculos intelectuais do romantismo alemão e nos grandes salões europeus do século XIX. As palestras, com cerca de duas horas de duração, eram apresentadas na língua materna dos palestrantes, sem tradução. Um gongo antigo, tocado lentamente e de forma solene, marcava o início, a pausa ou a retomada das sessões. Essas discussões ocorriam ao redor de uma grande mesa redonda verde, sob dois altos cedros com vista para o Lago Maggiore. No fundo, uma escultura de pedra com a inscrição *genio loci ignoto* ("ao gênio desconhecido do lugar") representava a inspiração e a atmosfera únicas proporcionadas pelo local[100].

Tanto Corbin quanto Jung trouxeram para essas conferências perspectivas únicas que enriqueceram o diálogo interdisciplinar. Enquanto Jung explorava os arquétipos e o inconsciente coletivo como componentes universais da psique humana, Corbin aprofundava-se em conceitos metafísicos e espirituais, especialmente os derivados da filosofia persa. A interseção dessas abordagens possibilitou uma troca de ideias que transcendeu as fronteiras entre psicologia e espiritualidade, oferecendo novas maneiras de compreender a experiência humana em sua totalidade.

No decorrer de seus estudos sobre a filosofia persa, Corbin enfatizou a importância do mundo imaginal[101] – um domínio intermediário entre o mundo físico e o espiritual, no qual a alma

100. Essas informações estão disponíveis no site da Fundação Eranos (cf. Eranos Foundation, 2024).

101. O conceito de *mundus imaginalis* é abordado por Henry Corbin (1972) em um ensaio intitulado "Mundus imaginalis ou l'imaginaire et l'imaginal".

encontra realidades simbólicas. Para Corbin, esse reino ontológico é independente e real, nele as imagens não são meras abstrações, mas têm uma existência própria.

Quando Corbin afirma que a imagem tem um "estatuto ontológico distinto", ele está se referindo ao fato de que a imagem, no contexto de sua filosofia, não é apenas um reflexo da realidade ou uma criação subjetiva da mente humana. Ao contrário, a imagem pertence a uma ordem própria de ser, com existência e substância própria no *mundus imaginalis*. Nesse sentido, ela tem uma realidade ontológica, ou seja, uma forma de existência que é independente e autônoma, diferentemente do uso corriqueiro da palavra "imagem", que geralmente é associada ao irreal, à fantasia ou a uma mera representação visual.

Para Henry Corbin, a "imagem" tem um significado muito mais profundo e complexo do que o uso comum do termo no cotidiano. Em sua obra, especialmente ao introduzir o conceito de *mundus imaginalis*, Corbin define a imagem como uma realidade autônoma e viva, situada em um nível intermediário entre o mundo sensível (físico) e o mundo puramente espiritual. Essa dimensão intermediária é acessível pela "imaginação ativa", que é distinta da fantasia ou do imaginário no sentido moderno, sendo uma forma de conhecimento e experiência espiritual. Portanto, a imagem, para Corbin, é uma manifestação do sagrado e tem um papel fundamental na compreensão da realidade, transcendendo o que é meramente psicológico ou fictício.

Esse conceito é fundamental para a filosofia e a teologia islâmica, especialmente no âmbito do misticismo islâmico, sendo essencial para compreender a forma como Corbin aborda a imaginação ativa e a espiritualidade. O ensaio "Mundus imaginalis ou l'imaginaire et l'imaginal" (Corbin, 1972), posteriormente traduzido para o inglês, integra diversas compilações de textos de

Corbin que discutem o papel da imaginação e do simbolismo na metafísica islâmica e na fenomenologia.

Nesse texto, Corbin emprega o termo latino *mundus imaginalis* para definir uma ordem específica da realidade, associada a um modo particular de percepção. A escolha dessa terminologia visa evitar a ambiguidade inerente ao termo "imaginário", que, nas línguas ocidentais modernas, é frequentemente relacionado ao irreal ou utópico. O autor revela que a necessidade de uma nova expressão surgiu de sua experiência na tradução de textos árabes e persas, em que o uso do termo "imaginário" não captaria adequadamente o significado pretendido. Corbin (1972) argumenta que a percepção ocidental tende a vincular o imaginário ao irreal, contrastando com a realidade designada como *mundus imaginalis*, ou "oitavo clima", pelos teosofistas islâmicos. O texto tem como objetivo investigar a ordem de realidade denominada *mundus imaginalis* e o mecanismo pelo qual ela é percebida, referido por Henry Corbin como "consciência imaginativa" ou "imaginação cognitiva". A "consciência imaginativa" é compreendida não apenas como uma função psicológica, mas como uma faculdade perceptiva especializada, capaz de acessar e interagir com esse plano intermediário entre o mundo físico e o espiritual. Essa investigação é fundamentada em análises e conclusões extraídas das experiências daqueles que efetivamente tiveram acesso a esse nível de existência, proporcionando uma compreensão mais profunda da sua natureza e de seu significado na filosofia espiritual de Corbin (1972).

Esse conceito ressoa fortemente com a teoria de Jung sobre o inconsciente coletivo e a função dos arquétipos. A imaginação ativa de Jung e a concepção de imaginação ativa de Corbin compartilham semelhanças fundamentais, mas também apresentam diferenças significativas em seus contextos e aplicações. Na abordagem junguiana, a imaginação ativa é uma técnica terapêutica desenvolvida para engajar diretamente o indivíduo com o conteúdo do inconsciente. Essa prática envolve a exploração consciente de imagens, figuras e narrativas que emergem do inconsciente, permitindo que o indivíduo interaja com esses elementos de maneira ativa, dialogando com eles para promover a integração dos aspectos inconscientes na psique consciente.

Por outro lado, Henry Corbin utiliza o conceito de imaginação ativa em um contexto mais ligado à espiritualidade e ao misticismo. Ela seria um meio de acessar o *mundus imaginalis*. Na perspectiva corbiniana, a imaginação ativa não é apenas uma técnica de interação com o inconsciente, mas sim uma faculdade de percepção espiritual que permite a experiência direta e a interação com realidades espirituais e simbólicas.

Enquanto a imaginação ativa em Jung é fundamentalmente terapêutica, voltada para a individuação e a integração da psique, em Corbin ela assume um papel distinto como via de acesso a dimensões espirituais que transcendem o domínio psicológico. Embora ambos atribuam um papel central à imaginação, suas abordagens refletem concepções diferentes sobre a natureza da psique e do inconsciente: para Jung, a imaginação ativa é um instrumento da função transcendente e autocompreensão, promovendo a integração dos aspectos inconscientes da personalidade no processo de individuação; para Corbin, ela transcende a dimensão psicológica, funcionando como uma ponte para realidades espirituais e místicas, ampliando a experiência humana para além do desenvolvimento individual.

Tal contraste se torna ainda mais evidente quando analisamos as obras fundamentais de Jung, como *O Livro Vermelho* e *Os Livros Negros*, que revelam a profunda exploração do inconsciente e as experiências simbólicas que moldaram suas teorias. Tais obras documentam as suas experiências de imaginação ativa e reflexões filosóficas, combinando elementos de diário, tratado psicológico e obra de arte. As seções principais de *O Livro Vermelho*, como *Liber Primus* e *Liber Secundus*, detalham as visões de Jung, os seus diálogos com figuras arquetípicas como o velho sábio, a *anima* e a sombra, e o processo pelo qual buscou integrar esses aspectos, tornando-os mais conscientes.

Além de seu valor teórico, esses livros têm uma dimensão espiritual e mística profunda. O termo "mística" refere-se a uma vivência ou perspectiva que busca a conexão com o transcendente, envolvendo experiências que transcendem o entendimento racional e exploram aspectos profundos e subjetivos da existência. Nesse contexto, Jung investiga não apenas os aspectos psicológicos do inconsciente, mas também suas implicações espirituais, abordando temas como a alma, a espiritualidade e o sentido da vida.

A relevância de *O Livro Vermelho* e de *Os Livros Negros* na obra de Jung é fundamental e não deve ser minimizada. Esses textos revelam a estreita relação entre a experiência pessoal do autor e suas contribuições teóricas, evidenciando como suas vivências moldaram diretamente a evolução da psicologia analítica. Em particular, *Os Livros Negros* oferecem uma visão simbólica e arquetípica das questões existenciais e espirituais que Jung investigou, destacando o processo de individuação que ele viveu e documentou de maneira detalhada. A espiritualidade, no contexto junguiano, não se limita a uma dimensão religiosa ou mística, mas abrange o aspecto mais amplo da experiência humana que busca significado e integração das diferentes facetas do eu. Nesse sentido, a espiritualidade em Jung é a busca pela totalidade e pela conexão com aspectos profundos da psique, refletindo sua interseção com os campos da psicologia, da cultura e da mitologia. Esse aspecto distintivo do trabalho junguiano sublinha uma abordagem holística e integrada da psique humana. A publicação, em 2020, dos sete volumes de *Os Livros Negros* marcou um momento crucial para os estudos junguianos, oferecendo aos estudiosos e praticantes da psicologia analítica uma fonte primária valiosa para a compreensão do desenvolvimento das ideias de Jung. Esses volumes permitem uma apreciação mais profunda da relação entre as experiências pessoais de Jung e a construção de suas teorias, demonstrando como sua obra teórica é enraizada em um processo íntimo e vivencial de autoinvestigação.

Essas obras revelam um Jung que vai além do analista psicológico, emergindo como um místico[102] moderno, envolvido em uma busca espiritual intensa e muitas vezes perturbadora. Ao ler esses textos, nota-se uma convergência com as ideias de Corbin sobre o encontro com o sagrado e o transcendente por meio de imagens e símbolos.

Jung via os símbolos como expressões de verdades arquetípicas universais, que têm o poder de conectar o indivíduo a uma realidade maior. Corbin, por sua vez, via a imaginação não apenas como uma faculdade criativa, mas como um meio de acesso a realidades espirituais. Ambos acreditavam na importância de integrar essas experiências simbólicas para alcançar uma totalidade psíquica ou espiritual. Essa convergência destaca a relevância de explorar o simbolismo não apenas como um fenômeno psicológico, mas como um caminho para o autoconhecimento e a realização espiritual.

Além disso, a abordagem de Corbin para a espiritualidade, que enfatiza a importância da experiência direta do divino e do simbólico, oferece uma nova perspectiva para interpretar o trabalho posterior de Jung. Ao envolver-se com *Os Livros Negros*, é possível observar como Jung, influenciado por tradições místicas e esotéricas, começa a moldar uma compreensão mais abrangente

---

102. "Místico relativo ao mistério, ou a uma crença oculta, superior à razão, no domínio religioso" (Da Cunha, 2010, p. 430).

do ser humano, que inclui não apenas a psicologia, mas também a espiritualidade e o mito[103].

Esse interesse por Corbin e Jung reflete uma busca por uma compreensão mais ampla da alma humana. Ao integrar a filosofia de Corbin com as práticas junguianas de exploração do inconsciente há uma percepção de um novo Jung – um visionário e guia espiritual. Essa descoberta enriquece a compreensão da psicologia e abre novas possibilidades para explorar a interseção entre mente, alma e espírito.

O intenso diálogo de Jung com as figuras simbólicas em *Os Livros Negros* não apenas alimentou a criação das imagens e arte de *O Livro Vermelho*, mas também foi crucial para o desenvolvimento da psicologia analítica.

Essa exploração do simbolismo e da espiritualidade na psique humana encontra um paralelo no trabalho de Henry Corbin, que se destacou por seu estudo do misticismo islâmico, especialmente no contexto do sufismo[104]. De acordo com Leite (2007), o sufismo – ou mística islâmica –, conhecido no Brasil por apresentações dos dervixes em festivais de arte tradicional e pela publicação dos poemas de Jalaluddin Rúmi, tem como mensagem central a unidade na multiplicidade. Apesar de manifestações como a dança dos dervixes e os poemas transmitirem a essência

---

103. "Narrativa, geralmente de origem popular, sobre seres que encarnam simbolicamente as forças da natureza, aspectos da condição humana, fábula, representação idealizada de um estado na humanidade em um passado remoto ou um futuro fictício" (Da Cunha, 2010, p. 430).

104. "O sufismo surgiu como uma reação à burocratização do Islã por teólogos e jurisconsultos, com o intuito de retornar às suas bases espirituais e iniciáticas. Embora o sufismo contenha elementos da espiritualidade libertária dos ensinamentos do Profeta Muhammad, também teve momentos históricos em que Ordens Sufis adquiriram grande poder econômico e político, estabelecendo dinastias e tornando-se grandes proprietárias de terra. Assim, coexistem dentro do sufismo tanto figuras que rejeitam o poder terrestre e reverenciam apenas Allah quanto líderes autoritários, ostentando títulos e sendo obedecidos por seus seguidores" (Prado, 2010, p. 19).

do sufismo, o contato superficial com esses elementos pode não revelar completamente a sua natureza. Uma característica fundamental do sufismo é sua plasticidade, ou seja, a capacidade de se adaptar às circunstâncias.

Corbin trouxe à tona a importância do *mundus imaginalis*, que ele via como um domínio intermediário entre o mundo sensível e o mundo inteligível, acessível através da imaginação ativa, e no qual as almas poderiam se encontrar com figuras arquetípicas e realidades espirituais. Esse fenômeno está ligado ao reconhecimento de uma instância intermediária entre os mundos visível e invisível e à visão do mundo como uma rede de relações analógicas e móveis que se repetem em diferentes planos de realidade.

No livro *Alone with the Alone* (1997), publicado originalmente em 1958 a partir de aulas ministradas por Henry Corbin entre 1955 e 1956, o autor aborda profundamente a comunhão com Deus, destacando-se por não transitar diretamente da matéria ao divino, mas por se estabelecer em um mundo intermediário. Esse posicionamento cria uma ponte entre filosofia e teologia, razão e religião, conhecimento e fé. O livro não se concentra em dogmas religiosos ou conceitos rígidos, mas explora as experiências pessoais do místico islâmico Ibn Arabi.

A obra está organizada em três partes. Na introdução, Corbin apresenta a fase mística de Ibn Arabi, a situação do esoterismo islâmico, e estabelece comparações com o cristianismo e sua evolução. Essa introdução é particularmente útil, proporcionando um contexto necessário para a compreensão do texto que segue. Na primeira parte, Corbin oferece um panorama histórico, discutindo o encontro do sufismo com o Islã, que resulta na união mística entre a pessoa que reza e Deus, mediada pela imaginação criativa. Corbin também explora as influências filosóficas de pensadores como Aristóteles, Avicena, Al Ghazali e Averróis, e narra as viagens de Ibn Arabi pelo mundo árabe. Além disso, ele introduz temas centrais que serão explorados mais detalhadamente, como o amor por Deus, o nome de Deus, o caminho para Deus e a manifestação individual de Deus.

A segunda parte do livro aborda uma fisiologia sutil centrada no coração, que possibilita ao místico estabelecer comunicação através da imaginação criativa. Corbin fundamenta-se em uma experiência de Ibn Arabi, na qual este é tocado por um guia espiritual, uma vivência que, em níveis mais avançados, revela profundidade e clareza notáveis. Nesse contexto, Corbin discute a criação do *mundus imaginalis*, descrevendo-o como um processo de criação divina que depende diretamente do nível de oração do indivíduo. Segundo Corbin, a oração não é um ato mecânico, mas um processo profundamente enraizado na predisposição interior e na entrega sincera do praticante.

Na terceira e última parte, Corbin aprofunda a ideia de que Deus se revela de forma individual, e que, no auge dessa revelação, o místico pode encontrar um "anjo individual" no *mundus imaginalis*, um espaço intermediário em que as imagens do mundo são formadas e no qual o mundo é continuamente criado em múltiplos planos de existência. O livro culmina com a descrição do método de oração individual proposto por Ibn Arabi, dividido em três etapas: conversação, presença e contemplação.

Corbin caracteriza a etapa de conversação como um diálogo profundo e pessoal com o divino ou com uma entidade espiritual. Essa fase é marcada por uma comunicação direta e ativa, na qual o místico participa de um intercâmbio verbal ou mental com a realidade espiritual. Esse diálogo visa estabelecer uma conexão íntima e direta com o sagrado, permitindo ao indivíduo manifestar suas preocupações, seus desejos e suas buscas espirituais.

A etapa de presença refere-se à capacidade de estar plenamente imerso e consciente da presença divina. Aqui, o foco está em experimentar e sentir a proximidade e a influência do divino de maneira imediata e intensa. É uma fase de maior receptividade e atenção, na qual o místico se entrega à presença do sagrado e se permite estar profundamente enraizado no momento presente.

Na fase de contemplação, Corbin enfatiza a prática de meditação profunda e reflexão sobre a presença divina. Essa etapa envolve uma absorção e uma introspecção intensas, permitindo ao místico alcançar uma visão mais profunda e transcendente da realidade espiritual. A contemplação é um estado de quietude interior e observação mística, no qual se busca uma compreensão elevada e a união com o divino.

Corbin apresenta essas três etapas como um processo gradual e interconectado de aproximação e vivência da realidade espiritual, com o objetivo de proporcionar uma experiência mais completa e integradora da presença divina. Portanto, *Alone with the Alone* (Corbin, 1997) emerge como uma obra fundamental para a compreensão da união mística e da relação entre o místico e o divino, analisada sob a perspectiva do esoterismo islâmico e das experiências visionárias de Ibn Arabi.

Em contraste, Carl Jung dedicou considerável parte de sua carreira ao estudo do inconsciente e dos arquétipos. Ele desenvolveu a concepção do inconsciente coletivo, uma camada profunda da psique humana que abriga imagens e símbolos universais compartilhados por toda a humanidade. A imaginação ativa, uma técnica empregada por Jung para explorar o inconsciente, consiste em um diálogo consciente com figuras interiores, permitindo uma interação direta com os conteúdos psíquicos.

O encontro entre Henry Corbin e Carl Gustav Jung foi marcante devido ao interesse comum na interseção entre psicologia e espiritualidade. Embora suas trajetórias intelectuais fossem distintas, com Corbin vindo do estudo das religiões e Jung, da psicologia, ambos reconheciam o papel transformador das imagens e dos símbolos na experiência humana.

No contexto do Círculo de Eranos, tiveram a oportunidade de explorar como o espiritual e o psicológico se entrelaçam, gerando discussões profundas sobre a natureza da alma e o papel do simbolismo na jornada interior. Essa interação revelou uma convergência de suas abordagens teóricas e práticas.

A interação entre suas ideias sugere uma visão holística da realidade, na qual o espiritual e o psíquico são dimensões indissociáveis da existência humana. Para Corbin, o "mundo imaginal" representava realidades espirituais autênticas, acessíveis por meio de práticas espirituais e contemplativas. Jung, por sua vez, considerava os símbolos como expressões de conteúdos inconscientes que, ao serem trazidos à consciência, promoviam crescimento e cura psicológica.

Jung e Corbin não apenas compartilharam ideias, mas também influenciaram e enriqueceram mutuamente suas visões, oferecendo uma perspectiva integradora que ainda ressoa na busca contemporânea por sentido e autoconhecimento.

O diálogo teórico entre eles revela uma série de interseções e divergências que enriquecem a compreensão da realidade intermediária e do papel das imagens simbólicas na experiência humana. Embora oriundos de contextos distintos, convergem em aspectos fundamentais e divergem em suas concepções sobre a natureza da realidade e nos objetivos de suas abordagens.

Uma das principais interseções entre Corbin e Jung é a concepção de uma realidade intermediária, acessível por meio de experiências visionárias e simbólicas. Tanto o *mundus imaginalis* quanto o inconsciente coletivo funcionam como pontes entre o mundo material e o espiritual, permitindo o acesso ao transcendente e ao sagrado.

A importância das imagens simbólicas é outro ponto de convergência. Corbin, ao estudar o misticismo islâmico, especialmente a obra de Ibn Arabi, enfatiza as visões e símbolos como meios de acesso ao divino. Ele considera essas imagens revelações de uma realidade superior. Similarmente, Jung valoriza os arquétipos como formas universais presentes no inconsciente coletivo, manifestando-se em sonhos, mitos e arte. Ambos reconhecem o papel central das imagens simbólicas na experiência humana, servindo como veículos de transformação espiritual e psicológica.

A experiência e a transformação pessoal são temas centrais para ambos. Corbin vê as experiências visionárias e os sonhos como caminhos para o crescimento espiritual, permitindo ao indivíduo transcender a realidade cotidiana e acessar o divino. Para Jung, os sonhos e as experiências interiores são fundamentais no processo de individuação, em que o indivíduo integra diferentes aspectos da psique, alcançando uma totalidade psicológica. Para ambos, essas experiências são cruciais para o desenvolvimento humano, seja no plano espiritual, seja no plano psicológico.

Embora ambos os pensadores compartilhem um interesse pela dimensão simbólica e imaginativa da experiência humana, Corbin e Jung apresentam divergências substanciais em suas concepções sobre a natureza da realidade. Corbin define o *mundus imaginalis* como uma realidade objetiva, uma dimensão autônoma em que visões e revelações se manifestam de maneira concreta. Em contraste, Jung concebe o inconsciente coletivo e seus arquétipos como estruturas psíquicas internas, que ele classifica como "produtos da mente humana". Nesse contexto, os "produtos da mente humana" referem-se a construções psicológicas que emergem da interação entre os processos psíquicos individuais e os fatores culturais e históricos universais. Embora esses arquétipos tivessem uma natureza coletiva, expressando-se em diversas culturas e épocas, Jung sustenta que eles não existem de maneira independente no mundo exterior, mas são manifestações psíquicas que revelam aspectos profundos da psique humana.

Outra divergência crucial diz respeito aos objetivos e aos métodos de suas abordagens. Corbin está profundamente enraizado na espiritualidade e no misticismo, focando em como as experiências visionárias conduzem à união com o divino e à realização espiritual. Seus métodos são orientados para o transcendental, buscando compreender e experienciar o sagrado diretamente. Por outro lado, Jung concentra-se na terapia psicológica e no processo de individuação, com o objetivo de alcançar a integração da psique, com um enfoque mais clínico e terapêutico, voltado para o equilíbrio psicológico e o desenvolvimento pessoal, em vez de uma busca direta pelo divino.

A análise do diálogo teórico entre Henry Corbin e Carl Gustav Jung evidencia as interseções e divergências que permeiam suas abordagens à realidade intermediária, ao simbolismo e ao desenvolvimento pessoal. Ambos reconhecem a existência de um espaço intermediário – o *mundus imaginalis* para Corbin e o inconsciente coletivo para Jung –, em que o sagrado e o simbólico se manifestam e atuam como pontes para o transcendente. Compartilham também a crença na importância das imagens simbólicas, com Corbin enfatizando as visões místicas e Jung destacando os arquétipos como expressões universais do inconsciente.

Entretanto, as divergências são notáveis e refletem diferenças fundamentais em suas abordagens. Corbin vê o *mundus imaginalis* como uma dimensão que existe fora do domínio da psique humana e tem uma existência própria. Em contraste, Jung concebe o inconsciente coletivo como uma estrutura interna da psique, compartilhada por toda a humanidade.

O diálogo entre Corbin e Jung oferece a possibilidade de integrar diferentes perspectivas para uma compreensão mais rica e multifacetada da espiritualidade e da imaginação. A complementaridade de suas ideias permite uma abordagem mais holística, que reconhece tanto a dimensão interna e psicológica dos símbolos quanto sua potencial transcendência e manifestação em uma realidade espiritual. Esse diálogo enriquece não apenas a teoria, mas também a prática terapêutica e espiritual. Assim, o encontro entre suas visões convida a uma reflexão mais profunda sobre os aspectos simbólicos e transcendentais que moldam nossa relação com o mundo.

Referências

Arabi, Ibn. (2019). *O segredo dos nomes de Deus* (introdução, edição crítica e notas P. Beneito). Attar Editorial.

Cheetham, T. (2023). Uma breve introdução à obra de Henry Corbin. In M. A. Schwarzstein (Org.)., *Mundos imaginais: segundo Corbin, Hillman e Jung*. Academia Imaginal.

Corbin, H. (1972, Spring). *Mundus imaginalis or the imaginary and the imaginal*. http://www.bahaistudies.net/asma/mundus_imaginalis.pdf

Corbin, H. (1997). *Alone with the Alone: Creative Imagination in the Ṣūfism of Ibn Arabī*. Princeton University Press.

Corbin, H. (2014). *Creative Imagination in the Sufism of Ibn Arabi*. Princeton University Press.

Da Cunha, A.G. (2010). *Dicionário etimológico da língua portuguesa*. Lexikon Editora.

Drob, S.L. (2010). *Kabbalistic visions: C.G. Jung and Jewish mysticism*. Spring Journal Books.

Eranos Foundation. (2024, 20 de julho). *Hystory*. https://www.eranosfoundation.org/page.php?page=4&pagename=history

Jung, C.G. (2010). *O Livro Vermelho – Liber Novus* (tradução de E. Orth, G.A. Tittom, & G. Barcellos; edição e introdução de S. Shamdasani). Vozes.

Jung, C.G. (2013). *O Livro Vermelho – Liber Novus* (edição sem ilustrações; edição e introdução de S. Shamdasani, prefácio de U. Hoerni). Vozes.

Jung, C.G. (2020). *Os Livros Negros: 1913-1932 – Cadernos de transformação* (7 vol., edição de S. Shamdasani, tradução de M. Hediger). Vozes.

Leite, S. (2007). Sufismo, a unidade na multiplicidade. *Revista EntreLivros*, 3, 42-45.

Matthews, P.H. (2014). *O conciso dicionário Oxford de linguística*. Oxford University Press.

Pereira, R.H.D.S. (2010). *Avicena: a viagem da alma (uma leitura gnóstico-hermética de Hayy ibn Yaqzân)*. Perspectiva.

Prado, A. (2010). *El islam como anarquismo místico*. Virus Editorial.

Rocha, D.P. (2017). *Iniciação à teoria do imaginário de Gilbert Durand*. CRV.

Saadi, D.S. (2000). *Gulistan: O jardim das rosas. A partir da tradução do persa de Omar Ali-Shah*. Attar Editorial.

Schwarzstein, M.A. (Org.). (2023). *Mundos imaginais: segundo Corbin, Hillman e Jung*. Academia Imaginal.

Silveira, N. da. (1981). *Jung: vida e obra*. Paz e Terra.

15

Psicologia complexa, **Os Livros Negros** e a loucura: contribuições para a luta contra a medicalização da vida e da sociedade[105]

Cláudia Elizabete da Costa Moraes Mondini

A psicologia complexa entrelaça-se com a psicologia de seu criador. Carl Gustav Jung sempre teve uma personalidade inquieta, curiosa, questionadora, contestadora e aberta ao novo e ao desconhecido. Ele foi um visionário, um homem à frente do seu tempo, um gênio incompreendido na sua época, e foi justamente o conjunto de suas especificidades que possibilitou que escrevesse um novo capítulo na história da psicologia.

105. Este tema é abordado em minha tese de doutorado em Psicologia pela Universidade Federal Rural do Rio de Janeiro (UFRRJ), que até o presente momento não foi concluída.

Os Livros Negros não são diários pessoais de Jung, e sim registros de um autoexperimento (cf. Shamdasani, 2014), e, por seu intermédio, nos tornamos capacitados "[...] a entrar no laboratório privado da psicologia analítica e seguir a gênese de uma ciência visionária [...]" (Shamdasani, 2020, p. 112).

Hoeller (1995) compartilha conosco sua imensa alegria pela oportunidade de ter acesso a um exemplar dos *Sete sermões aos mortos* durante a juventude e argumenta sobre a relevância de *O Livro Vermelho* para a compreensão das ideias de Jung e sobre a importância da sua publicação, o que não parecia possível em 1982.

Hoje, temos acesso a todo o material arquetípico produzido por Jung durante o seu experimento, por meio de *Os Livros Negros*. Precisamos honrar esse privilégio nos comprometendo de forma inegociável com o seu legado, o que implica também dar sequência às suas denúncias e às suas inquietações a respeito da saúde mental.

Atualmente, estamos vendo aumentar substancialmente o interesse pela sua grandiosa obra, o que abre espaço para que sua mensagem chegue cada vez mais às pessoas, como ele desejava. Essa questão traz aos junguianos a responsabilidade de divulgar as palavras de Jung da forma mais fiel e abrangente possível. Nesse sentido, discuto, neste capítulo, a possibilidade de encontrarmos em suas ideias e vivências tanto aspectos que poderiam patologizá-lo quanto um suporte na luta contra a patologização da existência.

15.1 A compreensão da loucura em Jung e a medicalização da vida e da sociedade

Jung atuou em muitos casos de loucura, principalmente de demência precoce (esquizofrenia), no Hospital Burghölzli (cf. Jung, 2015a), e, naquela época, o foco estava nos diagnósticos. A personalidade do doente era abstraída, e predominava a descrição dos sintomas e dos dados estatísticos. "Uma vez 'rotulado' e carimbado com o diagnóstico, o caso era de certa forma encerrado" (Jung, 2015a, p. 127). Esse rótulo era relacionado a alguma degenerescência ou atrofia que impedissem a melhora do quadro. Já naquele período, ele era uma voz divergente na psiquiatria (cf. Jung, 2015a).

Boechat (2014) destaca que, em *O Livro Vermelho*, Jung aborda os limites do normal e do patológico e problematiza como uma abordagem tradicional da questão pode ter consequências prejudiciais e destrutivas. Em referência à fantasia na qual Jung é levado a um manicômio e ao formato do seu atendimento, pondera que na "[...] entrevista psiquiátrica clássica, que muito pouco ou quase nada difere das entrevistas psiquiátricas em primeiros atendimentos atuais, sucessivas possibilidades de entendimento aprofundado do paciente são destruídas e reduzidas a sintomas e defesas psicopatológicas" (Boechat, 2014, p. 83-84).

Em 1957 Jung demonstrou que ainda tinha interesse pela prática clínica, apresentando um trabalho sobre esquizofrenia no Congresso Internacional de Psiquiatria de Zurique que oferecia uma interpretação teórica e também indicações para serem utilizadas cotidianamente pelo psiquiatra clínico (cf. Silveira, 1981). Nise da Silveira esteve nesse evento. Mello (2015) pontua que ela teve sua obra marcada pela psicologia junguiana e foi a responsável pela sua inserção na América Latina. Ela referia-se a si mesma como uma pessoa da contracorrente. Estava em oposição ao racionalismo cartesiano que impregnava a psiquiatria, trazendo a importante constatação de que a psique tem uma tendência para evoluir e para curar-se.

Nesse contexto, diz Nise da Silveira (2009, p. 201) que:

> [...] Artaud usa a expressão *diferentes estados do ser*, muitas vezes perigosos. Eu disse: aqui está o que acontece com as pessoas rotuladas sempre de esquizofrênicas. Elas estão vivendo outros estados do ser. E nós temos de admitir esses estados do ser, procurar compreendê-los. E permitir mesmo que cada um viva o seu estado do ser.

A afirmação de Antonin Artaud teve um efeito transformador em sua obra, pois ela estava insatisfeita com a psiquiatria e com os repetidos diagnósticos de esquizofrenia nos prontuários (cf. Silveira, 2009). Afirma a autora (Silveira, 2017, [sem paginação]) que o encontro com a psicologia junguiana foi o acontecimento mais importante nas suas buscas dos dinamismos da psique.

> Jung oferecia novos instrumentos de trabalho, chaves, rotas para distantes circunavegações [*sic*]. Delírios, alucinações, gestos, estranhíssimas imagens pintadas ou modeladas por esquizofrênicos, tornavam-se menos herméticas se estudadas segundo seu método de investigação. E também não lhe faltava o calor humano de ordinário ausente nos tratados de psiquiatria.

Jung (2015a) tinha uma visão muito específica a respeito dos diagnósticos clínicos. Acreditava que possibilitam a compreensão do transtorno, contudo, não auxiliam o paciente. Portanto, é a história de vida do paciente que revela o fundo humano e o sofrimento, e é nesse âmbito que podemos encontrar caminhos de atuação na terapia. Em sua compreensão, a tarefa da psiquiatria era compreender o interior do paciente, o seu espírito.

A designação psicologia complexa "[...] pretende indicar a orientação psicológica que se ocupa dos fenômenos psíquicos vistos na sua complexidade, ao contrário de outras correntes que visam reduzir o mais possível os fenômenos complexos a seus elementos" (Silveira, 1981, p. 39).

A partir dessas reflexões, insiro o conceito de "medicalização da vida e da sociedade". Moysés e Collares (2014, p. 21-24) afirmam que estamos vivendo a era dos transtornos,

> [...] uma época em que as pessoas são despossuídas de si mesmas e capturadas-submetidas na teia de diagnósticos-rótulos-etiquetas, antigos e novos, cosmeticamente rejuvenescidos ou reinventados. [...] Vivemos em uma sociedade permeada por problemas coletivos, sociais, em grande parte política e economicamente gerados e perpetrados, e que his-

> toricamente geram as desigualdades, de inserção social, de etnia, de gênero, que caracterizam as sociedades através dos tempos. Vivemos um tempo em que a medicalização avança a largos passos sobre todas as esferas da vida, ocultando desigualdades ao transformá-las em problemas individuais, inerentes ao sujeito, geralmente no plano biológico. O mesmo processo desqualifica as diferenças que nos caracterizam e constituem – somos todos diferentes, em modos de ser, agir, reagir, penar, afetar e ser afetado, em modos de aprender.

Afirmam as autoras (Moysés, & Collares, 2014) que a medicalização é a nova face do obscurantismo. O medo dos questionamentos, das divergências, dos devaneios, das utopias, dos sonhos e das fantasias move as forças medicalizantes. Isso explica as tentativas de silenciar

> [...] todos aqueles que resistirem e insistirem em desobedecer, em questionar, em devanear para sonhar, para criar novas possibilidades (pois o pensamento divergente, expresso em devaneios, sonhos, desligamentos, fantasias, é fundante da criatividade, sem ele não é possível criar, inventar) (Moysés, & Collares, 2014, p. 42).

Acredito ser importante trazermos as reflexões de Goffman (1988) sobre o estigma, pois ele nos diz que, quando identificamos no sujeito um atributo que o diferencia dos demais, o reduzimos à nossa percepção – de que seja uma pessoa estragada e diminuída. Assim, não o vemos mais como sujeito comum e total.

Na vida de Jung é possível encontrar elementos que, se analisados por um olhar medicalizante, poderiam ser interpretados como patológicos e resultar em algum diagnóstico. Passaremos, agora, a analisar tais questões em diferentes momentos da sua jornada.

15.2 Infância e juventude

Jung (2015a, p. 39-40) relata que, quando era criança, uma noite viu sair do quarto de sua mãe "[...] uma figura algo luminosa, cuja cabeça se separou do pescoço e planou no ar, como uma pequena lua. Logo apareceu outra cabeça que também se elevou. Esse fenômeno repetiu-se umas seis ou sete vezes".

Relata também outra visão que aconteceu quando estava com pseudocrupe e que aliviava a angústia da sufocação: "Um círculo azul-brilhante, do tamanho da lua cheia e onde se moviam formas douradas que eu tomava por anjos, pairava sobre mim" (Jung, 2015a, p. 40).

Sua vida escolar foi marcada por aborrecimentos e desalento. As aulas de matemática tornaram-se o seu horror e o seu tormento. Aos 12 anos Jung sofreu uma agressão que lhe fez bater a cabeça. Imediatamente veio-lhe a ideia de que não precisaria mais ir à escola. A partir de então sofria síncopes quando era instado a voltar à escola ou a fazer os trabalhos escolares. Certo dia, ouviu uma conversa do seu pai com um amigo a seu respeito: "'Ah, é uma história penosa! Os médicos ignoram o que ele tem. Falaram em epilepsia: seria terrível se fosse incurável! Perdi o pouco que tinha e o que será dele se for incapaz de ganhar a vida?'" (Jung, 2015a, p. 51).

Essas palavras fizeram Jung mudar de atitude e enfrentar as crises. "O que me extraviara fora a paixão de estar só, o fascínio da solidão. A natureza parecia-me cheia de maravilhas, nas quais eu queria mergulhar" (Jung, 2015a, p. 52).

Jung (2015a) relata mais alguns episódios muito significativos dessa época: a sensação de emergir de uma névoa espessa, tomando consciência do seu eu; a percepção de que havia em seu interior duas pessoas diferentes: um menino que era ao mesmo tempo um estudante inseguro (personalidade nº 1) e um homem importante, de grande autoridade (personalidade nº 2); a apreensão e o estado de graça vivenciados a partir do pensamento de uma visão de Deus na catedral; o jogo de pensamento que fazia com uma pedra, seu "Outro"; e a construção de um homenzinho esculpido em madeira e guardado no sótão, em quem pensava em momentos de sofrimento e insegurança.

Ele nutria sentimentos de menos-valia e de desconfiança em relação ao mundo e sentia que sua segurança interna estava ameaçada, temendo um desdobramento de si mesmo. Sua mãe acreditava que estivesse deprimido. Tinha consciência de que a maioria dos seus professores o viam como um tolo desleal, um agitador. Aos 15 anos envolveu-se em um episódio de agressão no qual foi atacado por alguns colegas e reagiu. Na época era propenso a ataques de cólera (cf. Jung, 2015a).

As afirmações de Jung (1977a) sobre seu tipo psicológico na entrevista a John Freeman nos possibilitam compreender alguns aspectos de sua infância e sua adolescência:

> Bem, o tipo não é nada estático. Muda no transcurso da vida, mas eu era certamente caracterizado pelo pensamento. Sempre pensei muito, desde a infância, e também possuo considerável intuição. Tinha uma definida dificuldade com o sentimento e minha relação com a realidade não era particularmente brilhante. Estava frequentemente em desacordo com a realidade das coisas. Bem, isso fornece-lhe todos os dados necessários para um diagnóstico! (Jung, 1977a, p. 381).

Em alguns momentos, ele sentia vontade de falar, de fazer perguntas, de saber se outras pessoas também tinham as mesmas inquietações e vivências que ele. Fazia insinuações sobre fenômenos curiosos e desconhecidos, porém não percebia ressonância. Temia falar e ser mal-interpretado, e somente em idade tardia revelou algumas coisas que vivenciou na infância e na adolescência. "Toda a minha juventude esteve sob o signo do segredo. Isso me mergulhava numa solidão quase insuportável e considero hoje que foi uma verdadeira façanha ter resistido à tentação de revelá-la a quem quer que fosse" (Jung, 2015a, p. 60).

Dos 16 aos 19 anos, seus estados depressivos melhoraram, seu dilema dissipou-se, e o personagem nº 1 passou a preponderar. Jung estava alinhado com o materialismo científico da época. Estudou o espiritismo e vivenciou experiências de fenômenos anômalos na sua casa (cf. Jung, 2015a).

15.3 Vida adulta e a escrita de *Os Livros Negros*

Jung explica que a dinâmica de alternância entre as personalidades nº 1 e nº 2 que o acompanhou ao longo da vida é normal em todas as pessoas e não tem relação com o sentido que os médicos atribuem à dissociação. Contudo, quando começou a vivenciá-la, não tinha essa compreensão, o que gerava nele um pressentimento perturbador e um sentimento intenso. "O nº 2 é uma figura típica que só é sentida por poucas pessoas. A compreensão consciente da maioria não é suficiente para perceber sua existência" (Jung, 2015a, p. 63).

Embora tenha se transformado em um ávido leitor, o acesso a Nietzsche foi protelado, pois

> [...] nutria uma angústia secreta de ser parecido com ele, pelo menos no tocante ao "segredo" que o isolava de seu meio. Talvez – quem sabe – ele tivera aventuras interiores, visões que por desgraça quisera comunicar, e que ninguém compreendera. [...] Tinha medo de descobrir que, como Nietzsche, era um ser à parte (Jung, 2015a, p. 116).

Jung compreendeu que deveria ser muito prudente com a divulgação das suas experiências e dos seus sentimentos. E também percebeu a importância de apresentar fatos, o que o aproximou ainda mais do empirismo (cf. Jung, 2015a).

A ruptura com Freud fez com que entrasse em um período de incerteza, desorientação e perplexidade. Tinha a sensação de vivenciar uma perturbação psíquica e, na tentativa de compreender o que estava sentindo, decidiu entregar-se de forma consciente ao impulso do inconsciente. Conectou-se, então, à sua criança interior. "Esse momento marcou um ponto crucial no meu destino. [...] Pus-me então, a colecionar pedras, trazendo-as da beira do lago ou de dentro d'água; depois comecei a construir casinhas, um castelo, uma cidade" (Jung, 2015a, p. 180).

Ele estava abrindo os caminhos para o seu inconsciente pessoal e adentrou também nas paragens do inconsciente coletivo. A esse respeito, em entrevista a Mircea Eliade na *Conferência de Eranos* de 1952, afirma Jung (1977b, p. 212) que "o inconsciente coletivo é mais perigoso do que dinamite, mas existem métodos para manipulá-lo sem maiores riscos. Depois, quando se desencadeia uma crise psicológica, estamos em melhor posição do que qualquer pessoa para resolvê-la".

Essa afirmação pode ser exemplificada pelos relatos que se seguem. Jung falou, na referida entrevista, que, diante das alucinações e dos devaneios que teve quando estava a caminho de Schaffhausen, em outubro e em novembro de 1913, ficou com receio de estar enlouquecendo. "Como psiquiatra fiquei preocupado, imaginando se eu não estaria a caminho de 'fazer uma esquizofrenia', como dizíamos na linguagem desses tempos" (Jung, 1977b, p. 213). Seu temor retornou alguns meses mais tarde quando sonhou três vezes que a Europa havia sido varrida por uma terrível onda de sangue. Ele estava preparando uma conferência sobre esquizofrenia e temia estar falando de si mesmo. Acreditava que provavelmente enlouqueceria depois de apresentar o seu trabalho. No dia 31 de julho, logo depois da sua conferência, soube pelos jornais que a guerra havia eclodido. Então compreendeu o que estava acontecendo:

> Agora tinha a certeza de que nenhuma esquizofrenia me ameaçava. Compreendi que os meus sonhos e as minhas visões me chegavam do subsolo do inconsciente coletivo. O que me restava agora fazer era aprofundar e validar essa

> descoberta. E isso é o que estou tentando fazer há 40 anos (Jung, 1977b, p. 214).

A respeito da compreensão de Jung de que seu medo de enlouquecer era equivocado, afirma Shamdasani (2020, p. 38), na introdução de *Os Livros Negros*: "Não é exagero dizer que, se a guerra não tivesse sido declarada, muito provavelmente o *Liber Novus* não teria sido compilado". Em produção anterior o autor pontua que tais visões foram, mais tarde, consideradas por Jung como precognições e também o início das suas imaginações ativas (cf. Shamdasani, 2014).

Jung esclarece que foi muito difícil perseverar no seu experimento, pois se tratava de uma prova por meio da qual o destino o estava desafiando. Afirma que só conseguiu sair do labirinto depois de lançar mão dos maiores esforços. Compreendeu que a apreensão das fantasias implicava descer a elas até o subterrâneo. "A família e a profissão permaneceram para mim uma base à qual eu sempre podia regressar [...]. Os conteúdos do inconsciente às vezes me podiam fazer sair dos gonzos" (Jung, 2015a, p. 195).

No epílogo de *O Livro Vermelho*, Jung (2015b, p. 489) afirma: "Ao observador superficial parecerá uma loucura. E teria se tornado isso mesmo, se eu não tivesse conseguido deter a força dominadora das experiências originais".

> Na medida em que conseguia traduzir as emoções em imagens, isto é, ao encontrar as imagens que se ocultavam nas emoções, eu readquiria a paz interior. Se tivesse permanecido no plano da emoção, possivelmente eu teria sido dilacerado pelos conteúdos do inconsciente. Ou, talvez, se os tivesse reprimido, seria fatalmente vítima de uma neurose e os conteúdos do inconsciente destruir-me-iam do mesmo modo. Minha experiência ensinou-me o quanto é salutar, do ponto de vista terapêutico, tornar conscientes as imagens que residem por detrás das emoções (Jung, 2015a, p. 183-184).

Desse modo, além de anotar suas fantasias, Jung esforçava-se para exprimir em que condições psíquicas elas apareciam.

> Às vezes era como se ouvisse algo com meus próprios ouvidos; às vezes eu o sentia com minha boca, como se minha língua formulasse as palavras; acontecia-me também ouvir o que eu mesmo murmurava. Sob o limiar da consciência tudo era vívido (Jung, 2015a, p. 184).

Relata Jung (2015a, p. 196) que o processo que resultou na escrita de *Sete sermões aos mortos* iniciou-se com uma espécie de inquietação. A atmosfera era pesada, a casa parecia assombrada. "É preciso tomar essa experiência tal como foi ou parece ter sido. Provavelmente estava ligada ao estado emocional em que me encontrava e no curso do qual podem dar-se fenômenos parapsicológicos" (Jung, 2015a, p. 196).

Ao analisar o processo de construção de *O Livro Vermelho*, Boechat (2014, p. 29) propõe uma análise das experiências de Jung considerando-se aspectos da loucura criativa e a loucura e renovação nas transições. Salienta que o próprio Jung teve dificuldades para compreender tais processos na sua vida profissional e pessoal.

> Esses erros de avaliação são compreensíveis se lembrarmos que o ego está acostumado aos padrões de orientação da consciência e de seu cotidiano. As imagens do inconsciente coletivo que emergem são inteiramente novas e causam estranheza e sentimentos de ameaça. Esse fenômeno acontece nos momentos de transição, quando há uma grande ativação do arquétipo do si-mesmo, promovendo renovação da personalidade total (Boechat, 2014, p. 77-78).

A despeito de seu medo de que pudesse enlouquecer, Jung soube, desde a sua infância, tomar cuidados para não ser estigmatizado como louco. Certamente, isso o protegeu dos processos de medicalização.

15.4 *Os Livros Negros*: mergulho nas profundezas e retorno para si mesmo

Agora, mergulharemos nas profundezas junto a Jung, buscando elementos de seu experimento que estão entrelaçados com a proposta deste capítulo.

No início de *Os Livros Negros* (2020, vol. 2), enquanto procura conectar-se com sua alma, Jung registra que alguém está ao seu lado e sussurra coisas estranhas ao seu ouvido. Nesse período, ele sente que sua alma o leva para o deserto, o deserto de si mesmo.

Em outro registro, diz que ouve vozes dentro de si e se vê às voltas com incertezas, inquietações, dúvidas e medo. Questiona se deve confiar-se à confusão, lançar-se na profundeza, entregar-se à loucura do seu próprio claro-escuro. "Estou perplexo. Quero estar perplexo, pois eu, minh'alma, jurei confiar em ti, mesmo que me faças atravessar a loucura. Muitos sonhos dos últimos tempos me falavam disso, eu sei. Mas estou disposto" (Jung, 2020, vol. 2, p. 171).

Em *O Livro Vermelho* Jung (2015b, p. 136) diz o seguinte a respeito desse registro: "É indubitável: quando penetras no mundo da alma, ficas como doido, e um médico vai julgar-te doente. Isto que eu digo pode parecer doentio. Mas ninguém melhor do que eu para dizer o que é doentio".

Conta-nos como venceu a loucura e diferencia loucura divina de loucura doentia. Explica que a loucura divina é a vitória do espírito da profundeza sobre o espírito dessa época. Essa foi a sua experiência, a qual resultou do equilíbrio entre as atividades dedicadas à conexão com sua alma por 25 noites e com sua vida pessoal e profissional durante 25 dias. "Nisso podeis distinguir a loucura doentia da loucura divina. Quem faz uma coisa e deixa de fazer a outra pode ser chamado de doente, pois sua balança está fora do prumo." Pergunta, então: "Quem, no entanto, poderia resistir ao mundo, quando é acometido pela embriaguez e loucura divinas?" (Jung, 2015b, p. 136).

Jung (2020, vol. 2, p. 172-173) afirma que "descer ao inferno significa transformar-se em inferno. Tudo é terrivelmente confuso e entretecido". Em seguida, ele diz: "Gaguejo besteiras rasgadas como um louco. É este o teu caminho, minh'alma? [...]. Tu teces a mais densa escuridão, minh'alma, mas estou preso em tuas redes como um louco. Mas eu quero, eu quero. Ensina-me". Define a si mesmo como o senhor do próprio manicômio e diz à alma que talvez ela tropece na sua insensatez.

Ele está temeroso sobre suas experiências: "As incertezas são muitas, uma delas – não a menor – é segurar este novo mundo". Sua alma lhe fala: "[...] chamas da loucura se erguem em tua direção como fogo de sacrifício" (Jung, 2020, vol. 2, p. 178).

Jung sente a necessidade de voltar à profundeza, o lugar do tormento. Encontra Salomé e Elias, e este lhe diz que ambos não são símbolos, são reais. Sente tudo sombrio, duvidoso e irreal. Diante da dúvida, questiona: "Retornarei? Reencontrarei o caminho para casa deste enigma? O caminho que nunca procurei e nunca esperei? [...] sou tomado de medo – corro para fora, noite escura me envolve" (Jung, 2020, vol. 2, p. 183).

Questiona também se estão todos fora de si ou se ele mesmo está. Diz ter a sensação de uma alucinação (cf. Jung, 2020, vol. 2).

Jung abre o volume 3 de *Os Livros Negros* falando que as fantasias o afastam da sua ciência e o aproximam do mundo intermediário, "[...] o mundo sem caminhos, o mundo multiplamente cintilante" (Jung, 2020, vol. 3, p. 99).

No início do registro sobre a fantasia com Izdubar, o gigante que vem do Oriente, o eu de Jung reflete: "O caminho da vida leva além, além até das leis que eram sagradas. O caminho é solitário e repleto de tormento secreto" (Jung, 2020, vol. 3, p. 119).

Em seguida, o eu de Jung fala que, "mais do que nunca, necessitamos da verdade viva da vida espiritual, de algo que regulamente e oriente" (Jung, 2020, vol. 3, p. 131). E já no fim do livro inicia-se a fantasia da biblioteca, na qual o eu de Jung pega o livro *Imitação de Cristo*, de Tomás de Kempis (cf. Jung, 2020, vol. 3).

No volume 4 de *Os Livros Negros*, na fantasia que acontece na cozinha do bibliotecário, o eu de Jung tem um sonho no qual é tido como louco e levado a um manicômio pela polícia. Nesse momento, compreendeu que o conhecimento trazido pelo referido livro o fez entrar em conflito com a sociedade. Reflete, então, que o caminho do manicômio é um alto preço a ser pago, mas que deve ser trilhado (cf. Jung, 2020, vol. 4).

Os médicos acreditam estar diante de um caso de loucura religiosa, uma forma de esquizofrenia. Suas respostas aos questionamentos dos dois e suas afirmações os levam cada vez mais a confirmarem o seu equivocado diagnóstico, que foi questionado em vão pelo eu de Jung (cf. Jung, 2020, vol. 4, p. 210).

Diante de sua postura, um dos médicos lhe diz que ele não tem nenhuma percepção de sua doença e salienta ao seu assistente sobre o prognóstico ruim: cura deficiente no melhor dos casos. O eu de Jung sente o peso de estar em um manicômio e chama por sua alma. Ela lhe diz: "'Querias aceitar o que encontrasses dentro de ti. Portanto, aceita também a loucura'. [...] Se quiseres encontrar caminhos, não deves desdenhar a loucura, pois ela constitui uma parte tão grande e importante de tua natureza" (Jung, 2020, vol. 4, p. 211).

O eu de Jung afirma que desconhecia tal questão, e a alma lhe afirma: "Sê feliz por poder reconhecê-lo. Assim evitas tornar-te tua vítima". Ele está desconsolado frente às suas afirmações e ouve como resposta que não pode fazer objeções, pois está em um manicômio. O eu de Jung, então, argumenta: "[...] Também acredito que me perdi completamente. Estou realmente louco?

Tudo está terrivelmente emaranhado e confuso" (Jung, 2020, vol. 4, p. 212).

Uma pessoa aproxima-se, diz que ele parece um fantasma e pergunta o que aconteceu. O eu de Jung responde que acredita ter enlouquecido. A pessoa lhe diz que era Nietzsche, mas rebatizado era também Cristo, o salvador, e que está no manicômio há cinco anos. Nessa hora, o eu de Jung acredita que realmente está em um manicômio (cf. Jung, 2020, vol. 4).

Filêmon surge trazendo a magia e solicitando ao eu de Jung a renúncia da razão. Sua alma lhe pergunta onde está a sua razão, e o eu de Jung responde: "Minha razão? É irracionalidade, contrassenso e sabedoria. Não tenho mais qualquer razão. Talvez ela retorne mais tarde, hoje, porém, ela é apenas fenômeno parcial e completamente insuficiente" (Jung, 2020, vol. 4, p. 238).

No volume 5 de *Os Livros Negros* o eu de Jung fala que sente um caos interno, e a sua alma lhe responde que é feliz quem está grávido do caos. Ele sente-se impotente e ouve como resposta: "Como poderias ser potente? Somos filhos do caos, inseparavelmente ligados a ele. Nossa natureza mais profunda é desordem. Este é o início de todas as coisas" (Jung, 2020, vol. 5, p. 206).

Parece resignado: "Não reluto mais [...], deixa-me ficar incerto, mas em paz. Já passei tempo demais com inquietação". Sua alma lhe responde: "Inquietação é minha essência e o subsolo da vida" (Jung, 2020, vol. 5, p. 211).

Depois disso, sua alma lhe comunica que o deixará sozinho, pois luzes humanas precisam iluminar a sua escuridão. A partir desse momento, o eu de Jung passa a dialogar com o outro eu, que o tortura e lhe cobra que aprenda a ter paciência. Também lhe diz que a pedra de toque é estar sozinho consigo mesmo, que esse é o caminho para valorizar a si mesmo (cf. Jung, 2020, vol. 5).

O eu de Jung lhe fala que a solidão lhe assusta e que teme a loucura que acomete os solitários, então ouve de sua alma:

"Como sabes, eu te predisse a solidão há muito tempo. Não precisas temer a loucura. Não serás tão solitário a ponto de precisar temer a loucura. Pois vês, tua obra floresce e produz frutos maravilhosos" (Jung, 2020, vol. 5, p. 229).

No volume 6 de *Os Livros Negros* o eu de Jung e sua alma têm um diálogo muito significativo, no qual ele lhe fala que tudo morre dentro de si e que sente-se rasgado e fragmentado. Sua alma lhe afirma que isso se acentuará e que ele será dilacerado. O eu de Jung quer saber onde está o seu eu e se poderá viver sem ele (cf. Jung, 2020, vol. 6).

Elias lhe fala para esperar e ouvir o interior, pois precisará da voz das profundezas por aqueles dias. O eu de Jung vivencia solidão, sofrimento, incerteza, paralisia, fadiga. A alma lhe diz que lhe mandou ansiedade, que isso foi necessário para que ele se voltasse a ela, uma vez que "ansiedade significa: a alma exige. Consola a ti mesmo" (Jung, 2020, vol. 6, p. 273).

Um pouco à frente, faz questionamentos sobre sua tristeza e sua inquietude, e a alma lhe responde: "Não estás suficientemente contigo. Deverias ser capaz de ser mais solitário. Então minha companhia seria melhor" (Jung, 2020, vol. 6, p. 278).

No volume 7 de *Os Livros Negros* o eu de Jung pergunta à alma o que o está colocando contra si, o que o está dilacerando. Quer saber o que está acontecendo e por que está tomado por inquietação. Ela lhe diz que ele precisa conseguir sofrer um pouco, que precisa ter paciência e lhe aconselha fortificação. Mais adiante, Jung diz que foi cortado de si mesmo, tal como um enforcado que caiu do galho, e se questiona se deveria começar a viver dessa forma. "Preciso receber ajuda, pois o medo me sufoca" (Jung, 2020, vol. 7, p. 205).

A alma lhe diz que espera somente a sua atenção. Precisa que ele esteja por perto para que possa lhe comunicar quando enxergar alguma coisa. Jung pergunta: "[...] Queres falar comigo?

Muitas coisas ainda estão irresolvidas e sombrias. Por que agitas meu coração?" A alma lhe responde que isso acontece porque ele negligenciou seus sentimentos (Jung, 2020, vol. 7, p. 216).

Mais adiante o eu de Jung questiona sua alma sobre os motivos de ainda sentir-se tão cansado, e a alma lhe responde que, além do seu fardo ser muito pesado, ele andou rápido demais, sem olhar para trás. Ela tentou chamá-lo por meio de sonhos e destino; contudo, não foi ouvida.

Retirei de *Os Livros Negros* apenas as passagens que podem nos auxiliar nas nossas análises, e por meio delas é possível perceber que o experimento de Jung foi realmente muito penoso, causando-lhe muito sofrimento. Além disso, mais uma vez, ele estaria exposto à rotulação e a diagnósticos equivocados.

15.5 Reflexões finais

Analisando a linha do tempo da vida de Jung percebo que o caminho trilhado e suas características pessoais permitiram que fosse, aos poucos, se equipando de recursos necessários ao seu experimento. Dessa forma, identifico um *continuum* desde as experiências da infância e da adolescência, passando pelo seu interesse por eventos parapsicológicos e espiritismo e sua atuação profissional no campo da loucura até chegarmos ao rompimento com Freud e suas consequências, que o conduziram ao grande mergulho.

Considerando os aspectos analisados neste capítulo, acredito que alguns fatores o protegeram dos processos de medicalização. Entre eles, destaco dois que compreendo como centrais: 1) seu receio de comentar com outras pessoas sobre suas inquietações, suas experiências e sua desconfiança de que estivesse enlouquecendo; e 2) o fato de suas dificuldades escolares não terem gerado uma ação institucional efetiva que poderia resultar em um diagnóstico.

Portanto, a despeito de um cenário favorável aos processos de medicalização, Jung não foi capturado por sua teia invisível, o que permitiu que ele seguisse a sua trajetória, nos legando a psicologia complexa, que, como era de se esperar, contempla a complexidade dos fenômenos psíquicos, uma vez que desde cedo ele vivenciou os inumeráveis estados do ser.

Na entrevista concedida a John Freeman, Jung (1977a) fala acerca do seu tipo psicológico e fecha seu raciocínio destacando que, em suas afirmações, constam dados necessários para um diagnóstico. Embora ele não esteja referindo-se a um diagnóstico redutivo e medicalizante, e sim a um diagnóstico tipológico, é possível imaginar os possíveis desdobramentos dessa questão se suas afirmações tivessem sido interpretadas como sintomas em algum momento da sua vida.

Seguindo o fio que evidencia a conexão entre a sua psicologia e a psicologia complexa, chegamos à sua postura divergente frente à Psiquiatria da época, principalmente frente à loucura. O que Jung não poderia imaginar é que essa luta ainda seria tão necessária tantos anos depois. Ao longo do tempo, temos visto alguns avanços, porém, a medicalização da vida e da sociedade nos mostra que a visão biologicista e estigmatizante que ele tanto criticou ainda está muito forte, e mais: está sendo constantemente atualizada.

Este capítulo propõe, como ponto de partida, uma análise da vida de Jung por uma perspectiva simbólica e desmedicalizante, e um mergulho no seu experimento que resultou em *Os Livros Negros* e, como ponto de chegada, em uma reflexão crítica sobre a nossa prática profissional. Acredito que esse é um compromisso que assumimos ao passar pelo portal que nos leva às profundezas da sua existência e da sua obra.

Nise da Silveira, além de comprovar na prática a efetividade de suas ideias, nos auxilia a compreender as diferentes formas de expressão do ser, sem patologizá-lo. O caminho está pavimentado. Jung e Nise nos deixaram esse legado, basta que aceitemos o seu chamado, ainda que tenhamos que nadar contra a correnteza, pois, para isso, podemos segurar em suas mãos.

Referências

Boechat, W. (2014). *O Livro Vermelho de C.G. Jung: jornada para profundidades desconhecidas*. Vozes.

Goffman, E. (1988). *Estigma: notas sobre a manipulação da Identidade Deteriorada*. LTC.

Hoeller, S.A. (1995). *The gnostic Jung and the Seven Sermons to the Dead*. Quest Books.

Jung, C.G. (1977a). Entrevista "Face a Face". Entrevista concedida a John Freeman. In W. McGuire, & R.F. Hull (Org.). *C.G. Jung: entrevistas e encontros* (pp. 372-384). Cultrix.

Jung, C.G. (1977b). Entrevista de Eliade para "Combat". Entrevista concedida a Mircea Eliade. In W. McGuire, & R.F. Hull (Orgs.). *C.G. Jung: entrevistas e encontros* (p. 207-214). Cultrix.

Jung, C.G. (2014). *Seminários sobre psicologia analítica (1925)*. Vozes.

Jung, C.G. (2015a). *Memórias, sonhos, reflexões*. Nova Fronteira.

Jung, C.G. (2015b). *O Livro Vermelho – Liber Novus* (4a ed., edição sem ilustrações). Vozes.

Jung, C.G. (2020). *Os Livros Negros: 1913-1932 – Cadernos de transformação* (7 vol., edição de S. Shamdasani, tradução de M. Hediger). Vozes.

Mello, C.L. (2015). *Nise da Silveira: caminhos de uma psiquiatra rebelde* (2a ed.). Automática Edições.

Moysés, M.A.A., & Collares, C.A.L. (2014). Medicalização do comportamento e da aprendizagem: a nova face do obscurantismo. In L.S. Viégas (Org.). *Medicalização da educação e da sociedade: ciência ou mito?* (p. 21-43). EDUFBA.

Shamdasani, S. (2014). Introdução. In C.G. Jung, *Seminários sobre psicologia analítica (1925)*. Vozes.

Shamdasani, S. (2020). Em busca de uma ciência visionária: os cadernos de transformação de Jung. In C.G. Jung, *Os Livros Negros: 1913-1932 – Cadernos de transformação* (Vol. 1, p. 11-112, edição de S. Shamdasani, tradução de M. Hedinger). Vozes.

Silveira, N. da. (1981). *Jung: vida e obra* (7a ed.). Paz e Terra.

Silveira, N. da. (2009). Paixão da diferença. Entrevista concedida a Marco Lucchesi. In L.C. Mello (Org.), *Encontros: Nise da Silveira* (pp. 200-204). Beco do Azougue.

Silveira, N. da (2017). *Imagens do inconsciente*. Vozes.

16

Sonhares possíveis: Jung, uma dramaturgia simbólica

Adriana Dantas de Mariz
Rita de Almeida Castro

> Minha alma, onde estás? Tu me escutas? Eu falo e clamo a ti – estás aqui? Eu voltei, estou novamente aqui – eu sacudi de meus pés o pó de todos os países e vim a ti, estou contigo; após muitos anos de longa peregrinação voltei novamente a ti.
>
> (Jung, C.G., *Os Livros Negros*, vol. 2, p. 149)

A riqueza de conteúdos e caminhos revelados em Os *Livros Negros* abre novas linhas de investigação no campo da psicologia e tem também a potência de gerar novos frutos no campo da pesquisa em outras áreas, inclusive na cena teatral. O processo de autoexperimentação de Jung no mundo subterrâneo, narrado por ele, apresenta um caminho de acesso ao campo imaginal e à imensa diversidade que o habita, potencializando a conexão com caminhos ancestrais da alma por meio da introspecção e do exercício da imaginação.

O leitor que deseje adentrar nesse universo e acompanhar Jung em sua jornada ao mundo das profundezas pelos caminhos da alma, precisa, antes de mais nada, despir-se da rigidez de um pensamento unicamente cartesiano e se abrir para a linguagem simbólica do inconsciente, para as trilhas inusitadas do imaginário.

Jung entra em contato com atmosferas distintas, que remetem a campos ora míticos, ora espirituais, ora filosóficos em seu confronto com o inconsciente coletivo, que lhe permitem acessar uma pluralidade de imagens, de linguagens e de símbolos que, de alguma maneira, podem remeter ao processo de criação de artistas que buscam construir pontes para o universo anímico.

Imagens multifacetadas e personagens que se relacionam com Jung em sua jornada, e com os quais ele tece narrativas e diálogos inusitados, herméticos e, por vezes, desconcertantes, criam encadeamentos que podem ser vistos *como se* compusessem uma forma de dramaturgia simbólica.

É nossa intenção observar de que maneira a experiência de Jung se aproxima do universo teatral que busca, no campo imaginal, as fontes arquetípicas das quais emergem as figuras da cena. Tomamos como contraponto para nossa reflexão o processo de criação do espetáculo *Sonhares*, do Coletivo Teatro do Instante[106], vinculado ao Departamento de Artes Cênicas da Universidade de Brasília (UnB), cuja dramaturgia remete aos cinco elementos: água, terra, fogo, ar e éter.

Nesse processo, contamos com a vivência de jornadas xamânicas com tambor[107], que consistem em uma forma de visualização consciente, tendo como referência um percurso imaginário específico, sugerido pelas condutoras[108] da experiência. A partir

106. O Coletivo Teatro do Instante é uma das linhas de pesquisa do grupo Poéticas do Corpo, coordenado pelas professoras Alice Stefânia e Rita de Almeida Castro.

107. As jornadas xamânicas realizadas tiveram como referência o Xamanismo Matricial, sistematizado pela analista junguiana Carminha Levy, fundadora do Instituto de Pesquisas Xamânicas Paz Géia (SP), que integra memórias ancestrais a questões contemporâneas.

108. Adriana Dantas de Mariz e Inês Gross, facilitadoras em Xamanismo Matricial.

dessa provocação, os artistas puderam sentir a potencialidade de percorrer sua própria trilha singular, que lhes propiciou o acesso ao mundo subterrâneo e ao inconsciente coletivo. A batida do tambor pode acalmar o nível da atividade mental, propiciando um leve estado de transe, uma receptividade que possibilita entrar em contato com as profundezas da alma. Essas experiências suscitaram o encontro com imagens, animais e seres que contribuíram com qualidades de estados e percepções, em um transitar entre mundos, que resultou na construção da dramaturgia, criada coletivamente.

Os *Cadernos de transformação* de Jung e a criação do espetáculo *Sonhares* parecem ter em comum a provocação de um deslocamento do sujeito, que se dá a partir da disponibilidade de se deixar tocar pelo fluxo de imagens e diálogos com a alma, que possibilitam a ampliação da consciência, do potencial criativo e da linguagem simbólica. O próprio Jung transborda os limites de sua expressão, ao dar vazão também à sua criação artística, com uma escrita visual e poética, que transcende os cânones científicos de sua época.

Jung relata, em um de seus *Seminários sobre psicologia analítica (1925)*, que, em um determinado momento de suas autoexperimentações, ele se deparou com a seguinte questão:

> Eu disse certa vez para mim mesmo: "O que é isto que estou fazendo? Certamente não é ciência, mas o que é?" Então uma voz me disse: "Isto é uma arte" [...]. Ora, eu disse com toda a ênfase a essa voz que aquilo que eu estava fazendo não era arte, e senti uma grande resistência dentro de mim. Mas não surgiu nenhuma voz e eu continuei escrevendo. Então recebi outro tiro disparado como o primeiro: "Isto é arte". Desta vez agarrei-a e disse: "Não, não é", e senti como se fosse seguir-se um debate (Jung, 2014, p. 131-132).

O tempo se encarregaria de confirmar que a experiência de Jung em seus diálogos com sua alma resultou também em criações artísticas, que ainda hoje seguem suscitando reflexões e publicações. Somente em 2009 (cf. Hoerni, Fischer, & Kaufmann, 2019, p. 14) seria publicada uma edição fac-similar de *O Livro Vermelho* em formato grande, organizada por Sonu Shamdasani. Os trabalhos visuais de Jung, juntamente com o original do livro, foram expostos em diversos museus nos Estados Unidos e na Europa, tendo inclusive participado da Bienal de Veneza, em 2013. Ao que parece, sua alma estava certa.

Os *Cadernos de transformação* são um portal que se abre para linguagens simbólicas e imaginativas, em uma pluralidade e diversidade de formas que interagem com Jung em contextos que podem ser vistos como cênicos ou cinematográficos. Dimensões míticas que ampliam a percepção e dissolvem fronteiras entre mundos. Surgem figuras que, embora possam parecer inventadas, são realidades psíquicas, produções espontâneas do inconsciente, que dialogam com ele e colocam questões, trazem reflexões que surgem de sua própria confrontação com a sua alma, como no diálogo com Elias:

> O que vejo com meus próprios olhos, justamente isto me é inconcebível. Tu, Elias, que és um profeta, a boca de Deus, e ela, um monstro sanguinário lascivo – vós sois os símbolos de extremas oposições.
> "Nós estamos realmente juntos e não somos símbolos. Somos reais e estamos juntos" (Jung, 2020, vol. 2, p. 183).

Essas ambientações e interações dialógicas com diversos seres, que também podem ser vistos como personagens, remetem a uma tessitura dramatúrgica de amplitude simbólica. Em uma abordagem teatral contemporânea, a dramaturgia simbólica pode ser vista como uma linguagem, que se singulariza pelo uso de símbolos e representações metafóricas que amplificam as narrativas em vez de limitá-las a uma perspectiva linear. Ela se expressa cenicamente em camadas simultâneas de percepção, por meio de atmosferas sensoriais, corporais, sonoras, espaciais e textuais.

Ao acessar o mundo das profundezas, por meio da introspecção e da imaginação, Jung experiencia a si mesmo, em um estado liminar, que lhe permite entrar em contato com sua própria subjetividade e corporeidade, sob novas perspectivas. Existe uma materialidade na experiência engendrada por ele, que propicia transformações. Os seres e elementos com os quais se depara e interage, nos diferentes espaços/cenários, não são apenas o que parecem ser, mas carregam significados adicionais, muitas vezes trazidos por eles próprios.

Na dramaturgia simbólica de sua autoexperimentação, Jung parece assumir distintas formas de participação: como espectador do que sucede à sua frente, ou como protagonista dos diálogos em cena, ou mesmo como alguém que interfere nos acontecimentos e influencia as ações das figuras/personagens. Como destaca Shamdasani (2020, p. 24):

> Essas fantasias críticas sinalizaram um avanço de um testemunho passivo para um envolvimento ativo. Ele rompera uma barreira; encontrou e consolidou um método. Confiando na visão de sua alma, ele entrou numa interação com as figuras, as ouviu e permitiu que elas o instruíssem. Essa se tornou sua *via regia* ao mundo de imagens. As fantasias em *Os Livros Negros* podem ser entendidas como um tipo de pensamento dramatizado em forma pictórica. A leitura delas evidencia o impacto dos estudos mitológicos de Jung. Algumas das figuras e concepções derivam diretamente de suas leituras. [...] Nesses registros, Jung é, ao mesmo tempo, um participante e um escriba de seus dramas de imagens interiores, dando testemunho daquilo que ele encontrou.

Ler os relatos de Jung *como se* fossem uma dramaturgia nos leva para distintas atmosferas, nas quais se pode entrar em contato com figuras/personagens que contam histórias e, ao mesmo tempo, provocam experiências.

Existe toda uma sensorialidade nos ambientes/cenários nos quais as ações se desenrolam. Jung nos transporta, cria um campo poético e simbólico por meio desses encontros. O diálogo de Jung com a própria alma é repleto de situações descritas vividamente, com riqueza de detalhes. As cenas, em sua maioria, têm começo, meio e fim, embora nem sempre sejam lineares e possam, por vezes, ser fragmentadas, não cronológicas, no sentido de que as dimensões do tempo podem se sobrepor – ora o tempo Kronos, ora o tempo Kairós, ora o tempo Aion. Um transitar entre tempos que se abrem para simultaneidades e sobreposições.

Conforme já ressaltado, existe uma dramatização nos diálogos de Jung com sua alma – atmosferas que se criam; ambientações com cenários e figurinos; ações que se atualizam no corpo e dão vazão às dimensões arquetípicas. Imagens que dialogam com ancestralidades anímicas, seres que trazem aparências muitas vezes dramáticas. Alguns apresentam-se com falas definidas e textos que não seguem necessariamente a uma lógica previsível, que surgem em uma sucessão icônica, enigmática, em uma linguagem cifrada. É o que podemos perceber, por exemplo, na descrição de Jung de seu encontro com o Anacoreta no deserto, uma das localidades imaginais centrais na obra:

> Eu te incomodo, pai?, pergunto em voz baixa.
>
> "Não incomodas. Mas não me chames pai. Sou um homem como tu. O que desejas?"
> Venho sem desejo. Cheguei por acaso a este lugar no deserto e, no alto, encontrei pegadas na areia, que, em círculos, me levaram até ti.
> "Encontraste os rastros de minha caminhada diária ao nascer do sol e ao cair da noite."
> (O tom de sua voz é calmo e natural. Nenhuma surpresa sobre o forasteiro, nenhuma curiosidade e nenhuma pose.)
> Perdoa-me se eu interromper tua devoção. É, porém, uma oportunidade rara de eu estar contigo. Nunca vi um anacoreta antes.

> "Encontrarás vários outros mais adiante neste vale. Alguns têm cabanas como eu, outros residem nos túmulos que os antigos escavaram nas montanhas. Habito no ponto mais alto do vale, porque aqui é o lugar mais solitário e silencioso e porque aqui estou mais próximo da paz infinita do deserto."
> Estás aqui há muito tempo?
> "Vivo aqui há, talvez, dez anos. Mas realmente não consigo me lembrar com exatidão há quanto tempo. Poderiam ser alguns anos a mais. O tempo passa tão rápido." (Jung, 2020, vol. 3, p. 100-101).

A conversa anterior poderia estar inserida em uma obra teatral ou em um roteiro cinematográfico. Jung tece o que estamos chamando de uma dramaturgia simbólica, na forma como expõe os diálogos da sua alma com personagens que irrompem do seu pensamento fantástico. Temas e figuras que se desdobram e reaparecem em diferentes momentos e lugares ao longo das narrativas.

Na época em que ele escreveu esses relatos a introspecção e a autoexperimentação eram utilizadas em pesquisas no campo da Medicina e da Psicologia. De acordo com Shamdasani (2020, p. 23) é possível que, nesse momento de suas experimentações consigo mesmo, Jung já tivesse começado a escavar buracos físicos em seu jardim, próximo à água, para facilitar o acesso às visões que emergiam das profundezas.

Jung parece partir de uma ação pelo corpo. Ele conta que precisou furar os buracos no jardim para conseguir depois escavar as dimensões do próprio inconsciente, sentado em sua biblioteca. Talvez a corporalidade das ações realizadas por Jung tenha propiciado a ponte simbólica para o processo de introspecção ao qual se dedicou:

> [...] Quando praticamos a introspecção, olhamos para dentro e vemos se existe alguma coisa a ser observada e se não existe nada podemos abandonar o processo introspectivo ou encontrar um meio de perfurar até penetrar no material que escapa ao primeiro exame. Projetei um tal

> método de perfuração fantasiando que eu estava cavando um buraco e aceitando esta fantasia como perfeitamente real (Jung, 2014, p. 88).

Os Livros Negros estabelecem conexões com novos mundos, com outros modos de ver que não apenas os diurnos, os convencionais, aqueles usualmente mais conhecidos e aceitos pelos cânones da época. Há uma abertura para o inconsciente coletivo, que se desdobra em metáforas visuais e poéticas que dialogam com ancestralidades anímicas e abrem o campo para a escuta e a imaginação. Como podemos observar, na experiência descrita por Jung, quando desceu por uma "caverna claro-escura":

> Vejo uma caverna preta, um anão em couro guarda a entrada – socorro, céu, que tormento! O chão é preto, e sujeira até os tornozelos. Hesito em entrar. Sombras passam por mim – em frente! – sou tomado de medo, está apertado e quente ou frio – não sei – entro rastejando por frestas nas rochas – uma caverna claro-escura; no chão, água negra, na outra margem, uma pedra brilhante (Jung, 2020, vol. 2, p. 169).

Em nossa experiência, no Grupo Teatro do Instante, durante o processo de criação da obra teatral *Sonhares*[109], os fios imaginais condutores também partiram simbolicamente de alguns elementos da natureza: terra, água, fogo, ar e éter. A ideia era compor uma narrativa que fosse uma provocação dos sentidos, tanto nas atuantes quanto nos espectadores participantes. O grupo contou com atrizes-criadoras na construção da tessitura dramatúrgica e no encadeamento de ações, que contribuíram para a criação de atmosferas que remetiam ao diálogo com ancestralidades, em sintonia com o mundo contemporâneo. Em cena, quatro atrizes,

---

109. O espetáculo *Sonhares*, com direção de Rita de Almeida Castro e codireção de William Ferreira, é uma criação do Coletivo Teatro do Instante, que teve sua estreia na 20ª edição do Festival Internacional de Teatro de Brasília – Cena Contemporânea 2019, no Jardim Botânico de Brasília. O espetáculo teve uma segunda temporada em 2022, na Fundação Cidade da Paz, também em Brasília.

em quatro tendas, cada uma com capacidade para nove pessoas, as quais transitavam por entre os ambientes de forma itinerante, como em um circuito, e interagiam com narrativas independentes e interligadas entre si[110].

No início do processo, vivenciamos algumas jornadas xamânicas, que propiciaram uma abertura para o campo imaginal. Foram realizadas, ainda, algumas dinâmicas, que incluíram uma oficina de confecção e utilização dos tambores[111], que foram integrados ao espetáculo *Sonhares*.

Utilizamos a jornada xamânica como uma maneira de penetrar no mundo subterrâneo e entrar em contato com a sua multiplicidade de universos simbólicos. Com esse intuito, as jornadas foram conduzidas por uma das facilitadoras[112], com um roteiro específico, sugerido para todo o grupo teatral, que continha algumas orientações de como entrar no espaço imaginal xamânico. A primeira delas era procurar uma passagem por onde descer às profundezas – deslizar por detrás dos olhos, entrar por uma fenda, uma abertura no chão, entre outras possibilidades que poderiam surgir para cada participante, com a potência de penetrar em outros planos de realidade, dos quais poderiam emergir imagens poéticas e sensoriais.

Uma vez tendo lá as experiências vividas, embora tivessem um direcionamento comum quanto ao percurso, revelaram-se singulares, como se depreende dos relatos de algumas das artistas:

> Ao passar pela fenda, vi aqueles seres mágicos. [...] Aqui estão! Pequeninos peixes azuis com contornos de luz nas extremidades dos corpinhos minúsculos, e estão montados no dorso pintado de um animal de quatro patas e com uma

---

110. Cf. imagens do espetáculo *Sonhares* (figuras 5 a 8) no anexo de ilustrações a seguir.

111. Oficina conduzida por Inês Gross.

112. Jornadas conduzidas pela antropóloga Adriana Dantas de Mariz.

> vasta cabeleira peluda. Cavalgam juntos o animal e os peixes. Os peixes são os próprios olhos do animal, peixes azuis com contornos de luz no dorso galopante. Outros peixes-luz brincam ao vento – voam! (Valéria de Castro).

> Lembro de ir por trás de uma cachoeira, de chegar numa pradaria muito aberta e aparecer essa figura do cervo, num primeiro momento, como animal de transporte. Eu lembro que era uma coisa de galope. Eu montava nele e galopava. E depois tinha uma coisa que a galhada virava uma espécie de escada. E eu subia nessa galhada como uma escadaria para chegar em outros lugares (Alice Stefânia).

> Eu me lembro de quando fui banhada de óleo por uma anciã que me alertou sobre cuidar de meu espírito (Giselle Rodrigues).

Parece haver algum ponto de contato entre as narrativas das experiências xamânicas do grupo teatral e os relatos de Jung a respeito da autoexperimentação que vivenciou nas profundezas de sua alma, como se depreende da descrição de sua descida pela caverna:

> Ouço o marulho próximo e distante de correntezas subterrâneas – uma cabeça sangrenta na correnteza escura, um ferido que nada em terrível profundeza. Ele não sabe ou está estarrecido – estarrecido em gélido frio na posição de um nadador. Passa um besouro preto gigantesco – como um escaravelho, um sol que, do solo mais profundo, irradia pela água – eu não compreendo (acredito – cobras encaracoladas descem pelos muros para a profundeza, onde a luz do sol é mais fosca, mil serpentes que cercam, encobrem o sol – noite profunda – a água ruge – estou exausto, barulho de mil vozes ecoa pelas paredes da caverna). [...] O que foi que vi? Que noite! Vi tudo como que voando, puxado para baixo e, depois, lançado para o alto! (Jung, 2020, vol. 2, p. 169-170).

Esse relato, tão vibrante, mostra o quão vívidas podiam ser as vivências de Jung, não apenas no plano mental, ou como um espectador passivo, mas de uma amplitude e de uma dimensão anímica, que somente a linguagem simbólica, arquetípica pode transmitir. São imagens, sensações e interações enigmáticas, segundo ele, que dispensam interpretações e conexões ou a busca por estabelecer significados precisos – elas falam por si.

O xamanismo, em diversas tradições, propicia encontros de natureza simbólica nas viagens dos xamãs ou de pessoas urbanas, como as atrizes do espetáculo *Sonhares*, que vivenciam experiências singulares – por exemplo, voar com ou como uma águia, abraçar um urso ou nadar com peixes azuis. É preciso, para isso, transpor portais que levam ao mundo subterrâneo, os quais parecem similares aos atravessados por Jung, em sua descida ao mundo das profundezas pela "caverna claro-escura". Nesse sentido, as experiências de Jung e a jornada xamânica, no contexto de criação de *Sonhares*, parecem se aproximar, ao revelar encontros, interações e diálogos inusitados com seres fantásticos, míticos e arquetípicos, trazidos por essas experiências. Jung, assim como um xamã, é um mensageiro entre mundos, que pode penetrar nos mistérios profundos do ser humano, com seus universos míticos, suas diferentes formas de percepções, expressões e sabedorias.

Jung exercitou o aprofundar-se. Dedicou-se, plenamente, de forma corajosa e persistente à autoexperimentação. Esse processo o levou a buscar, nas mais diferentes fontes e tradições, conhecimentos ancestrais que lhe permitissem decantar os conteúdos que emergiram do seu encontro com a própria alma. Realizou estudos alquímicos, antropológicos e filosóficos, que incluem a ioga, os Vedas, o *I-Ching*, a magia, a mitologia e tantas outras formas de conhecimento. Em suas investigações analíticas trouxe, para o campo da pesquisa científica sobre a estrutura da psique, o conceito de inconsciente coletivo e a noção de processo de individuação, como caminho a ser percorrido pelo indivíduo em sua trajetória de desenvolvimento pessoal e de realização do Si-mesmo.

Suas jornadas pelas trilhas da alma, com suas visões e seus diálogos com seres fantásticos e míticos e com os mortos, revelam a potência do inconsciente coletivo e estimulam o estudo sobre si mesmo, tecem pontes entre saberes ancestrais e contemporâneos, libertam-nos dos grilhões que cerceiam a criatividade e provocam a ousadia de romper fronteiras e traçar novos caminhos.

> Meu conhecimento tem um exército de mil oradores com vozes de leão, o ar estremece quando falam, e eu sou sua vítima indefesa. [...] Mantém longe de mim a interpretação, aquele cruel carcereiro da ciência, que prende as almas e as tranca em cárceres sem luz, mas protege-me sobretudo da serpente venenosa da crítica, que é cobra curadora apenas para a superfície; em tua profundeza é, porém, veneno infernal e morte agonizante (Jung, 2020, vol. 2, p. 171).

A passagem anterior – que, no teatro, poderia ser vista como um solilóquio – tem a força e a eloquência de um texto dramático, do que estamos chamando aqui dramaturgia simbólica. Personagens, atmosferas, enredos fantásticos que, embora pareçam improvisados, são tão complexos como uma partitura cênica, apresentam instâncias singulares de estados da alma, que são acionados, conforme se dá a interação entre as figuras, em suas relações dialógicas. Susto, ira, medo, espanto, desejo e dúvida se sucedem no encadeamento das cenas entremeadas de conexões simbólicas; experiências com dimensões numinosas que podem provocar transformações profundas.

Os Livros Negros são um manancial inesgotável de conhecimentos, que tem a potência de inspirar e dialogar com os mais diferentes campos da expressão humana. As experiências vividas por Jung se desdobram em uma obra – científica, artística e pessoal – de dimensão inestimável. Vários mundos parecem se comunicar, em um entrelaçamento que se constrói ao longo de sua vida. As escavações de Jung demonstram seu anseio e sua busca incessante por desvendar a alma humana, e sua determinação em conhecer a Si-mesmo.

Referências

Hoerni, U., Fischer, T., & Kaufmann, B. (2019). *A arte de C.G. Jung*. Vozes.

Jung, C.G. (2014). *Seminários sobre psicologia analítica (1925)*. Vozes.

Jung, C.G. (2020). *Os Livros Negros: 1913-1932 - Cadernos de transformação* (7 vol., edição de S. Shamdasani, tradução de M. Hediger). Vozes.

Shamdasani, S. (2020). Em busca de uma ciência visionária: os cadernos de transformação de Jung. In C.G. Jung, *Os Livros Negros: 1913-1932 - Cadernos de transformação* (Vol. 1, p. 11-112, edição de S. Shamdasani, tradução de M. Hedinger). Vozes.

PARTE IV

O grupo de pesquisa sobre **Os Livros Negros**: uma experiência brasileira

Eu: Por que tão duro, oh livro? Por que tanto açoitas aquela que com tanto amor em ti escreve?
Voz: A dureza é a forja da alma, não se escreve em superfícies moles! E a minha dureza inspira a alma da mão que em mim escreve. Sou o livro que quer ser escrito e desejo ardentemente pelo toque pontiagudo do lápis que em mim rabisca. Quero ser escrito, desenhado, rasurado. Oh alma, lambuza-me com as cores dos teus lápis. Não economiza teus grafites, rabisca-me todos os teus segredos mais obscenos! Que minhas páginas em branco se unam intimamente com teus grafites multicoloridos. Que não sobre nenhuma página, me use por inteiro. Sou teu Livro, minha alma adorada, faz de mim o que o teu desejo desejar! Sou inteiramente teu!

(Imaginação ativa de Sabina Vanderlei realizada durante o encontro on-line do Grupo de Pesquisa "Os Livros Negros de C.G. Jung", em 4 de dezembro de 2023)

17

Do surgimento dos grupos de pesquisa sobre **Os Livros Negros** e sua dinâmica

Walter Boechat

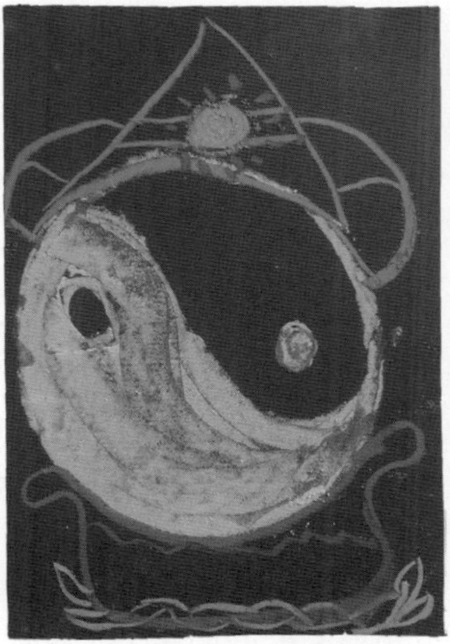

FIGURA 2

Desenho de Silvia Renata Medina da Rocha intitulado "Jornada do Tao", feito durante processo de imaginação ativa realizado em um encontro on-line do Grupo de Pesquisa "Os Livros Negros *de C.G. Jung". Imagem gentilmente cedida pela autora*[113].

---

113. Para visualizar essa imagem no original, a cores, cf. figura 6 no anexo de ilustrações.

O lançamento da edição brasileira de *Os Livros Negros* de Jung se deu de forma on-line, durante a pandemia de covid-19, em outubro de 2020, tendo ocorrido apenas alguns meses após o lançamento mundial pela editora anglo-americana Norton, em belo esforço editorial da Editora Vozes. O evento on-line contou com a presença do editor-geral da obra, o Professor Sonu Shamdasani, direto de Londres; do tradutor, Markus Hediger[114]; do secretário-executivo da Editora Vozes, João Batista Kreusch; e do revisor técnico da tradução, Walter Boechat[115].

A época da publicação de *Os Livros Negros* chama a atenção por uma curiosa sincronicidade: ela se dá durante a pandemia de covid-19, que afetou milhões de pessoas em todo o mundo. Os seres humanos procuraram se adaptar à nova realidade social, refugiando-se em suas casas e criando sofisticadas soluções virtuais, com o desenvolvimento de novas plataformas para encontros on-line de todos os tipos, inclusive para o lançamento de publicações, como o evento de *Os Livros Negros*. E a própria escrita de *Os Livros Negros* por Jung se dá também durante uma grande pandemia, a chamada *gripe espanhola*, que ocorreu de 1918 a 1920. Estamos também atualmente sob a ameaça de conflitos armados em todo mundo. Nunca, após a Segunda Guerra Mundial, o mundo teve tantas guerras simultâneas nos mais diversos continentes. Portanto, a escrita e a publicação dos *Cadernos de transformação* ocorrem sob condições de crise social parecidas. É como se a história fluísse sob a influência de fios invisíveis que promovessem simetrias ocultas em eventos aparentemente distantes.

Mas voltando ao evento de lançamento no Brasil: ele foi um grande sucesso em todo o território nacional, houve uma am-

---

114. Autor do capítulo 1, "Carl Gustav Jung, um suíço?"

115. Organizador deste livro e autor deste e de outros textos aqui presentes.

pla procura por *Os Livros Negros* e uma grande demanda por um grupo de pesquisa que pudesse aprofundar estudos sobre a obra. Em fevereiro de 2021 nasciam dois grupos de pesquisa on-line que passaram a pesquisar *Os Livros Negros* e seu papel para a construção da psicologia complexa de Jung e para a clínica junguiana. Dois anos depois, um terceiro grupo de pesquisa se juntou aos dois primeiros.

Os grupos passaram a se encontrar quinzenalmente, em reuniões de três horas de duração com a seguinte estrutura:

1. Como comentamos anteriormente[116], *Os Livros Negros* são compostos por registros datados, isto é, a data em que ocorreram as determinadas vivências e confrontos com conteúdos internos. A cada reunião, estuda-se um ou mais registros, dependendo de seu tamanho. Em geral, um registro é suficiente para o tempo de reunião. Num primeiro momento, o registro é lido pelo grupo de forma sequencial, cada pessoa lendo três a quatro parágrafos. Essa é uma forma de procurar *encorpar* o conteúdo de *Os Livros Negros* pelo grupo.
2. Há, em seguida, um debate sobre os conteúdos do registro lido. O coordenador tem, nessa etapa, um papel mais ativo, intervindo e conversando com os componentes do grupo. Não só o texto propriamente é debatido, mas também as notas de rodapé de Shamdasani – a maioria delas de grande importância teórica.
3. Em um terceiro momento, os participantes são convidados a fechar suas câmeras e microfones e procurar realizar um processo de *imaginação ativa* com os personagens, as situações ou os eventos do registro debatido que os tenha tocado mais. Esse momento dura em torno de 20 minutos.

116. Cf. capítulo 1, "Carl Gustav Jung, um suíço?"

Depois, os participantes são convidados a compartilhar seus conteúdos entre si – os quais podem ser de vários tipos: escritos feitos aos personagens do mundo imaginal, no estilo de correspondência; poesias; desenhos; ou qualquer forma imaginal. O compartilhamento com o grupo é feito de forma verbal ou por envio via WhatsApp de imagens, poemas e desenhos. Temos observado nos grupos uma predominância do uso de desenhos. Um fenômeno bastante interessante é como os componentes do grupo são afetados pelas imagens e pelas vivências uns dos outros; frequentemente, a mesma imagem ou situação brota em diferentes elementos do grupo, mostrando uma forte constelação de um conteúdo naquele momento do grupo[117]. É como se a descida em grupo ao mundo de *Os Livros Negros* tivesse um efeito potencializador dessas imagens no inconsciente grupal.

Como exemplo de imagens ativadas nesse terceiro momento dos encontros, temos a ilustração de Silvia Rocha, reproduzida anteriormente (figura 2). Um desenho rico em temas mitológicos presentes em *Os Livros Negros*: o tema da barca do sol, com a *viagem noturna pelo mar* representando a morte e o renascimento; o símbolo taoista do Yin-Yang; a meta do processo; o peixe, todas essas imagens tendo importante efeito em todo o grupo.

4. Posteriormente foi introduzida, nos encontros dos grupos de pesquisa, a prática da matriz do sonhar social. O momento dos sonhos compartilhados passou a ser vivenciado no início dos encontros e alternando com a prática da imaginação ativa. Isto é, a cada encontro, ou temos a prática da

117. Cf. o texto do capítulo 18, "*Os Livros Negros* e as sincronicidades: um caminho para o ressignificado da vida", de Helena Saldanha de Azevedo Santos, Maria Cecília Murdoch Nóbrega e Maytê Romero.

imaginação ativa ao fim, como terceira etapa, ou temos a prática da matriz do sonhar social no início. Pudemos observar, durante a prática dos sonhos compartilhados, uma forte ativação do chamado terceiro espaço do imaginal por Corbin, o *mundus imaginalis*, em que as imagens de *Os Livros Negros* e dos sonhos do grupo de pesquisa encontram expressão como realidade da alma.

Com o desenvolvimento dos grupos de pesquisa, gradualmente foi se organizando uma biblioteca virtual, com documentos e artigos em PDF e também vídeos gravados dos encontros. Os arquivos em PDF são divididos em pastas, com temas de pesquisa com relação à obra *Os Livros Negros*: Gnosticismo, Sonhar Social, Filosofia etc. A biblioteca virtual, sempre em crescimento, tornou-se uma fonte constante de referência e aprofundamento. Os grupos de pesquisa continuam em atuação até os dias de hoje, tornando-se fonte de aprofundamento, reflexão e contínuas descobertas.

18

Os Livros Negros e as sincronicidades: um caminho para o ressignificado da vida

Helena Saldanha de Azevedo Santos
Maria Cecília Murdoch Nóbrega
Maytê Romero

Em seu caminho de individuação, Jung passou por locais obscuros e iluminados; entre equilíbrios, desequilíbrios e reequilíbrios, sua história foi a de um inconsciente que se realizou. Através dos diálogos com as figuras da psique profunda, ele contactou o "mundo intermediário"[118], o mundo da alma. O caminho por esse novo universo o fertilizou e fez brotar uma vegetação com saborosos frutos; desse trilhar, nasceram suas grandes obras científicas e sua experiência com o numinoso[119]. Disse Jung (1995, p. 225):

---

118. O "mundo intermediário" é conceito importante no sufismo e no pensamento de Ibn Arabi. Corbin também fala sobre isso, designando esse lugar de *mundus imaginalis*. É, exatamente, o "entremundo" de *Os Livros Negros* ou a "realidade da alma", da qual Jung viria a falar depois. Pensamos que essa é a razão principal para Jung e Henry Corbin terem se dado tão bem. Sobre esse termo, cf. Corbin (1971).

119. O numinoso, segundo Jung é: "[...] uma existência ou um efeito dinâmico não causados por um ato arbitrário. [...] O numinoso pode ser a propriedade de um objeto visível, ou o influxo de uma presença invisível, que produzem uma modificação especial na consciência" (OC 11, § 6).

> Os anos em que passei perscrutando minhas imagens interiores foram os mais importantes da minha vida; neles, tudo de essencial foi decidido. Foi quando tudo começou. Os detalhes posteriores são meros suplementos e esclarecimentos do material que brotava do inconsciente e, a princípio, me sufocava. Aquilo era a *prima materia* para o trabalho de uma vida.

Há, em *Os Livros Negros*, um grande ensinamento para ampliação da consciência individual e coletiva. Mediante o seu mergulho nas profundezas da psique, Jung nos ensina a dialogar com nossas próprias imagens. Quando ocorre a sincronicidade, o indivíduo sente claramente a potência desses diálogos e seu consequente efeito no mundo objetivo.

Segundo Jung:

> Os acontecimentos sincronísticos repousam na simultaneidade de dois estados psíquicos diferentes. [...] Um conteúdo inesperado, que está ligado direta ou indiretamente a um acontecimento objetivo exterior, coincide com o estado psíquico ordinário: é isto que chamo de sincronicidade, e sou de opinião que se trata exatamente da mesma categoria de eventos, não importando que sua objetividade apareça separada da minha consciência no espaço ou no tempo. [...] A conexão entre fatores significativamente coincidentes deve ser necessariamente concebida como acausal (OC 8, § 855).

No grupo de pesquisa sobre *Os Livros Negros*, fomos acometidos por uma longa sequência de sincronicidades com Pégaso. E a imagem do cavalo alado nos trouxe um profundo entendimento acerca do material estudado. À medida que as sincronicidades chegavam, sentíamos a conexão profunda com aspectos de um outro universo. As consequências geradas eram visivelmente diferentes dos efeitos das situações do cotidiano: vimo-nos ligados ao mundo intermediário.

Segundo Walter Boechat, coordenador do Grupo de Pesquisa "*Os Livros Negros* de C.G. Jung", em explanação dada por ele em reunião do grupo:

> A abordagem do tema da sincronicidade é bastante difícil dentro de uma perspectiva do materialismo científico rígido. A própria noção de inconsciente já desafia o paradigma causal cartesiano. Entretanto, as experiências relatadas em *Os Livros Negros* brotam diretamente do inconsciente, e uma abordagem somente causal não dá conta desses fenômenos. Por isso, estamos lançando mão do conceito de sincronicidade para nos aproximarmos de uma série de eventos numinosos que ressignificaram o grupo de pesquisa sobre *Os Livros Negros*.

O fato detonador da sequência de sincronicidades foi um sonho com Pégaso contado em um dos encontros do grupo de pesquisa através da técnica da matriz do sonhar social, aplicada a cada dois encontros. Nessa proposta, a matéria arcana não é recebida como material psíquico individual, pois, ao ser compartilhada, passa a fazer parte do grupo. Nesse caso, as imagens do sonho se tornam partículas do infinito e sua força arquetípica circula entre todos os membros (cf. Penna, 2013).

A presença de Pégaso uniu pessoas e fatos aparentemente ilógicos, pois é desse modo que se apresentam as manifestações de sincronicidade, em que os tempos se entrelaçam, histórias sem conexões passam a fazer sentido e falam profundamente sobre o quanto estão intimamente ligadas. Os tempos passado, presente e futuro vivem simultaneamente.

Pégaso, enquanto imagem arquetípica, representa o espiritual e a criatividade, com seu efeito transcendente e redentor, fez jorrar uma nova fonte de energia. Tornamo-nos um grupo criativo, com grande respeito entre os membros, e, ao mesmo tempo, desenvolvemos uma unidade que sentíamos mais do que podíamos explicar. Essa fonte de inspiração e criatividade nos afetou como uma convocação do espírito da profundeza. Um caminho individual e coletivo de se deixar tocar pelo "mundo intermediário".

18.1 Pégaso, o mito

Como Pégaso é o representante do mundo intermediário manifesto nas sincronicidades vividas no grupo de pesquisa, contaremos o seu mito de origem. Pois, como explica Boechat (2009, p. 21):

> [...] a imagem é a linguagem fundamental da alma e os símbolos são a chave para a compreensão das imagens. Os mitos, por sua vez, são estórias simbólicas que se desdobram em imagens significativas, que tratam das verdades dos homens de todos os tempos.

Segundo a versão de Ovídio (2017), Pégaso é filho de Poseidon e de Medusa. Conta o mito que Medusa buscava ser a melhor entre as sacerdotisas de Atena. Poseidon, deus dos oceanos, possuiu sexualmente Medusa, profanando com esse ato o templo da deusa, vingando-se dela por ela ter ganho dele a disputa pela cidade de Atenas, que adotou seu nome. Atena, ao saber do ocorrido, se enfureceu com Medusa e a sentenciou a uma terrível maldição: ela foi transformada em górgona, seus cabelos viraram serpentes e, a partir disso, quem olhasse para ela viraria pedra[120].

Após longo período dessa maldição petrificante, Perseu, munido de todos os recursos necessários, chegou à morada da górgona. Usando o escudo de Atena, a espada e as sandálias aladas de Hermes e o capacete de Hades para se manter invisível, encontrou um local adequado, posicionou o escudo para olhar indiretamente para Medusa, evitando assim sua petrificação, empunhou

120. Optamos pela versão de Ovídio em vez da versão clássica grega de Hesíodo, na qual Medusa já nasceu uma górgona monstruosa, que pertence à escuridão, à loucura e ao desespero (cf. Hesíodo, 2016, §§ 270-286).

a espada afiada e, com um único golpe, a decapitou. Do sangue escorrido do pescoço de Medusa nasceu Pégaso.

O nascimento de Pégaso representa a redenção do mal absoluto realizado através do homem/herói, com a ajuda dos deuses.

> Olhar nos olhos da Medusa é transformar-se em pedra, submergir no caos, no terror e na alucinação, penetrar no campo de fascinação da morte e da loucura, que atrai como um ímã [...]. A face da *Gorgó* é o Outro, o nosso duplo, o Estranho, em reciprocidade com nosso rosto como uma imagem no espelho (Vernant, 1991, p. 108).

No livro *Ao encontro da sombra*, Zweig e Abrams (1991, p. 188) disseram que "o mal objetivo é uma força preexistente com a qual os mortais precisam ajustar contas". E seguem: "Se realmente quisermos enfrentar o desafio do mal no mundo cada um de nós precisa assumir sua responsabilidade em termos individuais" (Zweig, & Abrams, 1991, p. 191). A partir dessa perspectiva, o indivíduo encontra-se convocado para o movimento de ressignificação dos padrões limitantes e malignos constelados em si. Somente a consciência das forças arquetípicas pode servir como impulso transformador de uma condição de aprisionamento paralisante, rígido, sombrio e dissociativo para uma condição integradora, consistente e espiritual. Após seu nascimento, Pégaso amparou diversos heróis em suas batalhas contra o mal, sendo fundamental em muitas vitórias. E, ao fim de seu mito, foi por Zeus transformado em constelação.

> Pégaso, cavalo alado, está sempre relacionado com a água. [...] seu nome provém, em etimologia popular, de *pegué*, fonte. Teria nascido junto às fontes do Oceano. [...] Com uma só pata fez brotar *Hipocrene*, a fonte do cavalo. [...] Pégaso é, por conseguinte, uma fonte alada: de fecundidade e elevação [...], simboliza a imaginação criadora sublimada e sua elevação real (Brandão, 2015, p. 253-254).

Quando o indivíduo se torna consciente dos padrões arquetípicos ativos em seu sistema psíquico, encontra uma fonte inesgotável de recursos para o manejo da vida; bem e mal, gradativamente, se relativizam e se complementam, impulsionando a libido para a meta do *principium individuationis*, a busca pelo Si-mesmo.

18.2 Descrição das sincronicidades

As manifestações vindas do "mundo intermediário" surgem sem o controle do ego e são tão marcantes que geram um efeito transformador, não racional e intimamente tão verdadeiro que não deixam dúvidas acerca da importância da jornada interior.

O sonho detonador das sincronicidades com Pégaso foi sonhado por Helena (uma das autoras deste texto) em 23.VI.2023[121], em seu retorno de uma viagem à Turquia com três colegas junguianos:

> Eu estava em um lugar descampado, sabia que estava perto do mar e era através dele que eu precisava sair dali com urgência. Caminho na direção desse mar, procurando alguma passagem para descer às falésias e, de repente, encontro-me no meio do oceano, tensa e preocupada, por ter que voltar e chegar a tempo em um compromisso muito importante "do outro lado".
> Eu me vi em uma situação de perigo, estava no meio daquele imenso mar e percebo que ondas enormes se formam em minha direção, de modo inusitado... das falésias para o fundo do mar, senti que ia sucumbir!
> Penso que posso me salvar, se surgir uma lancha ou *jet ski*, mas, em vez disso, aparece uma biga romana, puxada por um cavalo que me resgata do mar.
> Quando informo ao condutor que tenho pressa para chegar "do outro lado", ele levanta o chicote para bater no cavalo e imediatamente digo: "Não faça isso! **Não é para bater!**"
> Para minha surpresa, o cavalo branco se transforma, bate asas e voa. Penso: "Um Pégaso está me salvando!" E me dou conta: "Estou partindo! Mas como? Não vou conseguir

121. Utilizamos nesta escrita os meses do ano em algarismos romanos, tal qual escrito por Jung em seus registros em *Os Livros Negros*.

> escrever meu livro?" (uma missão que, durante um passeio de barco pelo Bósforo, uma voz interior me disse que eu tinha que cumprir). Como resposta a esse pensamento, escuto uma voz me dizer: "Vai dar tempo, desde que você comece logo a escrever".
> Ao acordar de madrugada, lembrei de ter tido um sonho importante, que não podia esquecer, e escuto novamente uma voz me dizer: "Pegue um papel e lápis e escreva agora esse sonho, sem acender a luz, só com a luz que vem da fresta da porta"[122].

No dia do relato desse sonho, Cecília (também autora deste texto) sentiu-se profundamente tocada quando Helena disse ao condutor do cavalo: "Não é para bater!" Ainda sem saber, havia sido convocada pelo espírito da profundeza, e o fio da sincronicidade estava tecendo uma teia em torno delas. Com a sequência de acontecimentos nos dias subsequentes, Cecília entendeu sua ligação imediata com Pégaso, e a sincronicidade assim se manifestou:

> Tenho em meu consultório uma antiga papeleira que era de minha avó materna. Quando ela faleceu, tive um sonho muito forte. No sonho, ela me dizia: "Cecília pegue a papeleira, ela é tua". Tamanha foi a intensidade desse sonho que logo tomei as providências para levá-la ao meu consultório. Na gaveta, encontrei uma moeda antiga, e, desde então, tanto a papeleira quanto a moeda, colocada sobre a mesa, permaneceram no mesmo lugar nos últimos 35 anos. No dia seguinte do relato do sonho de Helena, ao olhar a moeda, tive uma surpresa ao me dar conta de que a moeda que sempre via como sendo do "cavalinho" era, na verdade, de Pégaso cunhado na prata (Evento ocorrido no dia 29.VI.2023).

---

122. Helena despertou do sonho orientada a escrever seu sonho no escuro: "Sem conseguir enxergar quase nada, pegou um lápis do porta-canetas que estava na escrivaninha, iniciou sua escrita com este lápis, sem perceber de pronto que o lápis estava com a ponta gasta. Na mesma escuridão, pegou no porta-canetas algo para continuar a escrever e concluir a escrita do sonho. Após finalizar a tarefa, acendeu a luz e, para sua surpresa, o texto estava todo escrito em vermelho". Uma sincronicidade, pois havia lápis e canetas de diversas cores naquele porta-canetas.

Nesta mesma tarde, na qual havia visto Pégaso cunhado na moeda de minha avó, recebi um paciente que está comigo há quase uma década. Ele tem 65 anos e está passando por uma difícil fase de transição. Procurando dar um novo sentido em sua vida e pensando sobre o que fazer com sua mente rica em ideias, decidiu, então, restaurar, pesquisar e dar nova utilidade a objetos antigos. Quando chegou no consultório nesse dia, a primeira coisa que viu foi a moeda, que havia estado sempre no mesmo lugar. Pegou-a em suas mãos e me pediu para pesquisar sobre ela. Na semana seguinte, ele me trouxe emocionado o resultado de sua pesquisa: era uma antiga moeda grega, de mais ou menos 350 a.C., com Pégaso de um lado e Atena de outro.

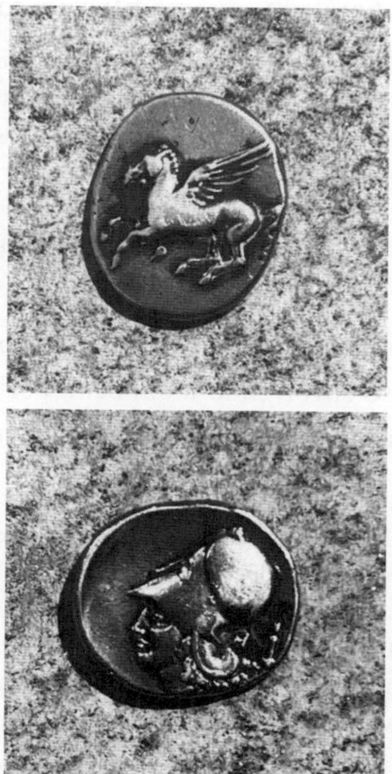

FIGURA 3

Moeda grega, 350 a.C. – face Pégaso (imagem à esquerda) e face Atena (imagem à direita). Acervo pessoal das autoras.

O efeito da sincronicidade em trazer para o mundo material a realidade do mundo intermediário foi como um raio de luz que agiu como um farol na noite escura, iluminando o caminho. Trouxe para a realidade algo que parecia estar apenas na imaginação, mas que, na verdade, estava ali, vivo e disponível no mundo concreto.

No encontro do dia 16.VIII.2023, momento em que Cecília contou sobre a sincronicidade com a moeda de Pégaso, Maytê (também autora deste texto) ficou surpresa com a força que essa sincronicidade gerou, inexplicavelmente, dentro de si.

Após esse encontro, Maytê foi atender a uma paciente em horário extra. No fim dessa sessão, a paciente contou um sonho:

> Ela chegava em meu consultório para fazer um teste. Eu digo para ela que quem aplicará o teste será um dos meus filhos. Ela torce para que seja o mais novo e é. O meu filho a chama, e eles saem caminhando por um campo. Em um dado momento, ela olha para o céu, vê um cavalo voador e logo pensa: "Ainda bem que é ele quem está aplicando o teste, pois ele também consegue ver o cavalo voando".

Ao ouvir o sonho de sua paciente, sentiu o fio da sincronicidade com Pégaso envolvendo-a também. Foi tão forte o efeito dessa experiência que Maytê teve um sonho com Pégaso, em 13.X.2023:

> Eu estava ao lado de um rochedo de frente para o mar. Nesse rochedo, esculpido na pedra, havia uma grande estátua de um Deus. Pégaso está diante da estátua, em pé na areia. Ele é enorme. Ele me olha como se estivesse me ensinando algo e começa a emitir um som como um canto em uma língua antiga. Ao terminar o canto, ele voa.

Após todos esses relatos, ficou claro que algo muito forte estava ocorrendo. A potência dessas sincronicidades tocou os membros do grupo de pesquisa e os pacientes. Um fluxo de energia criativa ficou disponível, e eventos dessa natureza seguiram acontecendo: sonhos, sonhos premonitórios, novas sincronicidades e experiências reveladoras (alguns desses eventos, relataremos ao longo do capítulo). A fonte pulsante de Pégaso seguiu jorrando; com isso, nossas vidas foram se tornando revivificadas e um novo sentido foi se revelando, à medida que fomos percebendo seu efeito transformador em nós.

Quando o indivíduo é acometido por eventos sincronísticos, ele encontra-se diante da manifestação do mundo intermediário que se revela em imagem e experiência para orientar o ego frente ao processo de individuação. A força arquetípica das revelações acausais trazem consigo uma grande potência de energia, e, muitas vezes, o próprio indivíduo se surpreende com o seu efeito transformador.

18.3 Correlação entre *Os Livros Negros* e as sincronicidades

Eventos acausais estão acontecendo de quando em quando, mas dependem do ego para que sejam reconhecidos. O desenvolvimento da consciência como intermediadora do processo dessas sincronicidades é fundamental, pois somente por intermédio dela é possível navegar pela grandeza das imagens internas e ser tocado e transformado. Mas é preciso ter sempre o cuidado para não se identificar com as imagens. A consciência é uma predisposição, uma qualidade humana que tem de ser cultivada, experimentada, reconhecida em sua importância e em seu pequeno tamanho diante do *Self*.

O empírico está presente em toda a psicologia de Jung, pois, sem a vivência, a elaboração ocorre somente no intelecto. Durante a leitura de *Os Livros Negros*, nós nos deparamos com o diálogo de Jung com a sua alma, em que ela exige dele a reformulação profunda de conceitos que estavam na base de sua vida. A atitude de Jung ao se despir diante da alma, o respeito por ela, o esforço de ouvi-la, de entendê-la, de dialogar com ela e vivenciar esse processo promoveram transformações e revelaram a ele um novo caminho.

Estávamos estudando o volume 5 de *Os Livros Negros* quando os eventos sincronísticos se apresentaram para nós. Essa obra marca um importante momento de aprofundamento experienciado por Jung, no qual a alma lhe convoca: "Mergulha nas profundezas e contempla aquilo que vem" (Jung, 2020, vol. 5, p. 144).

Vale ressaltar que o início da jornada de Jung pelo "mundo intermediário" foi marcado por dúvidas, resistências, tentativas de interpretações racionais, até que o ego pudesse realmente se entregar. Somente à medida que as manifestações, os ensinamentos e as transformações ocorrem é que o ego compreende que inúmeras coisas são inexplicáveis pelo intelecto e, mesmo assim, têm veracidade inquestionável.

Jung, em seu livro *Resposta a Jó*, disse: "[...] O conceito de 'físico' não constitui o único critério de uma verdade, pois há também verdades *psíquicas* que não se podem explicar, demonstrar ou negar sob o ponto de vista físico" (OC 11/4, § 553).

No dia em que o sonho com Pégaso foi contado nenhum de nós estava ciente dos desdobramentos dessa experiência. O fio que nos uniria interna e externamente ainda era invisível a nossos olhos.

A "solidão", o "caos" e a "tarefa" estavam presentes em nós, em nossos pacientes e no trecho de *Os Livros Negros* estudado no dia da "chegada" de Pégaso em nosso grupo. Encontramos, ali, o seguinte diálogo entre Jung e sua alma:

> Meu Deus, que solidão interna! Este é o caminho?
> "Eu te digo: Este é teu caminho. Ele não é fácil, e outro não existe."
> O caos dentro de mim é horrível.
> "Feliz aquele que está grávido do caos. [...] Em que o caos se transforma? Num mundo ordenado. [...] Não

> conheces o significado do subjetivo. É de significado cósmico. Ele alcança o âmago das coisas. [...] No fim das contas, o subjetivo é profundamente ilógico. Não inteligível, mas aceitável."
> Como se deve e se pode aceitar o ininteligível?
> "Foi isso que os povos de todos os tempos e de todas as regiões fizeram. Não confias que tens essa habilidade?"
> Eu a desaprendi com temor e tremor, apenas tu sabes com que agonia. Exiges agora que eu a retome e reverta tudo que adquiri com dores e dificuldades?
> "Tenho pena de ti, mas isso faz parte de seu aperfeiçoamento como ser humano" (Jung, 2020, vol. 5, p. 206).

Estávamos diante do convite de pendurar nossa lamparina intelectual e seguir caminhando pela escuridão, gestando o caos e aceitando o ininteligível.

O sonho com Pégaso só foi contado no grupo de pesquisa depois que Helena se sentiu encorajada quando um colega, que tinha viajado com ela à Turquia, contou um sonho em que ele estava no Grand Bazar de Istambul e apareceu, em meio aos labirintos, um profeta de olhos verdes-esmeralda com turbante e veste verde que lhe disse: "Deixe o olhar profano e olhe com o coração!" A conexão com seu sonho se fez de imediato, pois o salvamento seguro do oceano ocorreu quando disse ao condutor: "Não é para bater!" Pégaso surgiu quando a violência deixou de ser uma opção. A presença da generosidade, mesmo diante do desespero, fez prevalecer a atitude do coração.

Sincronicamente, na continuação do diálogo de *Os Livros Negros* que lemos nesse dia de estudo, a alma disse: "Existe o amor no direto e no inverso". Jung não entende, e ela esclarece: "[...] Ama a generosidade do avarento, a feiura do belo, o racional do louco e o ruim do bom. [...] Como sempre, deves começar por ti mesmo" (Jung, 2020, vol. 5, p. 207).

A indicação de amar o oposto, como sugere a função transcendente, e ouvir com o coração ficaram pulsando em nossos processos como uma medicação provocadora de muitas reflexões e transformações. Sentimos seu efeito se espalhando em nossas individualidades, no grupo e em nossos consultórios. Quando o inconsciente se revela e a consciência abarca a importância de seus significados, um fluxo de energia transformadora fica disponível, os acontecimentos do dia a dia ficam iluminados por novas perspectivas de compreensão, propiciando novas atitudes frente à vida.

No dia em que Cecília contou ao grupo sobre a sincronicidade com a moeda e com o seu paciente, estudávamos o registro do dia 19.IV.1914. Segue um trecho desse registro: "[...] Minh'alma, elevas-te novamente a Deus? 'Subo novamente – eu havia me tornado carne –, agora retorno para o brilho eterno, para a eterna brasa do sol e te entrego à vida e ao terreno'" (Jung, 2020, vol. 5, p. 212).

O encontro dos opostos deve ocorrer através de uma dança, na qual aproximação e afastamento são fundamentais para a coreografia. Nietzsche escreveu: "É preciso ter caos em si para dar à luz uma estrela dançante" (Nietzsche, 2011, Prólogo 5). A estrela dançante é a função transcendente que resulta da união dos conteúdos conscientes e inconscientes.

Pégaso foi o símbolo da função transcendente que gerou em nosso grupo a dança fluida entre os opostos, entre o concreto e o subjetivo, entre o racional e o espiritual, entre o caos e a luz, entre o mundo dos deuses e o mundo terreno. Segundo Jung (OC 8), a consciência é ampliada continuamente pela confrontação dos conteúdos até então inconscientes através de sua integração.

Em *Os Livros Negros* percebemos que a alma parte, retorna, parte, retorna, e, nesse movimento do eterno retorno, o essencial se revela e seu sentido precisa ser integrado pelo ego. No registro de 19.IV.1914 citado anteriormente, a alma parte para o mundo das profundezas, para junto de Deus, e Jung fica com o seu "eu", que pertence ao mundo do espírito da época. Sincronicamente ao estudo desse trecho, a sincronicidade com Pégaso se revelou na "moeda", pertencente ao mesmo mundo concreto no qual Jung havia sido orientado a permanecer com sua atenção. E a alma acrescenta: "Estarei presente e não presente, tu me ouvirás e não me ouvirás, serei e não serei. [...] Ninguém além de ti tem a sua alma" (Jung, 2020, vol. 5, p. 213).

A presença da moeda com seus opostos, Pégaso/Atena, sua data tão antiga (350 a.C.) e a sincronicidade a ela associada proporcionaram a oportunidade de integração de conteúdos significativos que emergiram através da função transcendente, provocando forte efeito transformador.

Como disse Jung:

> [...] a função transcendente constitui não apenas um complemento valioso do tratamento psicoterapêutico, como oferece também ao paciente a inestimável vantagem de poder contribuir, com seus próprios meios, com o analista, no processo de cura e, deste modo, não ficar sempre dependendo do analista e de seu saber, de maneira muitas vezes humilhante. Trata-se de uma maneira de se libertar pelo próprio esforço e encontrar a coragem de ser ele próprio (OC 8, § 193).

Segundo Jung (OC 8), existe uma analogia psicológica presente nos casos em que a sincronicidade se revela, que geralmente ocorrem em situações de impossibilidade e de impasses sem saída.

> [...] Em tais situações, quando bastante sérias, costumam ocorrer sonhos arquetípicos que revelam alguma possibilidade de progresso no qual não se teria pensado. É essa espécie de situações que constela o arquétipo com grande regularidade. Em determinados casos, o psicoterapeuta, portanto, se vê obrigado a descobrir o problema racionalmente insolúvel à luz do qual o inconsciente do paciente dirige o seu curso. Uma vez descoberto esse problema, as camadas mais profundas do inconsciente, as imagens

> primordiais, são ativadas e o processo de transformação da personalidade entra em andamento (OC 8, § 847).

Ao estabelecer contato com o simbolismo de Pégaso e seu significado de transcendência e solidez, os processos dos pacientes de Cecília e Maytê ganharam uma nova perspectiva e consistência, encontrando uma janela em que a possibilidade de transformar a vida atingia tanto suas ideias quanto o mundo concreto a sua volta.

A sincronicidade envolvendo Pégaso e seus vários desdobramentos no mundo concreto representa uma manifestação da estrutura psicoide do inconsciente coletivo, que, segundo Jung, se refere a: "[...] uma psique idêntica em todos os indivíduos, e não pode ser percebida e nem observada diretamente" (OC 8, § 840). A sincronicidade revela padrões arquetípicos dessa natureza que surgem carregados de energia afetiva; por um lado, eleva um conteúdo a um grau supranormal de luminosidade, mas, por outro, também retira a mesma quantidade de energia de outros conteúdos, tornando-os obscuros e inconscientes. Por isso temos o compromisso ético como psicólogos de não nos identificarmos com o numinoso presente nas experiências, pois, se assim for, a manifestação significativa pode se transformar no *têmenos*, e a potência curadora se torna patologizadora, colocando em risco a nossa sanidade e a de nossos pacientes (OC 8).

Em 1941, num auditório lotado em Einsiedeln, Jung disse:

> [...] Os conteúdos do inconsciente poderiam ter me tirado do meu juízo, [mas a família e a profissão] eram realidades que me faziam exigências e me provavam reiteradamente que eu realmente existia, que eu não era como Nietzsche, uma folha em branco, rodopiando ao sabor das intempéries do espírito (Hannah, 2022, p. 164).

Pégaso, enquanto imagem arquetípica, representa a função sublime e objetiva da psique, sendo um importante símbolo, guia para a sustentação dos opostos e garantia da sanidade:

> O cavalo alado traduz [...] o pensamento criativo e sua real ascensão. [...] É sobre o cavalo alado que o herói luta [...]. Sua inspiração realmente sublime e sua inocência ingênua permitem-lhe o triunfo sobre o perigo que o ameaça. A elevação sublime, porém, é apenas um estado passageiro da alma humana. O homem deve descer à terra. Seus desejos corporais assim o exigem. [...] O verdadeiro herói é o que sabe resistir nessa luta contínua, equilibrando-se em dois planos: o nível da elevação sublime e o plano da vida concreta (Brandão, 2015, p. 216).

No dia 1.I.1914, menos de dois meses após começar a escrever *Os Livros Negros*, Jung despertou do seguinte sonho:

> [...] vejo que são 4 cavalos, brancos com asas douradas, eles trazem a carruagem do sol, nele está em pé Hélios com cabeça flamejante. Eu estava no fundo da ravina, assustado e pasmo, e mil serpentes pretas se esconderam apressadas em seus buracos por toda parte. Hélios ascendeu trovejante para as alturas infinitas, para as amplas trilhas do céu. Eu me ajoelhei e, implorando, estendi as mãos para o alto e exclamei em voz alta: "Dá-nos a tua luz, cachos de fogo, abraçado, crucificado, tua luz, tua luz!" (Jung, 2020, vol. 3, p. 106).

Para Jung, Pégaso também foi um símbolo significativo. Quando acordou desse sonho, lembrou que havia rezado ao "Deus Sol" e que o cavalo alado havia lhe dito: "Vivas àquele que está no escuro. O dia veio para ele" (Jung, 2020, vol. 3, p. 106). O processo de individuação ocorre no mundo objetivo, mas é do mundo obscuro e inconsciente que surgem as revelações e as instruções que iluminam o caminho.

18.4 Considerações finais

Apesar de estarmos sentindo o efeito transformador das sincronicidades em nossas vidas, constantemente pensamos em não escrever sobre elas. Mas, sempre que titubeávamos, um novo sonho ou uma nova sincronicidade nos trazia de volta à tarefa de escrever. Os sonhos a seguir falam desses momentos e dizem respeito à integração da experiência numinosa por meio da psique individual e do grupo. Nesse processo, o ego está a serviço de decifrar a linguagem simbólica manifesta pelo inconsciente e integrá-la à consciência. Assim, à medida que o indivíduo avança e se aprofunda, a alma passa a guiá-lo e a instruí-lo de acordo com a sua própria essência, o Si-mesmo.

> "Sonho da aliança de alabastro" [123]:
> Sonhei que uma mulher me entregou um anel, dizendo que era de alabastro e que seria minha nova aliança. A pedra tinha a forma de um trapézio e, inusitadamente, era presa perpendicular ao aro, e não sobre ele (Sonhado por Helena em 13.XI.2023).

O alabastro representa gentileza e amor; ternura e suavidade; guia para a conexão espiritual, ajudando a sintonizar-se com planos superiores e aprofundar a espiritualidade pessoal. O trapézio, por sua vez, é um quadrilátero que apresenta apenas um par de lados paralelos, os outros dois lados não são paralelos e podem ter tamanhos diferentes. O trapézio tem quatro ângulos internos, e a soma deles sempre resulta em 360 graus. Além disso, a soma dos ângulos opostos é sempre igual a 180 graus. Essa propriedade é conhecida como "ângulos suplementares". "Suplementar" significa que supre o que falta.

Podemos ver através das imagens desse sonho a sugestão de que uma nova aliança seja firmada entre o inconsciente e a consciência, propiciando a conexão entre o mundo material e o espiritual. Simbolizada pelo trapézio, essa união deve abarcar os aspectos iguais e os diferentes, tendo nessa conjunção o círculo completo, símbolo da totalidade psíquica, o Si-mesmo. O caráter suplementar dos ângulos do trapézio pode estar se referindo às características da relação entre a consciência e o inconsciente que, segundo Jung:

---

123. Esse sonho ocorreu em um local de forte presença ancestral da espiritualidade humana, o Monte Saint-Michel, na França, na noite do aniversário de Helena.

> [...] raramente estão de acordo no que se refere a seus conteúdos e tendências. Esta falta de paralelismo, como nos ensina a experiência, não é meramente acidental ou sem propósito, mas se deve ao fato de que o inconsciente se comporta de maneira compensatória ou complementar em relação à consciência (OC 8, § 132).

A complementaridade autônoma entre as estruturas opostas é parte do funcionamento da totalidade psíquica. A vida civilizada exige da consciência uma atitude funcional e adaptativa que, muitas vezes, afasta o indivíduo do seu mundo interno. Entretanto, quando esse sistema se torna excessivamente unilateral, o inconsciente irrompe compensatoriamente, trazendo sonhos arquetípicos, eventos sincronísticos ou sintomas (OC 8). A aliança de alabastro, sugerida pelo sonho, propõe simbolicamente o equilíbrio, a autorregulação da natureza e do espírito através de uma atitude consciente e amorosa que une diferenças e semelhanças.

Após a consciência do significado da nova aliança, fomos convocados, simbolicamente, a escavar a terra e ver brotar da pedra uma fonte de água curadora. Esse símbolo faz conexão com Pégaso, que, com o bater de uma das patas no chão, fez brotar Hipocrene, a fonte do cavalo (cf. Brandão, 2015, p. 256).

> "Sonho da escavação":
> Sonhei que estávamos escavando na terra [o local era
> ao pé das montanhas]. Percebo que as escavações
> eram feitas por pessoas que estavam conectadas com
> *Os Livros Negros*.
> Nas paredes havia símbolos que desconheço, por toda a parte. Os escavadores tinham o corpo e os braços tatuados com as imagens da escavação. A sensação era de que as tatuagens haviam sido adquiridas a partir do ato de escavar. Vejo minha querida amiga e professora sentada no alto da escavação. Pergunto a ela: "Como posso fazer isso? Não tenho condições!" Ela responde: "Tem, sim!" Quando ouço isso, percebo que os meus braços e meu corpo também estavam tatuados. Eu era como eles!

> Olho para o outro lado e vejo uma mulher loura de meia-idade, com um vestido lilás, chamada Eleonora. Estava sentada de frente a um canteiro situado na parte de cima da escavação, protegida por grandes pedaços de pedra. Eleonora parecia extremamente feliz enquanto adubava a terra com convicção. De repente, levanta-se e vai alegremente para uma fonte que saía da pedra e joga água em todos nós, falando: "Essa água vai curar!" (Sonhado por Cecília em 13.II.2024).

O ego é um trabalhador que pode escavar e fertilizar. Enquanto faz isso transforma-se, mas precisa dos ensinamentos do Si-mesmo para sua realização. Em *Os Livros Negros*, Jung ouve de sua alma: "[...] Escava o fundo, tudo está pronto. Mas trabalhas nos livros dos mistérios e dos ensinamentos" (Jung, 2020, vol. 5, p. 250).

A sabedoria de Jung mostrou a importância de encontrar o caminho da realidade da alma por meio do encontro entre o mundo de dentro e o de fora. Sem isso, as imagens se perderiam num excesso de explicações intelectuais que fazem morrer a numinosidade da experiência e do simbólico. O mundo moderno virou as costas para o homem "natural" e passou a considerar como "verdade" somente o científico e racional. Em contrapartida, Jung nos mostra a importância da compreensão da linguagem das profundezas como forma de reconexão com o Si-mesmo.

Conhecer a linguagem do mundo intermediário exige do ego um mergulho no qual ele se curva ao mundo de dentro e, diante de suas emoções, suas visões, suas imaginações e seus sonhos, age como um espectador e aprendiz. É preciso escavar, confiar, adubar, suportar as dores da jornada e trazê-las em si como tatuagens de honra; assim, a fonte de água curadora pode ficar disponível.

O homem de nossa época pode aceitar facilmente que estados psíquicos como o caos se alastrem no inconsciente coletivo, mas põe em dúvida a possibilidade da luz da consciência se alastrar. Isso, provavelmente, deve-se ao seu afastamento do espírito das profundezas, que traz consigo o divino, o sagrado e o ancestral. Cabe lembrar que tais palavras em *Os Livros Negros* se apresentam no sentido de profundidade e espiritualidade, não no sentido da religiosidade formal. O contato com as experiências transcendentes mostra ao indivíduo a importância do pequeno e do grande, e da relação do ego com o universo em que vive. Entretanto, o ser humano não pode suportar diretamente em si a grandeza do numinoso, é necessário, como indica o sonho a seguir, ver em perspectiva.

> "Sonho da bacia":
>
> Sonhei que havia sobre mim um Pégaso gigante, olho para cima, mas não consigo vê-lo de tão grande que ele é. Surge em minhas mãos uma grande bacia de barro. Ouço uma voz que pede que eu estenda os braços com a bacia. Ao fazer isso, surge água dentro dela e, na sequência, vem uma energia do Pégaso gigante que desce em direção à água e forma, como em holograma, um pequeno Pégaso de luz em pé na água. Fico impactada com essa manifestação e acordo (Sonhado por Maytê em 4.III.2024).

Devido à potência espiritual da imagem, o ego não consegue abarcar sua grandeza, a menos que se "curve" a ela. Diante dessa consciência e de uma atitude de reverência, o ego entende o seu lugar frente ao Si-mesmo. Jung afirma que "[...] o ego deve receber o mesmo valor, no processo, que o inconsciente e vice-versa" (OC 8, § 183), pois, para que a aliança com o inconsciente seja saudável, é necessário um trabalho árduo e responsável do ego, que envolve uma escuta atenta e aberta à energia criativa e imaginal, bem como sua integração na psique objetiva. Assim, forma-se um continente seguro, representado no sonho pela bacia, no qual o divino pode se manifestar. A partir daí, como no sonho das tatuagens, essas experiências se tornam partes do indivíduo e a vida se ressignifica com a energia pulsante do inconsciente como fonte viva da alma.

O Pégaso, no caso desse sonho, pode ser considerado um *daimon*, a manifestação do numinoso.

> Eles [os *daimons*] são os enviados e intérpretes que se deslocam entre o céu e a terra, levando para o alto nossa veneração e nossas preces, e descendo com respostas e ordens celestes [...]. Constituem-se os intermediários das artes proféticas, dos ritos sacerdotais de sacrifício, iniciação e encantamentos, [...] pois o divino não se mistura diretamente com o humano, e só por intermédio do mundo espiritual é que pode o homem ter qualquer relação, em vigília ou durante o sono, com os deuses (Greene, 2024, p. 17).

No fim de sua vida, o último baixo-relevo que Jung gravou em sua torre foi de Pégaso ao lado de uma figura de *anima*-mãe, que está prestes a beber de sua essência espiritual. Ele escreveu:

> O mar que os peixes inconscientes estão nadando pertence agora ao passado; agora, a água está no cântaro do Aquário, isto é, no recipiente do inconsciente. Estamos apartados do instinto do inconsciente. Portanto, temos de alimentar o instinto para que não sobrevenha a seca. Eis por que o Aquário está dando ao peixe água para beber (Von Franz, 1997, p. 226).

Os eventos de sincronicidade demonstraram que o instinto do inconsciente continuou sendo alimentado em nosso grupo, já que o espírito das profundezas seguiu se manifestando. Segundo Jung:

> [...] Para a psique inconsciente, o espaço e o tempo parecem relativos, isto é, o conhecimento se acha em uma espécie de contínuo espaço-tempo no qual o espaço já não é mais espaço e o tempo já não é mais tempo. Se, portanto, o inconsciente desenvolve e mantém um certo potencial em direção à consciência, há a possibilidade de se perceber e "conhecer" acontecimentos paralelos (OC 8, § 902).

Em recente viagem a Atenas, Helena, passando por uma loja de antiguidades, encontrou numa bacia moedas com Pégaso de um lado e a cabeça de Atena do outro, semelhante à moeda de Cecília. Não só Pégaso se fez presente, mas também encontrou uma moeda com a biga de seu sonho. Mais um evento sincronístico. Acontecimentos como esse revelam a vivacidade dos símbolos fortemente experienciados e sua potência inspiradora para a vida objetiva.

FIGURA 4

Na fotografia mais acima, bacia de moedas em antiquário na cidade de Atenas; na fotografia acima, moeda com biga romana e moeda Pégaso/ Atena. Acervo pessoal das autoras.

A moeda tornou-se o símbolo objetivo de nossa aliança, contendo, de um lado, Pégaso em sua transcendência e, do outro, Atena em sua lógica estruturante. Apesar de termos ficado tocados quando os eventos de sincronicidade começaram a ocorrer, não alcançamos de pronto a dimensão do que estávamos experienciando. Porém, a sucessão dos eventos mostrou que vivenciávamos algo muito precioso.

Ao longo de quase quatro anos de trabalho em nosso grupo de pesquisa sobre *Os Livros Negros*, um continente seguro foi sendo formado entre nós, um vaso alquímico, uma bacia, metaforicamente modelada com o barro da nossa própria escavação no inconsciente. O compartilhamento e o registro dos conteúdos das imaginações ativas, dos sonhos, das pinturas e das colagens possibilitaram a coagulação das experiências, reconhecidas e integradas como as tatuagens no sonho, gerando um efeito para além de nossa inicial compreensão. Jung dizia que muitas vezes se impõe a necessidade de esclarecer o conteúdo do inconsciente, imprimindo-lhe uma forma visível:

> Pode-se fazer isso, desenhando-os, pintando-os ou modelando-os. Muitas vezes as mãos sabem resolver enigmas que o intelecto em vão lutou por compreender. Modelando um sonho, podemos continuar a sonhá-lo com mais detalhes, em estado de vigília, e um acontecimento isolado, inicialmente ininteligível, pode ser integrado na esfera da personalidade total, embora inicialmente o sujeito não tenha consciência disto (OC 8, § 180).

Quanto mais o ego trabalha em sintonia com o inconsciente, maior é o fluxo de energia transformadora que brota da "escavação". As experiências vividas no grupo de pesquisa, sempre sob a egrégora dos conteúdos de *Os Livros Negros*, foram tocando e transformando profundamente a todos, fazendo jorrar uma fonte de energia psíquica, criatividade e produções textuais que culminaram, inclusive, na ideia da realização deste livro.

Jung (OC 8) fala que teorias dificilmente ampliam a cosmovisão do indivíduo, mas a experiência causa-lhe com mais frequência esse efeito. Por isso escolhemos o caminho da descrição das sincronicidades e do relato dos sonhos que foram os guias do inconsciente nesse caminho de escrita, de ampliação de consciência e transformações, para que a força arquetípica das experiências possa se espalhar, se multiplicar e fertilizar outros campos[124]. "[...] Soube sempre que essas experiências continham algo precioso e por isso não sabia fazer coisa melhor do que lançá-las num livro 'precioso'" (Jung, 2013, Epílogo).

Referências

Boechat, W. (2009). *A mitopoese da psique: mito e individuação*. Vozes.

Brandão, J. (2015). *Mitologia grega*. Vozes.

Corbin, H. (1971). *En Islam iranien: aspects spirituels et philosophiques* (tomo IV, livro 7). Gallimard.

Greene, L. (2024). *Astrologia oculta no Livro Vermelho de Carl Jung: Uma Jornada Cósmica sobre Mitos, Arquétipos, Daimons e Deuses*. Pensamento-Cultrix.

Hannah, B. (2022). *Jung: vida e obra – Uma memória biográfica*. Vozes.

Hesíodo. (2016). *Teogonia: a origem dos deuses* (6a ed., estudo e tradução de J. Torrano). Iluminuras.

Jung, C.G. (1988). *Psicologia da religião ocidental e oriental* (Obra Completa, Vol. 11). Vozes.

Jung, C.G. (1991). *A dinâmica do inconsciente* (Obra Completa, Vol. 8). Vozes.

---

124. Quando dávamos este capítulo por encerrado, vivemos uma nova experiência de sincronicidade: conhecemos, inusitadamente, Eleonora, psicóloga junguiana. De pronto, seu nome nos chamou atenção, por ser o mesmo nome da mulher de lilás do sonho da escavação que geravam tatuagens nos braços dos escavadores. Eleonora, surpreendentemente, nos trouxe um sonho: "Estou em algum lugar com várias pessoas com uma tarefa em comum (mas a lembrança é difusa). Em determinado momento, olho para o meu braço esquerdo e vejo nele uma tatuagem em vermelho bem vivo. Acordo e ainda entre sonho e vigília ouvi uma voz que disse: 'Pra mudar de nível, começa pelos braços'".

Jung, C.G. (1995). *Memórias, sonhos, reflexões* (organização e edição de A. Jaffé). Nova Fronteira.

Jung, C.G. (1996). *Resposta a Jó* (Obra Completa, Vol. 11/4). Vozes.

Jung, C.G. (2013). *O Livro Vermelho - Liber Novus* (edição sem ilustrações; edição e introdução de S. Shamdasani, prefácio de U. Hoerni). Vozes.

Jung, C.G. (2020). *Os Livros Negros: 1913-1932 - Cadernos de transformação* (7 vol., edição de S. Shamdasani, tradução de M. Hediger). Vozes.

Nietzsche, F.W. (2011). *Assim falou Zaratustra*. Companhia das Letras.

Ovídio (2017). *Metamorfose*. Editora 34.

Penna, C. (2013). O sonhar social e o contar o sonho: novas vias régias de acesso ao inconsciente? *Caderno Psicanálise - Círculo Psicanalítico do Rio de Janeiro, 35*(29), 11-26.

Vernant, J.P. (1991). *A morte nos olhos*. Jorge Zahar Editor.

Von Franz, M.-L. (1997). *C.G. Jung: seu mito em nossa época*. Cultrix.

Zweig, C., & Abrams, J. (1991). *Ao encontro da sombra*. Cultrix.

Autores

Adriana Dantas de Mariz – Pós-graduada em Teoria Junguiana pelo Instituto Junguiano de Brasília (IJBSB); mestre em Antropologia (UnB), com graduação em Ciências Sociais (Antropologia e Sociologia/UnB); facilitadora em Xamanismo Matricial pela Paz Géia (SP); fundadora e coordenadora do Espaço Terapêutico Lúmen. Desenvolve pesquisa sobre imaginação ativa e jornada xamânica com tambor. Participa do Coletivo Colagens Antropo(i)lógicas. Também é atriz e tem artigos publicados nas áreas de antropologia e teatro. É autora do livro *A ostra e a pérola: uma visão antropológica do corpo no teatro de pesquisa* (Editora Perspectiva | Coleção Estudos). Contato: draimariz@gmail.com

Anita Mussi – Psicóloga e analista didata (AJB/IAAP); membro fundadora do Instituto Junguiano de Santa Catarina (Ijusc); supervisora clínica; especialista em Psicologia Analítica (PUCPR); mestre em Ciências da Saúde/Neurociências (Unesc); e docente nos cursos de graduação em Psicologia (Unesc) e pós-graduação em Psicologia Analítica (Famaqui/RS e Univille/SC). Tem treinamento em BodySoul Experience pela Fundação Marion Woodman (Canadá) e em Experiência Somática pela Associação Brasileira do Trauma (ABT). Coautora do livro *Jung e os desafios contemporâneos* (Vozes). Contato: anitamussi.psi@gmail.com

Cláudia Elizabete da Costa Moraes Mondini – Graduada em Psicologia e mestre em Educação pela UFMS, especialista em Educação Especial (UCDB), em Psicopedagogia Clínica e Institucional (Unigran), em Neuropsicologia (Uniara), em Neurociência e Física da Consciência (Uninter) e em História e Cultura Afro-brasileira e Indígena (Uninter). Tem também título de especialista em Psicologia Escolar e Educacional pelo Conselho Federal de Psicologia. Atuou como psicóloga escolar no Núcleo de Apoio à Educação Inclusiva da Secretaria Municipal de Educação de Ladário (MS) e como psicóloga e psicopedagoga clínica, atendendo principalmente a crianças e adolescentes com queixa escolar e com deficiência. É professora assistente do curso de Psicologia (UFMS), no Campus do Pantanal. Atua como supervisora clínica no Instituto Olhos da Alma Sã. Atualmente, cursa doutorado em Psicologia na UFRRJ. Contato: claudia.mondini@ufms.br

Claudia Katerina Vieira Brasil – Psicóloga, arteterapeuta (AAMA e AARJ) e analista didata pela Associação Junguiana do Brasil (IJRJ/AJB/IAAP). Mestranda em Psicologia Social pela Universidade Lusófona (Lisboa). Membro da Sociedade Espanhola de Psicologia Analítica, filiada à IAAP. Autora do livro *Cores, formas e expressão* (Wak). Contato: claudia@claudiabrasil.com

Crisstiane Bergmann – Psicóloga e arteterapeuta (CRP 07/17325 e AATERGS 222/0221). Analista junguiana em formação (IJRS/AJB/IAAP), especialista em Psicologia Clínica Junguiana (IJRS), especialista em violência doméstica contra a criança e adolescente (USP). Voluntária e facilitadora do Círculo de Construção de Paz pela Formação Integral do Programa Justiça Restaurativa para o Século 21 – Tribunal de Justiça do RS. Docente no curso de especialização em Arteterapia (IJRS/Van Gogh). Contato: crisbst@gmail.com

Duarte Antônio Guerra – Médico psiquiatra com certificado de área de atuação em psicoterapia pela Associação Brasileira de Psiquiatria (ABP), mestre e doutorando em Ciências Ambientais pela Universidade do Estado de Mato Grosso (Unemat); professor de Psiquiatria e coordenador do internato em saúde mental da Universidade Federal de Mato Grosso (UFMT), coordenador do Projeto de Prevenção ao Alcoolismo em Populações Indígenas do Projeto UFMT-Xingu e analista em formação pela Sociedade Brasileira de Psicologia Analítica (SBPA/IAAP). Contato: guerranapaz@gmail.com

Eugenia Cordeiro Curvelo – Psicóloga e supervisora clínica (CRP 06/26743-1), graduada em Pedagogia pela Universidade Guarulhos e arteterapeuta (AATESP 565/1019) pela Universidade São Caetano do Sul. Pós-graduada em Psicologia Junguiana (Facis). Mestre em Administração pela Universidade Metodista de São Paulo. Facilitadora de SoulCollage® formação internacional. Fundadora do Gepa – Grupo de Estudo de Psicologia Analítica. Analista junguiana didata (IJRJ/AJB/IAAP). Membro didata da Associação Junguiana do Brasil – AJB e da International Association for Analytical Psychology – IAAP (Zurique). Coordenadora e docente do programa de pós-graduação da USCS em Psicologia Analítica Clínica: abordagem junguiana. Coordenadora e docente do curso de formação em Arteterapia. Contato: eucurvelo@gmail.com

Helena Saldanha de Azevedo Santos – Psicóloga; membro didata do IJRJ/AJB/IAAP; mestre em Psicossociologia de Comunidades e Ecologia Social (Eicos/IP/UFRJ); especialista em Saúde Mental (Fiocruz); especialista em Psicologia Junguiana (IBMR). Formação em Terapia Sistêmica de Família e de Casal. Autora de capítulos de livros, entre eles *Puer e Senex* (Vozes). Contato: helenasaldanha4030@gmail.com

Heloisa Longo – Analista junguiana (SBPA/AJB/IJRJ/IAAP), Mestre em comportamento organizacional (FGV/EAESP), Especialista em administração de empresas (FGV/EAESP), Master Avatar (EUA), Consteladora familiar (ISPAB/Alemanha),

Psicoterapeuta familiar (Humanitas/BA), Psicóloga clínica (Ruy Barbosa/BA), Administradora de empresas (FGV/EAESP). Atua como psicóloga clínica on-line para indivíduos, casais e famílias, como professora em cursos de formação, pós-graduação e graduação, como coordenadora e analista de pesquisa (com participação em mais de uma centena de investigações acadêmicas e/ou administrativas), como co-escritora em livros e revistas, como conselheira editorial em publicações, como supervisora e coordenadora de grupos de estudos de psicologia. Contato: heloisa longo@gmail.com

Maria Cecília Murdoch Nóbrega – Psicóloga clínica formada pela PUC-Rio, com mais de 40 anos de profissão. Atuou por mais de dez anos como psicóloga hospitalar no CTI de cirurgia cardíaca do Hospital Beneficência Portuguesa do Rio de Janeiro. Colaboradora da Casa das Palmeiras, integra grupos junguianos desde 1987 e é membro do Grupo de Pesquisa "*Os Livros Negros* de C.G. Jung", coordenado pelo Professor Dr. Walter Boechat. Contato: mariacecilianobrega@hotmail.com

Maria de Fátima Cardoso Coelho – Psicóloga (UFJF), pós-graduada em Psicologia Junguiana (IBMR), membro didata do IJRJ/AJB/IAAP. Contato: fafacoelhojf@gmail.com

Maria Lídia Dantas – Especialista em Psicologia Analítica (IJBA/EBMSP); graduada em Medicina (EBMSP/BA); psicoterapeuta clínica e prestadora de serviços do Instituto Junguiano da Bahia (IJBA); docente do curso de pós-graduação *lato sensu* em Psicologia Analítica da Escola Bahiana de Medicina e Saúde Pública. Contato: dantas.lidia@gmail.com

Markus Hediger – Graduado em Teologia e Letras pela Universidade de Zurique, Suíça; mestre em Linguística sobre a Teoria dos Signos, de Umberto Eco, também pela Universidade de Zurique. Trabalha como tradutor e palestrante. Traduziu, entre muitas outras obras, *Os Livros Negros*, de C.G. Jung. É autor do livro *O universo no peito – O encontro com a alma na imaginação ativa* (Vozes). Contato: mhediger@gmail.com

Maytê Romero – Graduada em Psicologia (Uniban); analista junguiana pelo Instituto Junguiano do Rio Grande do Sul (IJRS/AJB/IAAP); membro didata da AJB e IAAP; supervisora clínica; membro e diretora do Instituto Junguiano de Santa Catarina (IJUSC/AJB/IAAP). Contato: mayteromero@uol.com.br

Pricilla Buzzachera – Analista junguiana (IJUSC/AJB/IAAP); mestre em Filosofia (PUCPR); especialista em Psicologia Analítica (ICHTHYS); graduada em Psicologia (ACE/SC); membro didata da AJB e IAAP. Cofundadora e membro do Instituto Junguiano de Santa Catarina (IJUSC/AJB/IAAP). Fundadora e coordenadora do curso de pós-graduação em Psicologia Analítica (Univille/SC). Coautora do livro *Assim falaram Nietzsche e Jung* (Juruá). Coautora do livro *Psicoterapias: introdução às teorias e práticas clínicas de diferentes abordagens psicológicas* (CRV). Contato: pricilla.psicologa@gmail.com

Rhodys Sigrist – Psicólogo clínico (PUC-Campinas) e especialista em Psicologia Analítica (Unicamp). Contato: rhodys_sigrist@hotmail.com

Rita de Almeida Castro – Pós-doutora pelo Lume Teatro (Unicamp), pós-doutora em Comunicação e Semiótica (PUC-SP) e doutora em Antropologia (USP). Docente na graduação e na pós-graduação do Departamento de Artes Cênicas da UnB. Coordena o Grupo de Pesquisa "Poéticas do corpo". Participa como atriz e diretora nos coletivos Teatro do Instante e Canto das Ondas. Participa do Coletivo Colagens Antropo(i)lógicas. Publicou o livro *Ser em cena. Flor ao vento. Etnografia de olhares híbridos* e participou da organização do livro *Poéticas do corpo: instantes em cena*, ambos pela editora da UnB; além disso, organizou o *e-book Corpo Haicai*. Contato: ritadealmeidacastro@gmail.com

Sabina Vanderlei – Psicóloga e supervisora clínica (CRP 05/29830), pós-graduada em Psicologia Junguiana (IBMR/IJRJ) e Mestre em Filosofia Contemporânea (UERJ). Coorganizadora e coautora do livro *Leituras de Zaratustra* (Mauad/Faperj). Coautora do livro *Assim falaram Nietzsche e Jung* (Juruá). Supervisora e docente do projeto Clínica Social Jung-Brasil do Instituto Olhos da Alma Sã. Docente em cursos de pós-graduação. Contato: sabinavanderlei@gmail.com

Walter Boechat – É médico, diplomado pelo Instituto C.G. Jung de Zurique, Suíça. Membro-fundador da Associação Junguiana do Brasil (AJB). Ex-representante da AJB no Comitê Executivo da IAAP (2007-2013). Doutor em Saúde Coletiva (Instituto de Medicina Social/UERJ). Autor de *O Livro Vermelho de C. G. Jung: Viagem para profundidades desconhecidas* (Vozes), com edições em inglês (Routledge, Londres) e em espanhol (Letra Viva, Buenos Aires) e *Mitopoese da Psique* (Vozes), entre outras obras. É coordenador e coautor de obras, todas pela editora Vozes: *Mitos e arquétipos do homem contemporâneo, O masculino em questão* e *Alma brasileira, luzes e sombra*. É coordenador técnico da Coleção Reflexões Junguianas da Editora Vozes. Revisor da tradução do original alemão para o português das obras de C. G. Jung editadas por Sonu Shamdasani: *O Livro Vermelho: Liber Novus* e *Os Livros Negros: Cadernos de transformação*. Contato: walter.boechat@gmail.com

Zara de Oliveira – Graduada em Psicologia pela Universidade Católica de Petrópolis UCP; especialista em Psicologia Analítica pelo IBMR; membro didata da Sociedade Brasileira de Psicologia Analítica pela International Association of Analytical Psychology IAAP; pós-graduada em Educação, Ecologia e Teologia pelo Instituto Teológico Franciscano (ITF); especialista em Ciência da Religião (UFJF); mestre em Ciência da Religião (UFJF); formação internacional em Ecopsicologia Aplicada pelo Instituto Brasileiro de Ecopsicologia (IBE); doutora em História e Filosofia da Psicologia (UFJF); editora assistente e membro do conselho editorial da *Junguiana – Revista Latino-Americana da Sociedade Brasileira de Psicologia Analítica* (biênio 2018/2021); membro da comissão de ensino e supervisora clínica didata da Sociedade Brasileira de Psicologia Analítica; coordenadora do Núcleo de Atendimento da Sociedade Brasileira de Psicologia Analítica; diretora de publicações e bibliotecária da Sociedade Brasileira de Psicologia Analítica (2023-atual); professora e supervisora clínica do Instituto Olhos da Alma Sã. Coordena grupos de estudos em Jung e o paradigma ecológico; imaginação ativa; fundamentos em psicologia complexa. Atua, principalmente, nos seguintes temas: psicologia clínica, individuação, natureza e espiritualidade. Contato: zaraoliveira@yahoo.com

EDITORA VOZES LTDA.
Rua Frei Luís, 100 – Centro – Cep 25689-900 – Petrópolis, RJ
Tel.: (24) 2233-9000 – E-mail: vendas@vozes.com.br